読みなおす日本史

# 海からみた日本の古代

門田誠一

吉川弘文館

# はじめに

本書でとりあつかう時代は、日本の歴史学、考古学の時代区分で言えば、古墳時代であり、朝鮮半島では三国時代と言われる時期であり、中国では魏・晋・南北朝から唐代の初め頃にかかる時期にほぼ該当する。中心となる地域は日本列島と朝鮮半島であるが、関連する部分では中国やそれ以外のユーラシアの事例についてもふれている。近年の考古学、古代史の研究で、東アジア的な視野ということが言われてから一定の時間が経過してきている。もちろん、筆者もこのような方向の有効性を認めながら、勉強を続けてきた。これまで、なされてきた研究の視点は朝鮮半島、中国と日本との考古学的資料の比較による類似性や相違点の指摘が主となってきたが、できればさらに異なった面から、原始・古代の東アジア世界に歴史の切り口を見つけたいと考えていた。このような視点から東アジアの複数の地域に関わるテーマをとりあげた。

まず、予備知識として、本書で取り扱う時代について概観しておきたい。日本の弥生時代は平穏で牧歌的な農耕生活をおくっていたというイメージは近年の考古学の成果によって改められることになった。それは体じゅうに矢をうけた「戦士」が葬られた墓や望楼《ぼうろう》や土塁、環濠《かんごう》をもった集落、軍事的な見張りの意味をもつと考えられる高地性集落などの積み重ねによっている。弥生時代は日本列島の諸地域が一定のまとまりを迎えるための胎動の時期とも言えるが、朝鮮半島でも南部では馬韓《ばかん》・五十余国、弁韓《べんかん》・一二か国、辰韓《しんかん》・一二か国という諸小国による三つのまとまりがめばえ、北方では高句麗が建国の体制をかたちづくる。歴史上は三韓《さんかん》の時代と呼ばれ、考古学的には原三国時代と言われることのおおいこの時期は、実際の年代としては紀元前後から三世紀末頃までと考えられる。その後、三韓の馬韓が百済《ペクチェ》に、辰韓が新羅《シルラ》に、弁韓が伽耶《カヤ》諸国へと発展し、政治的まとまりをもつようになる。そして、比較的はやく政治的まとまりをもっていたと考えられる高句麗《コグリヨ》と、百済、新羅、そして伽耶諸国が並存し、政治的、軍事的に作用しあった時期が朝鮮半島の三国時代である。

三国時代は紀元四世紀頃から唐と新羅の連合軍が高句麗、百済を滅亡させる六六八年までつづく。この時期は東アジアの複数の国家や地域が、とくに複雑に関わりあう時期であり、文献史学においても考古学の資料のうえでも、一つの国や地域を対外的な視点から着目するにふさわしい時代である。具体的には朝鮮半島や日本にうまれた政治的なまとまりが成熟し、軍事的、政治的に互いにするどく対立する時期である。また、東アジアの中心であるべき中国の王朝が不安定で、複数乱立する時期であり、それゆえに中国の王朝に対する東アジアの諸勢力の能動的な動きが生ずる。具体的には、高句麗が五世紀代に北朝の諸王朝に朝貢《ちようこう》するとともに、他方では南朝の諸王朝にも朝貢するという、いわゆる両属の外交を展開していたことに端的に現れている。現象面では中国の王朝に対し、東アジアの諸国がたがいに権利を主張しあっている地域に関する官爵《かんしゃく》の除正という形で、王みずからやその幕《ばく》僚《りょう》の地位や権益を保存しようという活発な動きのある、軍政的なかけひきの時代であった。

日本の古代でもとくに奈良時代以前を語る場合、手がかりとなる文献史料としては『古事記』『日本書紀』が中心とされてきた。しかしながら、『日本書紀』は為政者側からの強烈な政治的意図をもって編纂されたことが、近年、とみに強調されている。中国の正史や朝鮮半島の歴史書である『三国史記』などと比較しても、東アジア世界の中でもこれほど政治的意図のつよい史書はないとさえ考えられているのである。その意味で『古事記』『日本書紀』の考証をそれらのみで完結的に行うことには限界があると考えられる。文献考証の専門家ではない筆者が、その方面の識者をさしおいて、このようなことをいうのは僭越だが、『古事記』『日本書紀』の対象とする時代を、中国の正史や、近年、めざましい発見成果をみている朝鮮半島の金石文などとクロスチェックしていくことが重要なことは明らかである。

それ以上に、『古事記』『日本書紀』を主とするのではなく、中国の正史や朝鮮半島の金石文などの日本列島外の史料から、古代の日本の姿を構築しようとする試みが確実に進んでいる。言うなれば外から光をあてて、古代の日本の姿を映しだす試みである。このような方向性に対し、筆者は主として考古学の資料を中心とした模索を、ここ数年続けてきた。それは、東アジアの複数の地域に関係する考古学的資料の充実と蓄積によっている。本書ではおおむね四—七世紀を中心として、日本列島の外側に視点をすえて、古代の日本の姿を映しだすことに力点をおいた。言いかえると、考古資料による、中国、朝鮮半島からみた古代日本の素描を企図している。

# 目　次

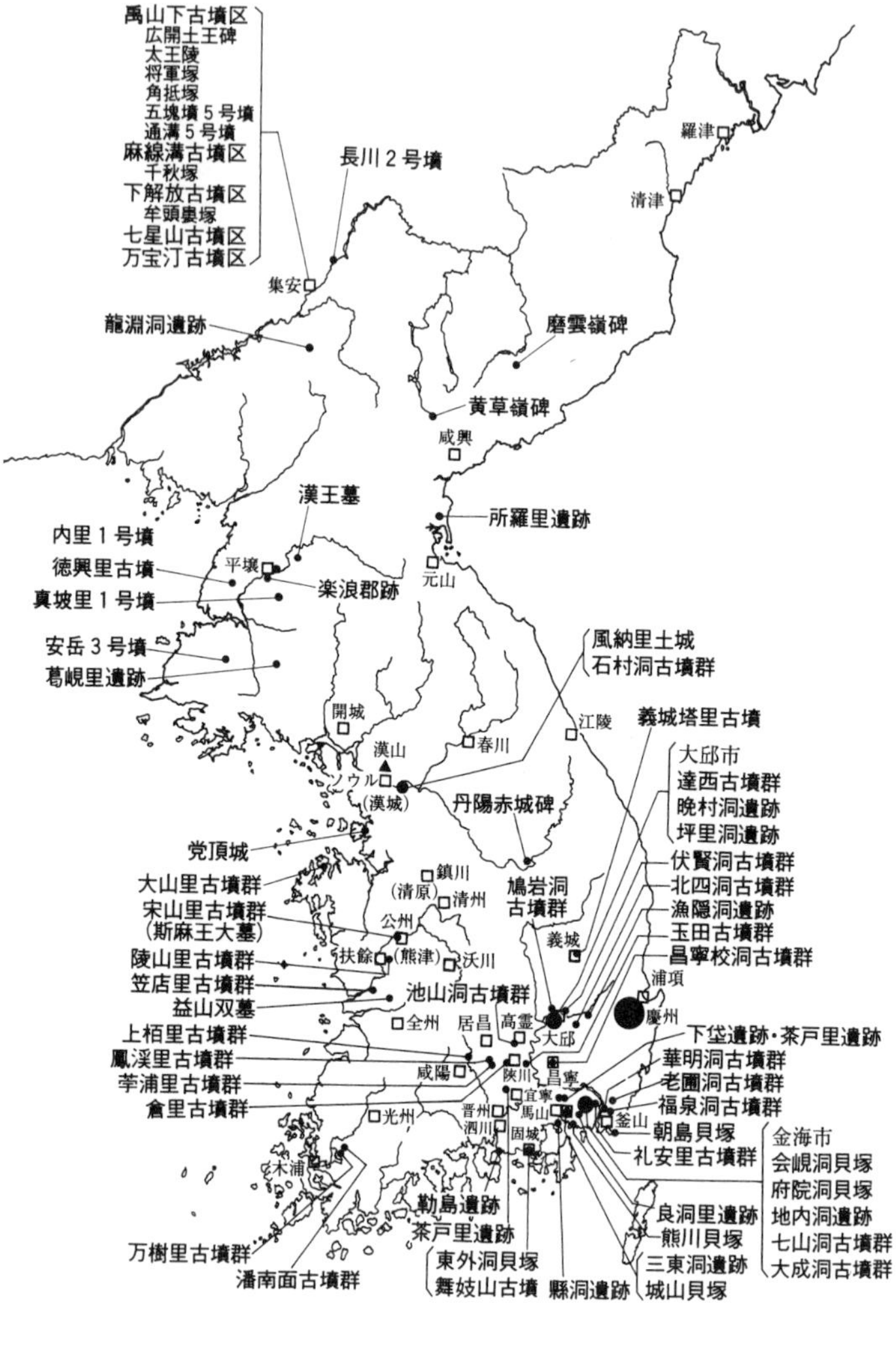
禹山下古墳区
広開土王碑
太王陵
将軍塚
角抵塚
五塊墳5号墳
通溝5号墳
麻線溝古墳区
千秋塚
下解放古墳区
牟頭婁塚
七星山古墳区
万宝汀古墳区
長川2号墳
集安
羅津
清津
龍淵洞遺跡
磨雲嶺碑
黄草嶺碑
咸興
漢王墓
所羅里遺跡
内里1号墳
徳興里古墳
平壌
楽浪郡跡
元山
真坡里1号墳
安岳3号墳
葛峴里遺跡
風納里土城
石村洞古墳群
開城
江陵
義城塔里古墳
漢山
春川
大邱市
達西古墳群
晩村洞遺跡
坪里洞遺跡
ソウル
(漢城)
丹陽赤城碑
党頂城
伏賢洞古墳群
大山里古墳群
鎮川
北四洞古墳群
鳩岩洞
古墳群
(清原)
清州
漁隠洞遺跡
宋山里古墳群
(斯麻王大墓)
公州
玉田古墳群
義城
昌寧校洞古墳群
陵山里古墳群
扶餘
(熊津)
沃川
浦項
笠店里古墳群
池山洞古墳群
益山双墓
慶州
全州
居昌
高霊
大邱
上栢里古墳群
下岱遺跡・茶戸里遺跡
鳳渓里古墳群
華明洞古墳群
咸陽
陝川
昌寧
老圃洞古墳群
芋浦里古墳群
宜寧
福泉洞古墳群
倉里古墳群
晋州
馬山
光州
釜山
朝島貝塚
泗川
固城
金海市
礼安里古墳群
会峴洞貝塚
木浦
府院洞貝塚
勒島遺跡
良洞里遺跡
地内洞遺跡
熊川貝塚
七山洞古墳群
茶戸里遺跡
万樹里古墳群
三東洞遺跡
大成洞古墳群
東外洞貝塚
潘南面古墳群
舞妓山古墳
縣洞遺跡
城山貝塚

# 第一章　考古学からみた国際関係

## 装身具と武器の語る国際関係

### 耳飾りの政治性と対外関係

耳飾りと言うと、現代の感覚ではおしゃれの道具と考えてしまうが、古代において東アジア的にみると、身分や習俗、政治性や対外関係までもあらわす場合がある。

耳飾りには、環の太さがせいぜい数ミリ程度の細環《さいかん》式耳飾りと、環の太さが一センチ以上もある太環《たいかん(ふとかん)》式耳飾りと言われるものとがある。日本列島の古墳から出土するものは、ほぼすべてが細環式である。その数はあまりにも膨大であるがゆえに、これまで細環式耳飾りの日本での出土総数を集計した研究者はいない。それほどに、とくに後期古墳には普遍的といってよい遺物であり、かつて、海岸で塩づくりに従事した人々の墓や山間僻地の小古墳からも出土する細環式耳飾りについて「農民と耳飾り」という文章を書いた。近藤義郎氏は、耳飾りを農民や海民の普段の装いとは考えず、「祭祀の威儀をとらせるもの」とみている。

また、耳飾りというと、現在では女性だけが身につけるものと考えがちだが、人物埴輪では男子が耳飾りをつけている例は一般的で、なかには裸体《らたい》にふんどしをしめた力士を表しているとみられる埴輪でも耳飾りをつけている例がある。この点は朝鮮半島においても同様で、耳飾りをつけ、金や銀の指輪をした男子の王や王族の墓が発見されている。

このように耳飾りは朝鮮三国時代や日本の古墳時代においては女性だけの持ち物ではなく、また、日本においては耳飾りを持つこと自体が身分を表すものでもなかった。しかし、日本の古墳時代においても、群集墳を構成する副葬遺物の少ない小古墳などからでも普通に出土するものは、耳たぶに通す輪の部分だけの耳飾りがほとんどで、細環の下部に飾りをぶらさげている垂飾《すいしょくつき》付耳飾りと言われるものは、日本全国でも五〇例たらずしかない。

もう一種類の太環式耳飾りは日本では現在のところ、出土品としてはただ一例がしられているのみである。細環式耳飾りは、環状に曲げた銅の棒に鍍金《ときん》（メッキ）をしたり金箔《きんぱく》をはったりしたものがほとんどで、中実《ちゅうじつ》のものと中空《ちゅうくう》のものとがあるが、太環式耳飾りは基本的には中空である。細環式耳飾りに中空のものがあるのだから、より太い太環式耳飾りを日本国内で製作するのが、技法的に困難であったとは考えにくい。それでは、なぜ太環式耳飾りは、膨大な細環式耳飾りの出土数に比べて、日本では全くといっていいほど出土しないのだろうか。これについて考えてみたい。

## 鷺ノ湯病院跡横穴の出土品

日本で唯一の太環式耳飾りの出土例として島根県安来《やすぎ》市の鷺《さぎ》ノ湯《ゆ》病院跡横穴《よこあな》からの遺品が知られている。鷺ノ湯病院跡横穴は中《なか》海《うみ》に注ぐ飯梨《いいなし》川にそって、河口から約一〇キロほど内陸部へさかのぼった左岸の低い丘陵斜面に位置している。

鷺ノ湯病院跡横穴からは太環式耳飾り以外に、金銅《こんどう》製冠の立飾《たちかざ》りといわれるものが出土している。この金銅製冠立飾りは韓国忠清南《チュンチョンナム》道《ド》公州《コンジュ》市の百済《ペクチェ》・斯麻《しま》王大墓（武寧王陵《ムニョンワンヌン》）出土品と形態的に類似していると言われている。しかし、斯麻王大墓から出土した金銅製冠立飾りと言われているものは王と王妃の、頭の位置というよりは胸の辺りから出土しているので、冠の立飾りではなく、高句麗《コグリョ》・安岳《アナク》三号墳（黄海道《ファンヘド》）の壁画などにみられるように、手にもつ団扇《うちわ》状の飾り板であった可能性がつよいことが指摘されている（伊藤秋男「武寧王陵出土の「宝冠飾」の用途とその系譜について」『朝鮮学報』九七輯、一九八〇年）。鷺ノ湯病院跡横穴出土品も、このような団扇状のものであった可能性が考えられる。

そして、鷺ノ湯病院跡横穴出土の金銅製立飾りと言われるもの

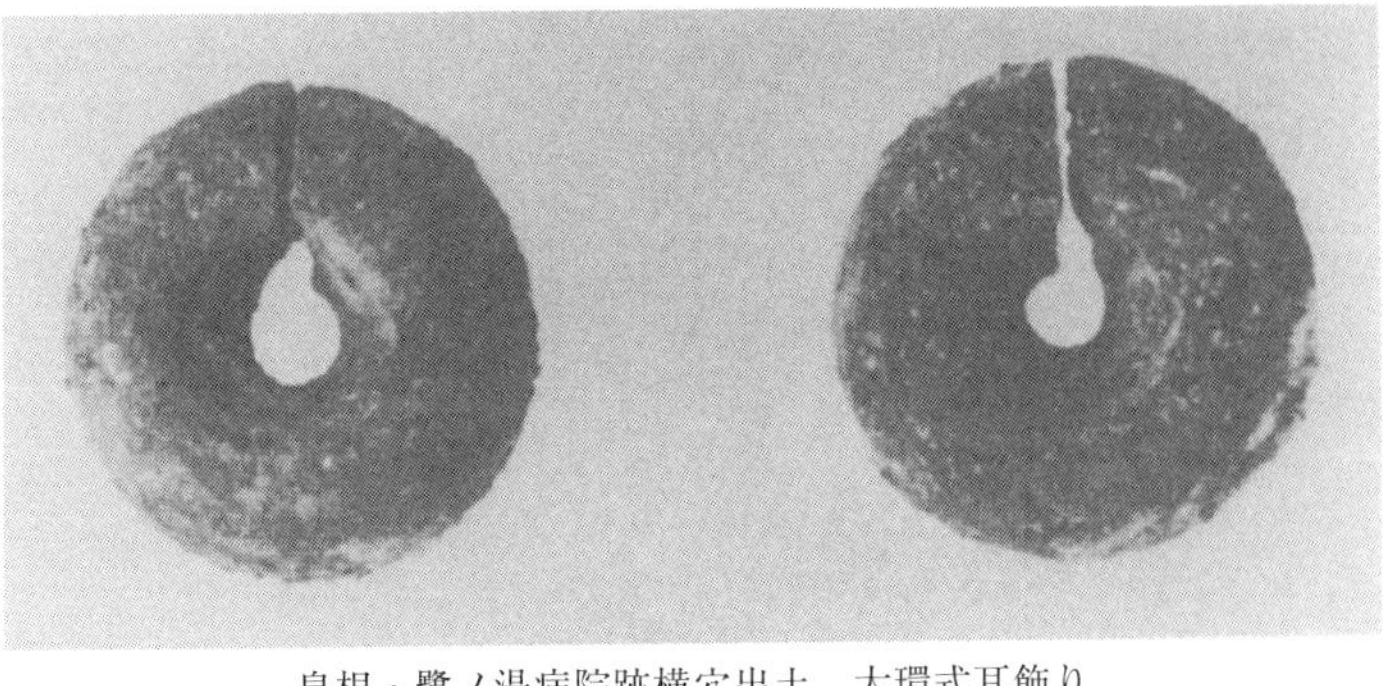

島根・鷺ノ湯病院跡横穴出土　太環式耳飾り

島根・鷺ノ湯病院跡横穴出土金銅製装飾品

の先端の部分にみられる船または花とみられる意匠は日本では藤ノ木古墳出土の金銅製冠や滋賀県鴨《かも》稲荷山《いなりやま》古墳、三重県井田川《いだがわ》茶臼山《ちゃうすやま》古墳などから出土している金銅冠にみられる。同じ文様のものは朝鮮半島でも発掘調査によって出土した例はないが、朝鮮半島から将来したと言われる東京国立博物館所蔵の小倉コレクションの中にあり、一般に朝鮮半島系の文様とみられている。

このように鷺ノ湯病院跡横穴の出土遺物には朝鮮半島三国時代の遺物と共通する要素が数多くみられるのである。

## 太環式耳飾りのもつ意味

太環式耳飾りは朝鮮半島の三国時代では、とくに新羅《シルラ》の王や王族の墓とみられる大形の古墳に集中し、そのほかでは、「出」字形立飾りをもった金銅冠を出土する大邱《テグ》市達西《タルソ》古墳群や昌寧《チャンニョン》郡昌寧校洞《キョドン》古墳群などといった、新羅の政治的影響力をうけたとみられる伽耶《カヤ》地域の首長級の古墳から出土する。近年になって高句麗の王都のあった中国吉林省《チーリン》集安《チーアン》県の麻線溝《マーチエンコウ》一号墳からも出土している。伊藤秋男氏は高句麗・麻線溝一号墳からの出土例を重要視し、太環式耳飾りのうち、とくに垂飾が小環を介して細環に連結する構造のものは高句麗から新羅へもたらされたものである可能性を指摘している（「新羅古墳出土の装身具と馬具」『朝鮮学報』一二二輯、一九八七年）。

また、新羅の大形古墳から出土する太環式耳飾りは、高句麗・広開土王碑《こうかいどおうひ》にみえる庚子年《こうし》（四〇〇）の広開土王《クアンゲドワン》（好太王）による南征、高句麗軍の新羅の王都（現在の慶州市）への駐留、という事件を契機として、金銅製胡籙《ころく》（矢筒）や馬具、武具などとともに新羅や伽耶地域に流入した高句麗系文物の中の一種であるとする見方があり、釜山《プサン》市福泉洞《ポクチヨンドン》一〇・一一号墳出土の馬冑《ばちゅう》を高句麗製のものとみる見解もある。

百済《ペクチエ》地域出土の太環式耳飾りは、漢城《ハンソン》（現在のソウル一帯）や熊津《ウンジン》（現在の忠清南道公州）など、金属工芸品の多く発見されている王都やその周辺の王や王族の墓などからは出土していない。また、太環式耳飾りは百済地域のなかでも、忠清北道《チユンチヨンボクド》の鎮川《チンチヨン》、清州《チヨンジユ》、清原《チヨンウオン》など韓国の中部地域と言われる地域からも発見される。これらの地域については、新羅・百済・高句麗三国の事績を記していて朝鮮古代史の基本的史料となっている一一四五年成立の『三国史記』「地理志」によると、高句麗の領域であったが、新羅の景徳王《キヨンドク》の時（七四二〜七六四）に新羅の領域に編入されたと記されている。そして、

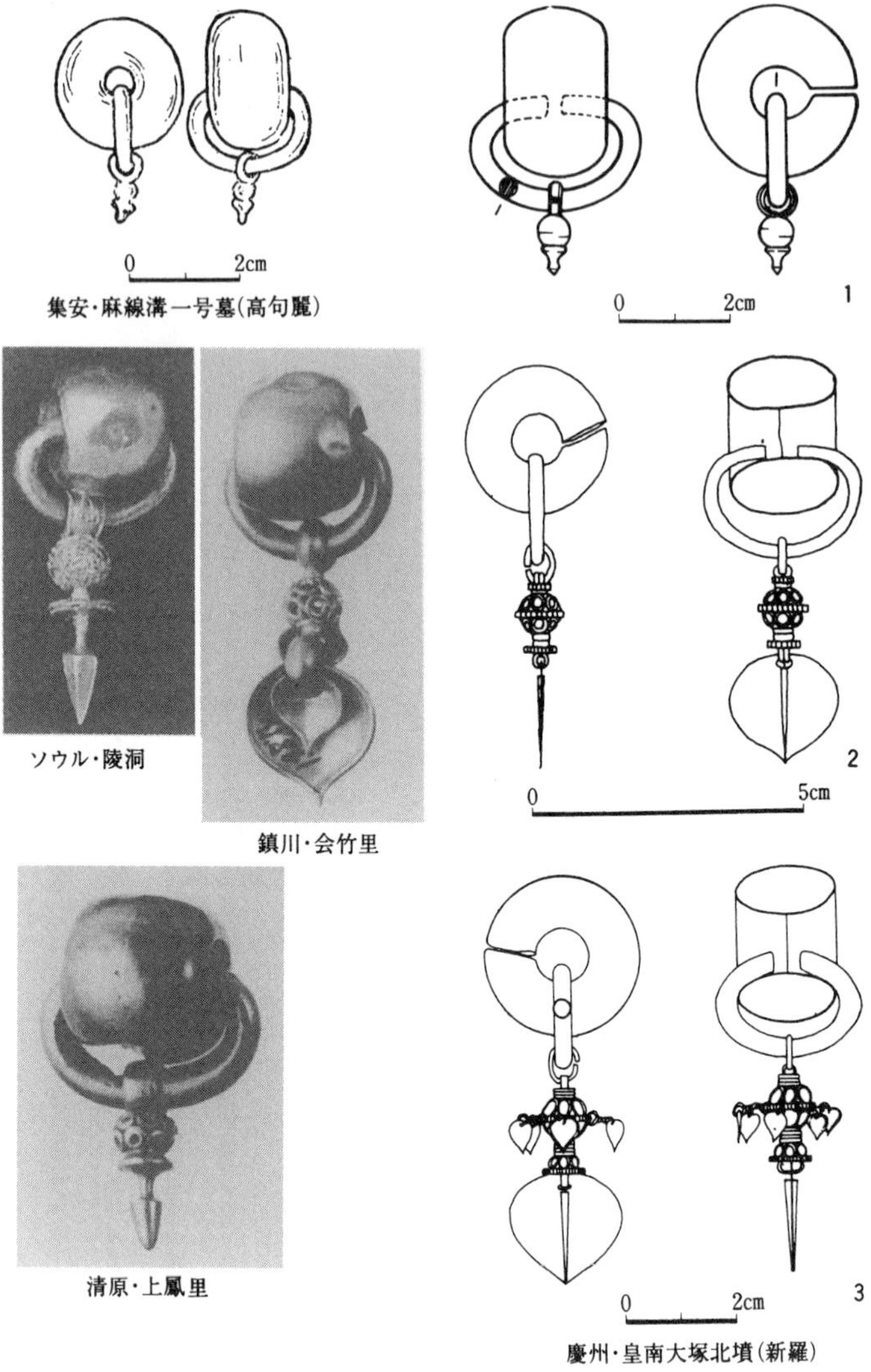


朝鮮半島の太環式耳飾り

李氏朝鮮時代（一三九二〜一九一〇）に編纂された『新増東国輿地勝覧《しんぞうとうごくよちしょうらん》』にも同じ記載がある。韓国の中部地域が高句麗の領域に入ったのは高句麗の長寿王《チャンス》によって百済の蓋鹵王《ケロ》が殺され、王都漢城が陥落し、都を熊津に移した四七五年（高句麗・長寿王六三年）の時点から、金石文や『三国史記』の記述（新羅による五四五〜五五一年の忠清北道丹陽《タニヤン》郡での丹陽赤城《チョクソン》碑の建立、五五七年の忠清北道中原《チュンウォン》郡への国原小京《ククウオンソンギョ》の設置、五六四年の京畿道《キョンギド》華城《ファソン》郡南陽《ナミヤン》での党項城の設置、五六八年の咸鏡南道《ハンギョンムド》地域での黄草嶺碑、磨雲嶺碑の建立）などから新羅が漢江《ハンガン》流域を占領したとみられる六世紀中頃までの数十年間と考えられているので、高句麗系の遺物である太環式耳飾りも、おそらく、その時期にもたらされたものとみられている（朴永福・キムソンミョン「中部地域発見の高句麗系耳飾り」『昌山金正基博士華甲紀念論叢』一九九〇年）。

このように耳飾りのなかでも太環式耳飾りは基本的には高句麗で盛んに用いられたものであると考えられ、百済、新羅、伽耶などの地域で出土する太環式耳飾りも、高句麗の流れをくむ文物と考えられる。

## 太環式耳飾り副葬の意義

太環式耳飾りは、その形態から、現代の女性がつけるピアスのように耳たぶに穴をあけてぶらさげるにはかなり不都合な形態といってよい。混乱をさけるために、ここまで太環式「耳飾り」と呼んできたが、新羅の古墳などでの出土位置から、耳飾りとするより、「被り物につける垂飾」の可能性があることが、有光教一《ありみつきょういち》氏によって指摘されている（「新羅の太環式金製垂飾について」『朝鮮学報』八八輯、一九七八年）。また、伊藤秋男氏は新羅の王や王族の墓とみられる大形の古墳のうち、とくに女性と推定できる被葬者の両手首のあたりで出土することに注目し、上層の女性を葬る際にかぎって、太環式耳飾りを握らせる習俗があったのではないかという興味深い考え方を示している（「新羅古墳出土の装身具と馬具」『朝鮮学報』一二二輯、一九八七年）。このような出土状態から、太環式耳飾りの実際の使われかたや、特別な意味を想定することができるのである。

このように新羅の太環式耳飾りについては、王や王族などが葬られた大形の円墳や双円墳を中心として出土し、耳飾りとしての使用法のほかに、冠などの被りものの付属装飾や女性被葬者の手に握らせるような葬送習俗をになうもののひとつであったことがわかる。そして、さらにその中には高句麗からの貴重な移入品が含まれていたと考えられるのである。

また、太環式耳飾りは伽耶地域では「出」字形立飾りをもった金銅冠や三葉文《さんようもん》環頭大刀など、新羅の大形古墳と類似の遺物をもつ古墳から出土する。そのような遺物の内容を示す古墳のある地域は新羅の影響下にあると考えられ、しばしば親新羅の伽耶と言われ、また、それらの古墳の被葬者は親新羅の伽耶地域の支配者階層に属すると考えられる。つまり、太環式耳飾りは、新羅や伽耶での出土状況からみて、王や王族の限られた身分の人々のみが持てる品であり、身分や階層を表す装飾具であったと考えられる。

このようにみてくると五、六世紀の朝鮮半島三国時代の太環式耳飾りは、高句麗および高句麗の領域であった地域や、高句麗の軍政下にあった時点の新羅、新羅の影響下にある伽耶、などで、主として支配者階層の古墳に副葬される品であると言える。これに対し、四世紀後半以降六世紀後半まで高句麗と敵対関係にあった百済や倭の中枢地域の古墳から出土することはなく、明瞭な対比を示している。

以上のように、太環式耳飾りは、てのひらにのるような小さな装飾品でありながら、四世紀後半から六世紀頃までの東アジアの政治的、軍事的対立関係を表す遺物であったと考えられる。王や王族の権威や儀礼の象徴は、敵対する国の王や王族には簡単に渡ることがなかったのであろう。その点において、交易によって移動する鉄などとは、まったく違う意味をもつと考えられる。

ここまで述べてきた内容から考えてみると、膨大な細環式耳飾りの出土数に比べて、日本での太環式耳飾りの出土がきわめて例外的であった理由に、一つの解答をもたらすことができる。つまり、太環式耳飾りは、日本列島においてはただ珍しく貴重な装飾品である、という理解から踏み出して、政治的、軍事的にするどく対立する地域の遺物であり、さらに、新羅という外国の王族のみに許されたような文物であるがゆえに、日本列島に流入する機会がきわめて少なかったと考えられるのである。

具体的に鷺ノ湯病院跡横穴出土の太環式耳飾りに即して考えてみると、古代の良港であった中海という潟湖《せきこ》を媒介とする典型的な日本海地域の交通の要路に位置する鷺ノ湯病院跡横穴の被葬者が、朝鮮半島に対し独自の交通、交易ルートをもつことによって入手できたものと思われる。

**甲冑からみた地域圏**

甲冑《かっちゅう》は戦いの時に身を守る道具で、紛争に明け暮れた五世紀代には、朝鮮半島の国々においても、日本列島においても、重要なものであったことに違いない。これまで日本で出土している甲冑関係の遺物は八五〇例にのぼるといわれるが、朝鮮半島ではながいあいだ出土せず、短甲は日本で独自に生み出された武具であると考えられていた。しかし、一九七〇年代後半以降、韓国での出土例が増えてきて、短甲の起源地や製作地について、日本か朝鮮半島かという論議が活発になった。日本でも製作技法の観察を論拠として、日本の古墳から出土する短甲のうち、かなりの数が朝鮮半島製であるという見解も出されている（小林行雄「古墳時代の短甲の源流」『日・韓古代文化の流れ』帝塚山考古学研究所、一九八二年）。

韓国で発見されている甲冑としては慶尚南道《キヨンサンナムド》の咸陽《ハミヤン》郡上栢里《サンベンニ》古墳群、陜川《ハプチヨ》郡玉田《オクチヨン》古墳群、釜山《プサン》市福泉洞《ポクチヨンドン》一〇・一一号墳、慶尚北道《ポクド》高霊《コリヨン》郡高霊邑池山洞《チサンドン》三二号墳など、五世紀代の出土例がしられているが、釜山市福泉洞一〇・一一号墳出土の縦矧板革綴蒙古鉢形冑《たてはぎいたかわとじもうこばちがたかぶと》、縦矧板鋲留短甲《たてはぎいたびようどめたんこう》や玉田古墳群などで出土した縦矧板革綴蒙古鉢形冑は日本に類例のないものである。また最近では、金海《キメ》郡礼安里《イエアンニ》一五〇号墳出土の縦矧板革綴蒙古鉢形冑、慶州市九政洞《クジヨンドン》三号墓出土の長方板《ちようほうばん》縦矧革綴短甲など四世紀代のものとみられる独特の形態をした甲冑の類例が増加し、さらに、金海市大成洞古墳群では一九

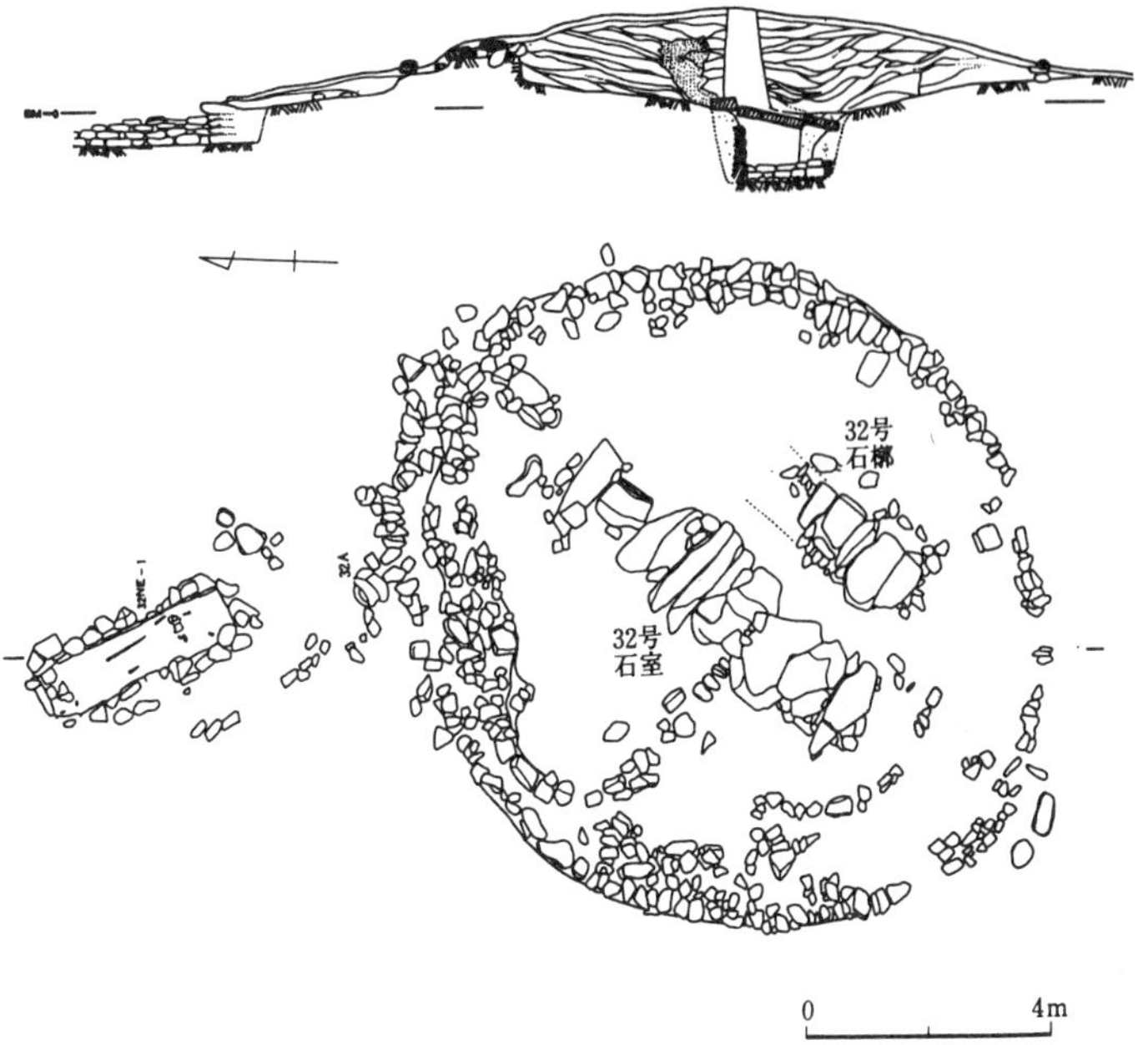


甲冑の出土した池山洞32号墳

九〇年の発掘調査で四世紀前半代にさかのぼる縦矧板革綴冑や縦矧板革綴短甲が出土した、と報道されていることなどを考え合わせると、朝鮮半島南部では縦矧板革綴冑縦矧板革綴短甲など、縦矧板革綴技法による、四世紀代からつづく独自の甲冑の系列があったと考えられる。

　このような韓国での甲冑の新資料から、山梨県大丸山《おおまるやま》古墳から出土した縦矧板革綴短甲などの源流が九政洞三号墓の長方板縦矧革綴短甲にあることを想定する見解もある（東潮「東アジア世界との交流」『古代史復元七　古墳時代の工芸』講談社、一九九〇年）。いっぽう、咸陽郡上栢里古墳群から出土し

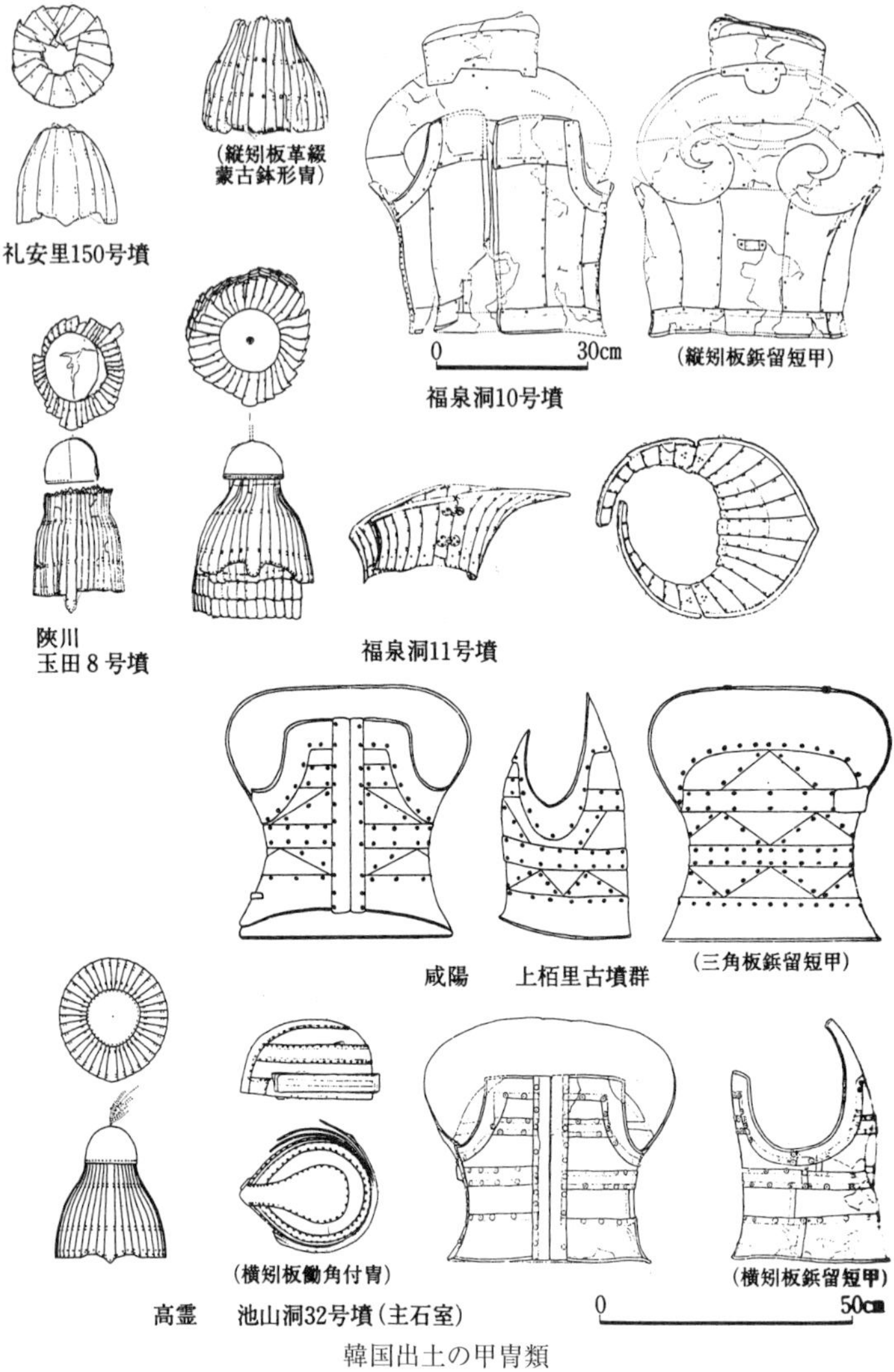
礼安里150号墳
(縦矧板革綴蒙古鉢形冑)
0 30cm
(縦矧板鋲留短甲)
福泉洞10号墳
陜川
玉田8号墳
福泉洞11号墳
咸陽 上栢里古墳群
(三角板鋲留短甲)
(横矧板衝角付冑)
(横矧板鋲留短甲)
高霊 池山洞32号墳(主石室)
0 50cm

韓国出土の甲冑類

た三角板鋲留短甲や高霊・池山洞三二号墳から出土した横矧板鋲留短甲は細部の製作技法の観察からも、日本の短甲との共通性が指摘され、日本からの搬入品とみられることがおおい（穴沢咊光・馬目順一「南部朝鮮出土の鉄製鋲留甲冑」『朝鮮学報』七六輯、一九七五年、藤田和尊「日韓出土の短甲について――福泉洞一〇号墳・池山洞三二号墳出土例に関連して――」『末永先生米寿記念論文集』一九八五年）。また、細かな技術的分析から、日本の古墳から出土する短甲は長方板革綴短甲→三角板革綴短甲→三角板鋲留短甲→横矧板鋲留短甲というような一系列の連続的な発展、変化を経たものではなく、革綴短甲からの系譜では長方板革綴短甲→横矧板鋲留短甲、三角板革綴短甲→三角板鋲留短甲という二つの流れを追うことができ、三角板鋲留短甲と横矧板鋲留短甲が型式の前後関係ではなく、系統の違いであるという考え方もだされている（滝沢誠「鋲留短甲の編年」『考古学雑誌』七六巻三号、一九九一年）。

これまで積み重ねられてきた日本の短甲の研究についても、旧来の考え方が転換する可能性があるのであり、朝鮮半島南部地域の甲冑についても、なおさらその検討ははじまったところと言える。現状では技術的に日本から運びこまれたと考えられているわずかな例を別にすると、朝鮮半島南部で発見、出土している三国時代古墳出土の甲冑のなかでは、縦矧板革綴冑、縦矧板革綴短甲など縦矧板革綴技法による四世紀代からの朝鮮半島在来のものが主流を占めることは明らかである。

朝鮮半島で製作されたことが確実な鋲留短甲の、現時点でのもっとも早い例は、五世紀中葉と考えられている福泉洞一〇・一一号墳出土の縦矧板鋲留短甲であるが、縦矧板革綴技法による四世紀代からの朝鮮半島在来の甲冑が、福泉洞一〇・一一号墳出土の鋲留短甲にどのように変化していったか、またこれらがおなじ系統上にあるのかにどうかについても検討する余地があるといえる。

朝鮮半島南部の陶質土器を日本的な須恵器へと変化させたように、甲冑も基本的な製作技術を朝鮮半島からえたものであり、技術改良を加え日本化させていったものが含まれると筆者は推測しているが、とくに眉庇付冑《まびさしつきかぶと》の分析からもこのような視点が強調されている（福尾正彦「眉庇付冑の系譜」岡崎敬先生退官記念論集『東アジアの考古と歴史』同朋舎、一九八七年）。

## 戦争による武器の移動

軍隊が進駐することによって、進駐された側の国や地域のいろいろな生活や文化に変化が生じることは、日本でもつい数十年前に経験したことである。古代においても、高句麗の新羅への進駐は、装身具、装飾具のほかにも、甲冑、胡簶《ころく》、馬具などの広い意味での武具、武装などが流入する契機となったとみられている。すでにふれたように、倭と百済の侵入に対する広開土王による新羅救援のための南征を、高句麗系文物が新羅や伽耶地域に入るきっかけとなった歴史的な事件として位置づけようとする見方がつよくなっている。さらに、新羅に進駐した高句麗軍は、王都・慶州へ駐留し、高句麗が新羅を軍事的に掌握したとみる考え方もある。このように四世紀後半から五世紀代の朝鮮半島の三国と倭で展開される軍事行動や、現代風に言うと中国を審判とした利権の争いは、高句麗軍が新羅救援のために南下するという一事にあらわれているように、雄大なスケールのものであった。

五世紀代は東アジア全体に実際の軍事行動をともなう、動きのあった騒然とした時代であったが対立状態においても、朝鮮半島から倭へ、または、その逆に倭から朝鮮半島へ物が移動している。そのなかでも戦闘状態における物の移動の例をみてみよう。

広開土王《こうかいどおう》碑文のなかで、永楽《えいらく》十四年（四〇四）に倭が「帯方界《たいほうかい》」に侵入し、高句麗軍によって覆滅されたという記事の次に、

十七年の丁未《ていび》。教《きょう》して歩騎《ほき》五万を遣わし、□□□□□□□□□□師、□□合戦し、斬殺して蕩盡《とうじん》す稯《と》る所の鎧《よろい》・鉀《よろい》、一万余領、軍資・器械は数を称《はか》るべからず。還《かえ》るに、沙溝城、婁城、□住城、□□□□□□□城を破る

とある。広開土王碑文は広開土王一代の事蹟の顕彰と後世への伝示を一つの眼目にしているので、これらの数字をそのまま実際のものとみることはむずかしいにしろ、四世紀、五世紀代においても、やはり、戦果として相手側の武器や武具などを接収するということが広く行われていたという事実があってこそ生まれる記述であることは疑いない。このように甲冑をはじめとした武器・武具やその他の戦闘のための機器などは、戦闘状態のなかで移動することがあったと考えられる。例としては、騎馬民族、ことに黒海北岸からカスピ海、ウラル山脈にかけて分布するスキタイやサルマタイの戦士の墓に、同時期のヨーロッパ、ペルシアなどで使われていたものと同じ型式の冑が副葬されていることがあり、それらは騎馬民族の遠征や侵攻にともなっていろいろな地域から略奪などによってもたらされ

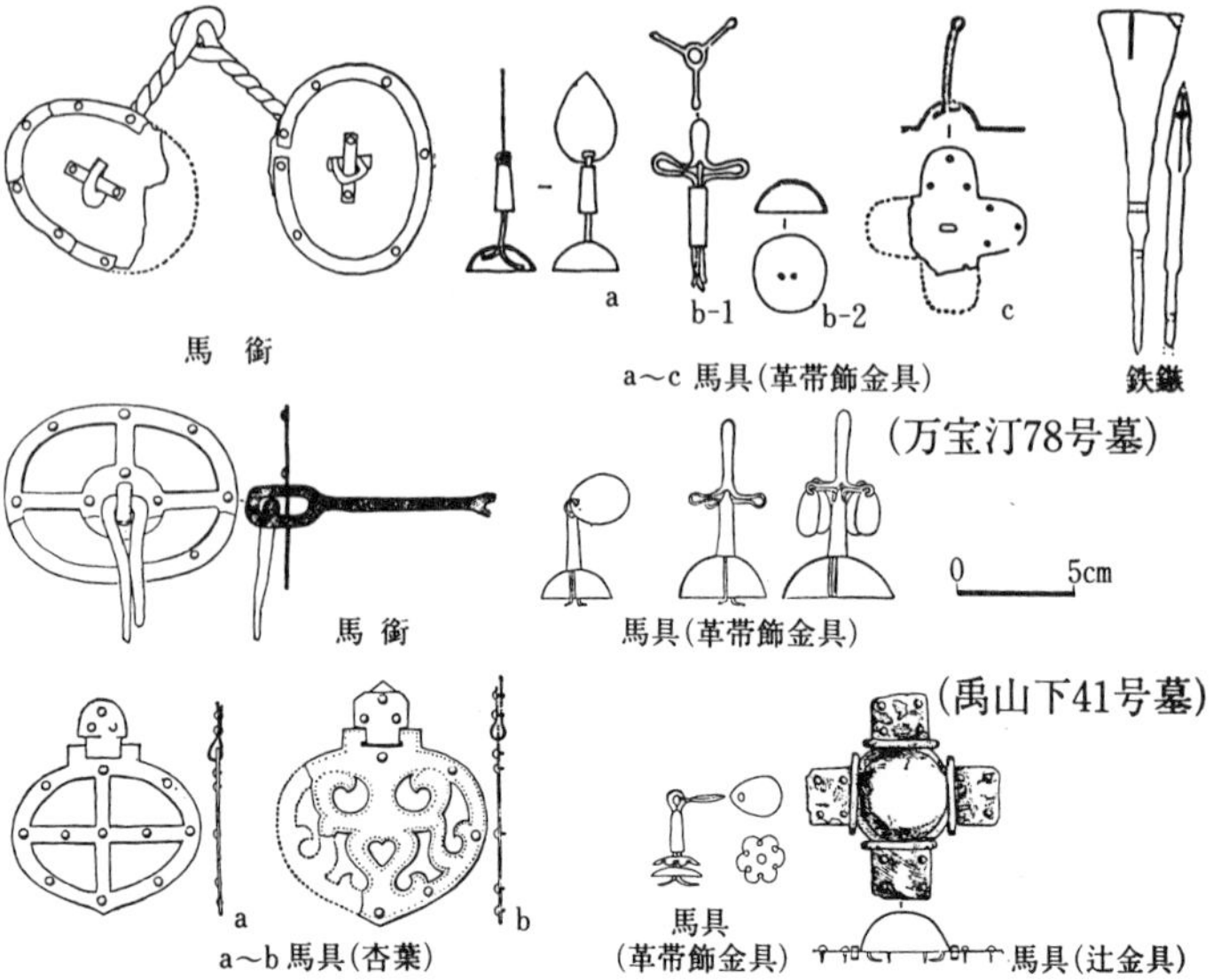


中国東北地方の晋代墓の出土品と高句麗墓の出土品。
上段は本渓晋墓出土、下段中央右は禹山下41号墓出土。

たものと考えられる。

そのほかに、軍事的な紛争地域における文物の移動を想定できる例としては中国遼寧《リャオニン》省本渓《ペンシー》市で発見されている東晋《とうしん》代（三一七〜四二〇年）のものと考えられる墓があげられる。この墓は死体を葬るための主室と、その前面にある副葬品などを置くための耳室《じしつ》からなり、同じ遼寧省の遼陽市で発見されている魏《ぎ》・晋《しん》代の壁画のある墓や吉林省集安県の高句麗古墳と墓室の構造が似ていると指摘されている。副葬されていた土器類には遼寧省西部の山岳地帯の鮮卑の墓から出土するものと似た文様（暗文《あんもん》）が施されている。また、集安の禹山《ウーシャン》山麓の高句麗古墳から出土するものと類似した馬銜《はみ》や金銅製の馬用飾り金具（辻金具《つじかなぐ》など）

なども出土し、それらとの比較から四世紀後半〜末の年代が考えられている。文献上は四世紀後半代に高句麗が遼東《リャオトン》地方に進出したと考えられていて、軍事的な行為にともなって遼寧省のこの墓に埋納されたものであることが考えられる。

武器や武具はこのように軍事的な進出や戦争状態のなかで、いろいろな形で移動するが、甲冑が軍事的侵攻の証拠として、国や地域を代表するものとして文献に現れる場合がある。

四七二年（北魏《ほくぎ》・延興《えんこう》二年）に百済《ペクチェ》・蓋鹵王（余慶）がはじめて北魏《ほくぎ》・孝文《こうぶん》帝に使いを遣わし、高句麗の南侵に対し、出兵を請うが、その時の上表文に興味深い内容がみられる。

百済は魏（北魏）との間に「豺狼《さいろう》」すなわち高句麗が立ちふさがって路《みち》を隔てているために、魏の外藩《がいはん》となる機会をもてないとし、高句麗とは歴史的に敵対関係にあったが、「怨みを構えて戦禍を重ねること三十余年におよび、財力ともに尽き、ますます弱り苦しんでいる」状況であることを述べ、援軍を求めている。さらに、以下のように述べている。

去る庚辰の年（四四〇）の後、百済の西の国境にある小石山の北の海中で十余体の屍を発見し、あわせて衣服・道具・鞍・勒《くつわ》を手に入れました。それらを入念に見ましたが、高（句）麗の物ではありません。のち聞くところによりますと、これは（北魏の）使者が臣の国においでになろうとしたのに、大蛇（のように凶悪な高句麗）が路をさえぎり、（使者を）海に沈めたものとのことでございます。すべてがこの通りではなかったとしても、（臣は高句麗に）深い憤りを抱いております。(中略)このように取るに足りない片田舎(の臣)であっても、なお万代の信義を慕っておりますます。まして陛下は、(その)気宇は天地を合わせ(その)勢いは山海をも傾けるほどでございます。どうして小豎《しょうじゅ》(高句麗)に王道を塞《はば》ませてよいことがありましょうか。いま手に入れた鞍を一つ(証拠として)お届けいたしますので、目のあたりお調べ下さい。

この証拠としてもたらされた鞍に対して、北魏の孝文帝は、

さきに、使(者)を遣わして海に浮かべ、遠い国の果てを(巡)撫させたが、これまで年を重ねながら、いまだ行ったきりで帰って来ない。(彼らの)生死や、(目的地に)着いたか否かについては、なお、そのすべてが明らかになったわけではない。卿の送ってくれた鞍を、さきの(使者が乗っていった)鞍と比較してみたが、中国(本朝)の物ではなかった。疑わしいということで、断定してしまう過ちを犯してはならない。(後略)(『魏書』百済国伝、読み下だしは井上秀雄他訳注『東アジア民族史』1正史東夷伝、東洋文庫264、平凡社、一九七四年による)

として、百済・蓋鹵王の訴えを退けた。

このやりとりには、当時の東アジアの国際関係を考えないと妥当な解釈にはいきつかないかもしれない。しかし、ここで考古学的に注目しなければならないのは、百済の王と北魏の皇帝の間の、国際舞台での正式なやりとりに、馬具のひとつである鞍が北魏という国の使者であることの証しとして使われ、国や地域を識別するものとして扱われていることである。

## 武器や馬具のもつ政治性

これまでみてきた主に文献や金石文の記載からは、武器や馬具などの本来の用途とは異なった意味や属性が付される場合があると考えられる。つまり、ひとつには武具の移動には戦闘における略奪を最たるものして、戦争や紛争の状態で移動するということである。甲冑は四世紀後半代以降、五世紀代を中心として急激に進歩し、かつ朝鮮半島南部から日本に急速に展開するのは、このような紛争状態のもとにあって、甲冑製作技術が急激に展開した結果であろう。すなわち、敵対国に武具が伝わる典型的な例としては広開土王碑文にみられたように武器や武具の捕獲による場合が考えられる。

また、百済・蓋鹵王の上表文と、これに対する北魏・孝文帝の返書にみられる鞍の扱いについては、政治的・軍事的問題に発端をひらく小道具にすぎず、実際の鞍の形態については意味をもたないという考え方もできる。しかし、本渓晋墓のように、高句麗の馬具が流入したと考えられる実例もあることは、在来の武具と外来の武具とがあきらかに識別できるということであり、武器、武具における地域性やその国の独自性を推定する材料となる。このように武器・武具の戦争、紛争下での移動の可能性と、国や地域を現す一面があるのではないかと考えると、日本で発見されている何百という甲冑のなかには一例もみられず、朝鮮半島にしかみられないタイプの甲冑を理解する一つの解釈が成り立つ。

具体的にみてみると、冑では蒙古鉢《もうこばち》形冑といわれるものがきわめて特徴的である。日本で言うところの蒙古鉢形冑とは眉庇付冑の一変種と考えられていて、後代のモンゴルの冑との形態的類似からそ

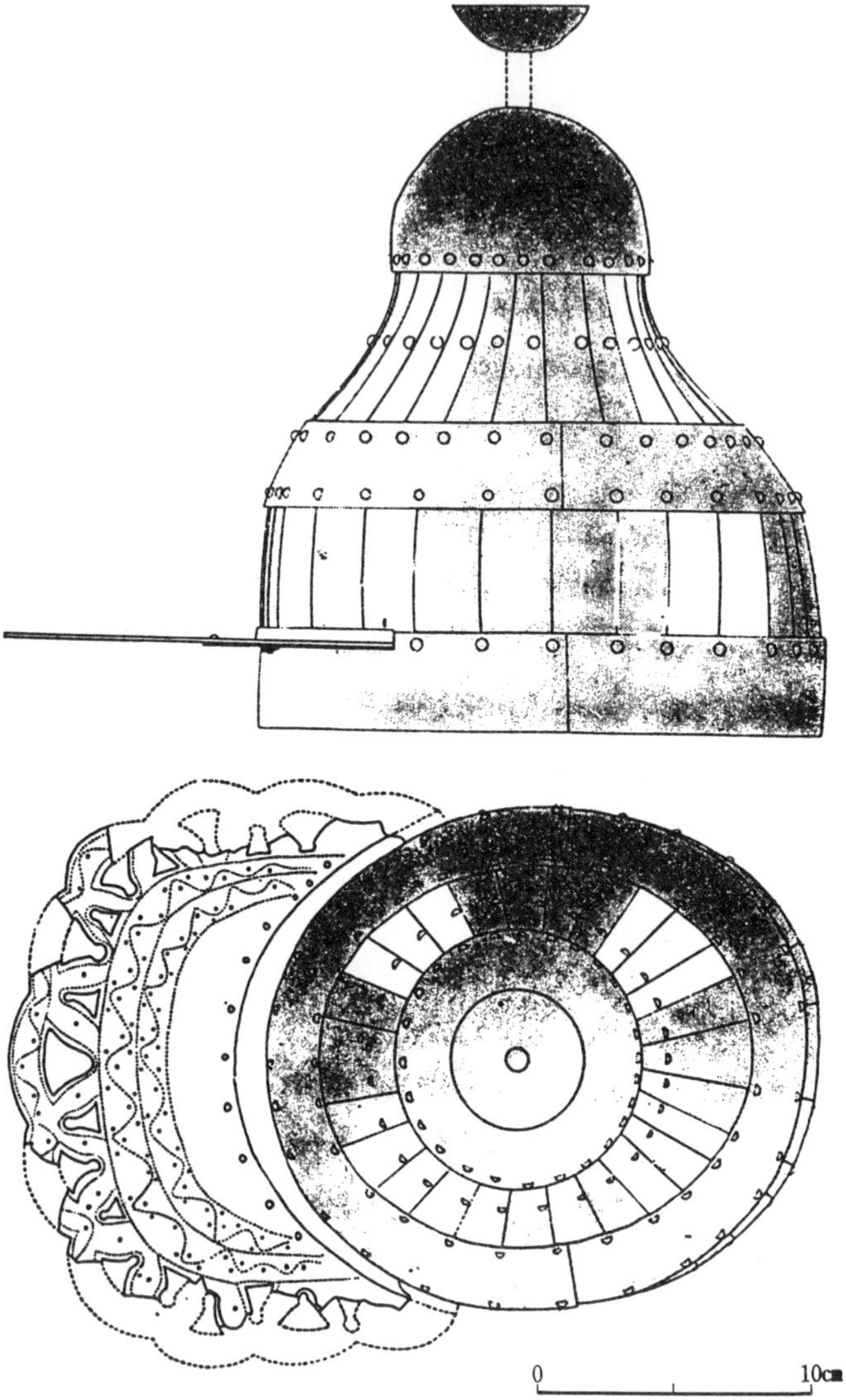


奈良・五条猫塚古墳出土　蒙古鉢形冑

の名がつけられている。蒙古鉢形冑と言われるものは日本では五条猫塚《ごじょうねこづか》古墳（奈良県五条市）と椒《はじかみ》浜《はま》古墳（和歌山県有田《ありだ》市）で出土している。これに対し、朝鮮半島南部地域で出土しているものは外見的な類似点はあるが、地板の構造などでは全くことなるものであり、朝鮮半島南部で四世紀代から五世紀代をつうじて主流となる縦矧細板革綴冑と同じ型式のものは、日本では出土例がない。また、短甲では、釜山市福泉洞一〇・一一号墳で出土しているような縦矧板鋲留式のものは、日本での類例はない。

　朝鮮半島南部での甲冑の問題についてはすでにふれたが、従来はこのような甲冑の起源が日本か朝鮮半島かという論争や甲冑の細かな製作技術的な観察をもとにした個々の甲冑の製作地ばかりが議論の対象となってきていた。しかし、そのような系統論以外にも、重要な検討課題がのこされている。それが日本での数多くの冑の出土例のなかでも、朝鮮半島南部地域に主体的な縦矧細板革綴冑が、まったくみられないという問題である。私は、百済・蓋鹵王の上表文と、これに対する北魏・孝文帝の返書にみられる鞍の扱いについての説明を、このような日本と朝鮮半島での冑の出土状況にも、あてはめられないかと考えている。つまり、武器や武具が地域や国を現すという見方を広げると、朝鮮半島南部地域で主流であった特徴的な形態の縦矧細板革綴冑が日本ではこれまでのところ出土例がないことについて、朝鮮半島の軍事的集団が使用している甲冑の型式のなかに、日本で盛行しない種類のものがあったのではないかという解釈も可能である。朝鮮半島で主流であった縦矧細板革綴冑は破片になると識別が難しい点があるが、今後とも日本列島において類似の遺物の出土が増えないならば、このような考え方が意味をもつ事になる。

## 鉄素材の変遷と交易

### 鉄器と鉄素材

装身具や武器の問題についてみてきたが、その武器や武具、それに農工具を作る材料となる鉄や鉄素材の問題はさけては通れない。こんどはこの鉄について考えてみたい。

日本で製鉄が行われるのは、確証となる製鉄炉が検出されている岡山県久米《くめ》町大蔵池南《おおくらいけ》遺跡などの例によっても六世紀後半までしかさかのぼることができない。製鉄、製錬《せいれん》という場合は、鉄鉱石や砂鉄などの原材料から鉄を取り出すことであり、すでに原材料から取り出した鉄を製品にするための精《せい》錬《れん》とは区別される。鉄の精錬については古墳から鍛冶《かじ》の段階で出た鉄滓《てつさい》が出土することがあり、古墳時代には確実に行われていた証拠となる。鉄の製錬、精錬が行われるまで、つまり弥生時代は鉄素材を中国や朝鮮半島から輸入していた段階であると考えられている。中国では戦国時代には鉄の使用が農具にまで広がると考えられていて、朝鮮半島でも龍淵洞《ヨンウオンドン》遺跡（慈江道渭原郡《チヤガンドウィウオン》）では中国の戦国時代のものとみられる鋳造《ちゆうぞう》鉄製農工具などが出土していて、中国での鉄器使用の影響をそのまま受け入れた遺跡とみられている。朝鮮半島で鉄器の使用がひろまるのは、無文土器時代でも後期の紀元前三世紀頃から紀元前後で、日本で言えば弥生時代の前期から中期後半～末頃にほぼ該当する。この時期は朝鮮半島でも日本でも鉄器の種類としては斧、ヤリガンナ、刀子《とうす》などの小形の製品が主となる。

紀元前後から、朝鮮半島では軟質陶である瓦質《がしつ》土器を標識とした原三国《げんさんごく》時代といわれる時期にはいり、とくにその後半には三国時代につづく鉄器の製作、使用がみられるようになる。古代の日本と朝鮮半島の鉄のことを語る場合にいつも引用される、三世紀頃のことを著した『三国志』魏書東夷伝弁《べん》辰《しん》条の、「国、鉄を出す。韓・濊《わい》・倭みなしたがってこれを取る。諸市《しよし》買うにみな鉄を用いる。中国の銭を用いるが如し。又もって二郡（魏の楽浪郡・帯方郡）に供給す」という記事は、朝鮮半島の原三国時代の後半、日本の弥生時代の終末頃にあてはまる時期の記述である。

弥生時代には斧などの製品の形で輸入されたものが、他の製品をつくるための鉄素材としての役割もかねていたとみられているが、最近では鉄器の原料として輸入された素材そのものの追及もなされている。古墳時代になると鉄の素材としては鉄鋌《てってい》が現れる。鉄鋌とは偏平な鉄板で長さ一〇～六〇チセンくらいまでの小型から大型まであり、大型は両端を圧延した形態で、鉄斧を両側につなぎあわせたような形をしている。すでにみたように弥生時代には鉄斧が素材としての役割もになっていたのであり、実はこの斧という形態に鉄素材の歴史を解明する鍵がひそんでいるのである。

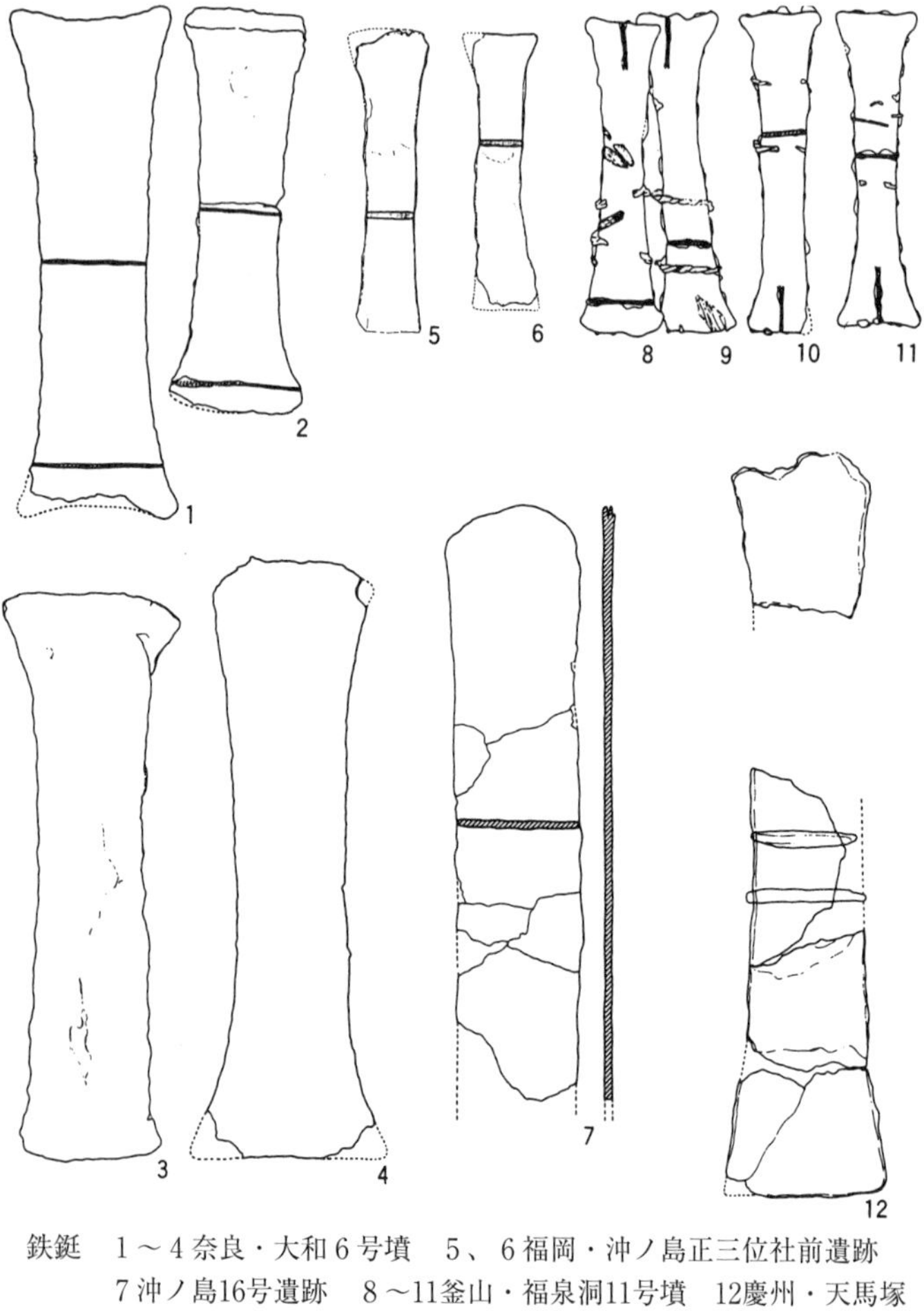


鉄鋌　1～4奈良・大和6号墳　5、6福岡・沖ノ島正三位社前遺跡
7沖ノ島16号遺跡　8～11釜山・福泉洞11号墳　12慶州・天馬塚

## 斧形の鉄製品

鉄素材としての鉄鋌に先立つと考えられるものとして朝鮮半島独特の大形の板状《ばんじょう》鉄斧《てつぷ》がある。これは日本の弥生時代や古墳時代にみられる板状鉄斧とは形態が異なり、平面長方形の鉄板の一端を叩きのばしたような形態で、この部分が最大幅となる。大きさなどは日本の古墳から発見される短冊形《たんざくがた》鉄斧といわれるものの中でも大型品にちかい。

しかしながら、短冊形鉄斧は平面形が縦長の長方形か、平面中央部に若干のふくらみをもつものが

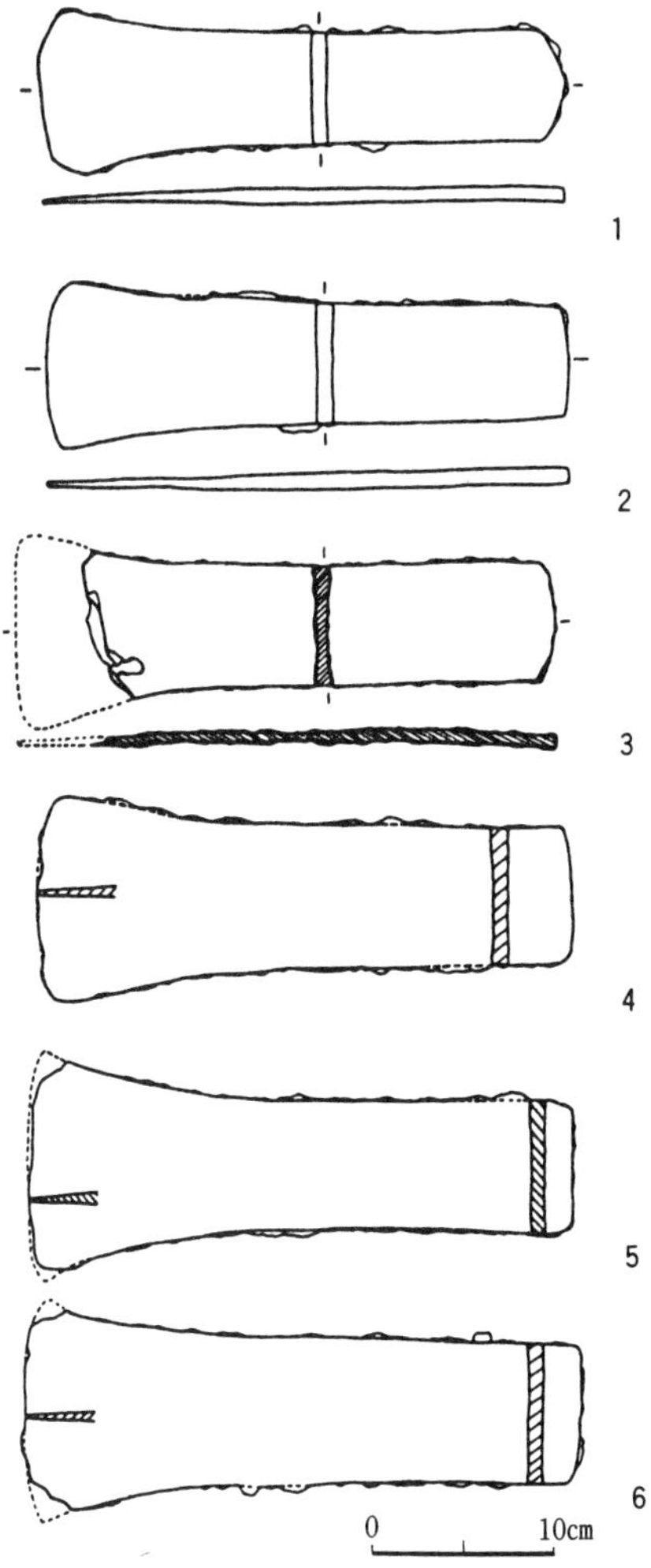


斧の形をした鉄素材
1、2花鎣2号墳　3大坪里
4～6昌原三東洞3号石棺墓

一般的で、このように極端な裾広がりの形状は日本では福岡県花聳《はなそげ》二号墳からの出土品だけである。朝鮮半島では韓国慶尚南《キヨンサンナム》道《ド》昌原《チャンウォン》市三東洞《サムトンドン》三号石棺墓から出土し、慶尚南道義昌《ウイチャン》郡鎮北《チンボク》面大坪《テピヨン》里《ニ》遺跡、慶尚南道蔚州《ウルジュ》郡下《ハ》岱《デ》遺跡から採集されている。この特殊な形態をもつ大形板状鉄斧については、鉄鋌とみる見解と鉄斧など工具とみる見解とにわかれている。鉄鋌と見る見解の根拠は花聳二号墳出土品の科学分析（光学顕微鏡組織、電子顕微鏡組織、化学分析、分光分析、断面硬度など）に基づいている。

大沢正己《おおさわまさみ》氏によると、分析の結果、花聳二号墳の大形板状鉄斧は不純物がきわめて少なく、日本国内の優良鉱といわれるもののうちでさえも該当する例がないという（大沢正己・山本信夫「鉄鋌の新例に関する検討――福岡県花聳二号墳の出土遺物――」『考古学雑誌』六二―四、一九七七年）。また、鍛造《たんぞう》加工するときには炭素がうばわれる（脱炭《だったん》）が、製品になった時でも問題がおきない程度の炭素量（〇・六九～〇・八六％）は残っていると報告されている。そして、結晶粒組織分析や断面硬度分析などから成形後に熱処理がなく、自然放冷されたことを指摘している。成分の分析からは忠清北道忠州郡にある忠州鉄山の鉱石等が近いものであると言われている。そして、古墳時代の大形短冊形鉄斧は、畿内を含めた東日本を分布の中心とし、古墳時代前期末には姿を消すことからすると、花聳例を短冊形鉄斧とみるのは疑問であるとされながら、摂氏一〇〇〇度以上で加温、成形されたあと自然放冷され、かつ成形後の熱処理がないという科学分析の結果から、花聳例は鉄素材であり、これまでになかった鉄鋌の一種と考えられた。

韓国側の資料では、三東洞遺跡出土品が化学分析されているが、塊錬鉄《かいれんてつ》を再加熱し、反復鍛打《たんだ》したものであると報告され、その結果から、鉄斧とみなされている。

このような金属学的な分析成果以外の、遺物自体の観察からは、大坪里例では木の柄をつけた痕跡がなく、明らかに叩いたことによって生じた凹凸があるとして、手で握って頭部を叩く、クサビのような使用法を考える見方もある。

## 工具か鉄素材か

鉄素材か工具かについては、私は、その両方がある面では正解で、一面では誤解があるとみている。

板状鉄斧は朝鮮半島ではまれな遺物といってよく、三国時代以前のものとしては黄海《ファンヘ》北道《ボクド》銀波《ウンパ》郡葛《カル》峴里《ギョンニ》遺跡、咸鏡南道《ハムキョンナムド》永興《ヨンフン》郡所羅里《ソラリ》遺跡、慶尚北道月城《ウォルソン》郡外東《ウイドン》面入室里《イプシルリ》遺跡、慶尚北道慶州《キョンジュ》市九《ク》政洞《ジョンドン》遺跡、慶尚北道慶州市朝陽洞《チヨヤンドン》三八号墓、慶尚南道三千浦市勒島《ヌクド》遺跡、慶尚南道義昌郡茶戸里《タホリ》遺跡などからの出土例がある。このような出土例のなかには長さ二五センチ内外の大形品があるが、形態は日本の古墳時代の短冊形鉄斧とは違い刃部が最大幅をなすものである。また、刃部の一方に偏した摩耗がみられ、この点は短冊形鉄斧の大型品と共通する。これによって刃に対して平行方向に柄がつけられていたことが考えられる。日本の古墳から出土する短冊形鉄斧や朝鮮半島の三国時代以前の板状鉄斧と比べても、三東洞遺跡などで出土している大形板状鉄斧は、

（一）刃の内側に摩耗痕がみられない。

（二）柄の痕跡がみられない。
（三）形態、大きさ、重量などに規格性とも言えるほどの、かなりの等質性がみられる。
（四）日本の短冊形鉄斧の大型品とくらべても、大きさは、最大のものに匹敵するのにたいし、長大でありながら薄く、軽い。

などの点で異なる。これらの理由から、この種の大形板状鉄器を伐採用の鉄斧とは考えにくいと思われる。また、大坪里の出土品では頭部に打撃痕がみられるといわれ、クサビと考えられたが、これに関しては日本で行われた鉄斧の復元使用実験が参考になる。つまり、古墳時代の短冊形鉄斧を復元製作し、これを斧やクサビとして実際の伐採や製材を行ったのである。この実験によると、製材のような木材の縦割り作業には、鍛鉄製の強靭なクサビはとくに必要ではなく、木製のクサビで十分な機能をはたすことがわかっている（吉川金次『斧・鑿《のみ》・鉋』法政大学出版局、一九八四年）。

むしろ、このような品質の高い大形の鍛造の鉄の塊を、たんにクサビとして使用するのは、当時の鍛鉄の供給量からみると非常に贅沢であり、もったいない使い方とも言える。このようにみてくると、ここでみてきた特殊な大形板状鉄斧は、形態だけから鉄斧やクサビのような工具とみる単純な考え方よりは、鉄素材と考えたい。これにたいし、昌原市三東洞三号石棺墓出土例の科学分析では、反復鍛打したものであることが報告されている。しかし、板状鉄斧は板状の鉄素材の一端に刃をつけたものと考えられるので、この種の大形板状鉄斧を焼入れ・焼なましするなどして、一端に刃をつければ、容易に鉄斧としての機能をもたせることが可能だと思われる。

韓国での鉄成分の科学的検討からも、いったん炒錬《しょうれん》がおわった熔湯《ようとう》を、すぐに簡単な鍛造工程を経て鉄鋌という「中間素材」として大量生産に供したと言われている。この見解は、これまでの日本側からの検討が実物貨幣などの流通過程での観点が主となっていたのに対し、大量生産という、生産からの視点で、中間素材という見方を示した点で興味深い。このように大量生産の便のための中間素材という観点からみても、五世紀以後さかんに古墳に鉄鋌が副葬される朝鮮半島東南部のいわゆる新羅、伽耶地域とこの種の大形板状鉄器の分布が重なることに注意したい。この種の大形板状鉄斧のなかで朝鮮半島の資料でもっとも時期のおそいものは、四世紀代の三東洞三号石棺墓出土品である。典型的な鉄鋌が副葬されるのは、金海《キメ》市大成洞《テソンドン》古墳群などで四世紀後半～五世紀初めの木槨《もっかく》墓から出土しているので、四世紀にまでさかのぼると考えられるが、盛んに副葬されるのは五世紀代から六世紀前半代を中心とした時期である。時間的にも、三東洞三号石棺墓出土品は、四世紀後半以降の典型的な鉄鋌よりさかのぼる可能性がたかい。

三国時代以前の板状鉄斧の発見例は既にみたが、その中でも慶尚北道の入室里、九政洞、朝陽洞という慶州を中心とした地域に一つの分布の中心があるようである。そして、近年の勒島遺跡や茶戸里遺跡からの板状鉄斧の発見例と考えあわせると、すくなくとも無文土器時代から原三国時代にかけて、朝鮮半島東南部に板状鉄斧のひとつの分布の中心があったことが想定される。そして、それは大形の鍛造鉄器使用の伝統性がこの地域にあったと言いかえてもよさそうである。これは三国時代、とくに五世紀代以後に鉄鋌の副葬が盛行する地域とも重なりをみせ、さらに、ここでとりあげた特殊な形態の大形板状鉄斧の分布もこの中におさまる。

この大形板状鉄斧は刃部の広がりや全体の大きさ、厚さなどから、無文土器時代の板状鉄斧と三国時代の典型的な鉄鋌との中間的な形状をもつと言え、形態的にも時期的にも実用品の板状鉄斧と鉄素材としての典型的な鉄鋌の間をつなぐものであると考えられる。科学的分析について論ずることは私にはできないが、同じ形状の板状鉄器のなかでも花聳二号墳出土例のように鍛造成形後の熱処理がないものと、昌原三東洞三号石棺墓出土例のように反復鍛打されたものとが存在することが事実であるとすれば、この種の大形板状鉄斧が鉄素材として完全に独立分化したものではなく、工具から鉄素材への過渡的な意味をもつと考えたい。

無文土器時代、とくにその後期前半までは中国からもたらされた鋳造品（とくに農工具）が主流であり、後期も後半以降になって鍛造品が盛行するようになる。そして、農工具も鉄板を加工したものが現われる。日本では中世においてさえ領主階層でも、大形の製材用の縦挽き鋸《おが》は調達することがむずかしかったとされるように（村松貞二郎『大工道具の歴史』岩波書店、一九七三年）、品質の高い鍛造の大形鉄製品は稀少性をもっていることが想定され、古代においては、板状鉄斧のような鍛造の大形品がきわめて貴重なものであったことは容易に推測される。このような工具としての貴重性が、その材質と大きさから鉄素材としての貴重性に転化することは十分考えられる。よって、現段階では、さきにみたような四つの特性からも、この種の大形板状鉄斧は、貴重な鍛造鉄斧と、そこから派生した鉄素材という二つの性格をあわせもつ遺物と考えておきたい。つまり、刃をつければ斧という農工具に変り、刃を研ぎ出さなければそのまま鉄素材として流通、交換材として用いられると考えるのである。このように、ここまで大形板状鉄斧と呼んできたものは、形態的には板状鉄斧に類似するが、属性としては初原的な鉄鋌としてよいと思われる。

## 鉄斧から鉄鋌へ

工具の形態と鉄素材としての流通を考える時に参考となるのが、中国における農工具と貨幣との関係である。中国には農工具の形をした貨幣があって、「布銭《ふせん》」と総称されている。春秋・戦国時代頃には各国ごとの貨幣が使用されるが、農工具のミニチュアの形をとる貨幣は、本来は農工具そのものが交換されていたものが、その流通価値から、農工具の形になって流通したものとみられている。つまり、「布銭」の「布」はもともと、同音の「鎛《フ》」という字が変化したものと見られているのである。「鎛」は鋤《すき》に似た金属製の農具で木の柄をさして、農耕作業に使うものであったが、交換の媒介物として用いられたこのような軽便農具が転化して貨幣として使用されたために貨幣として初期に鋳造された空首布《くうしゅふ》には柄が差し込めるような袋部をもっているものもある。

中国では流通価値のある交換財としての農工具が、その特性と形態をかりて、変化したものが農工

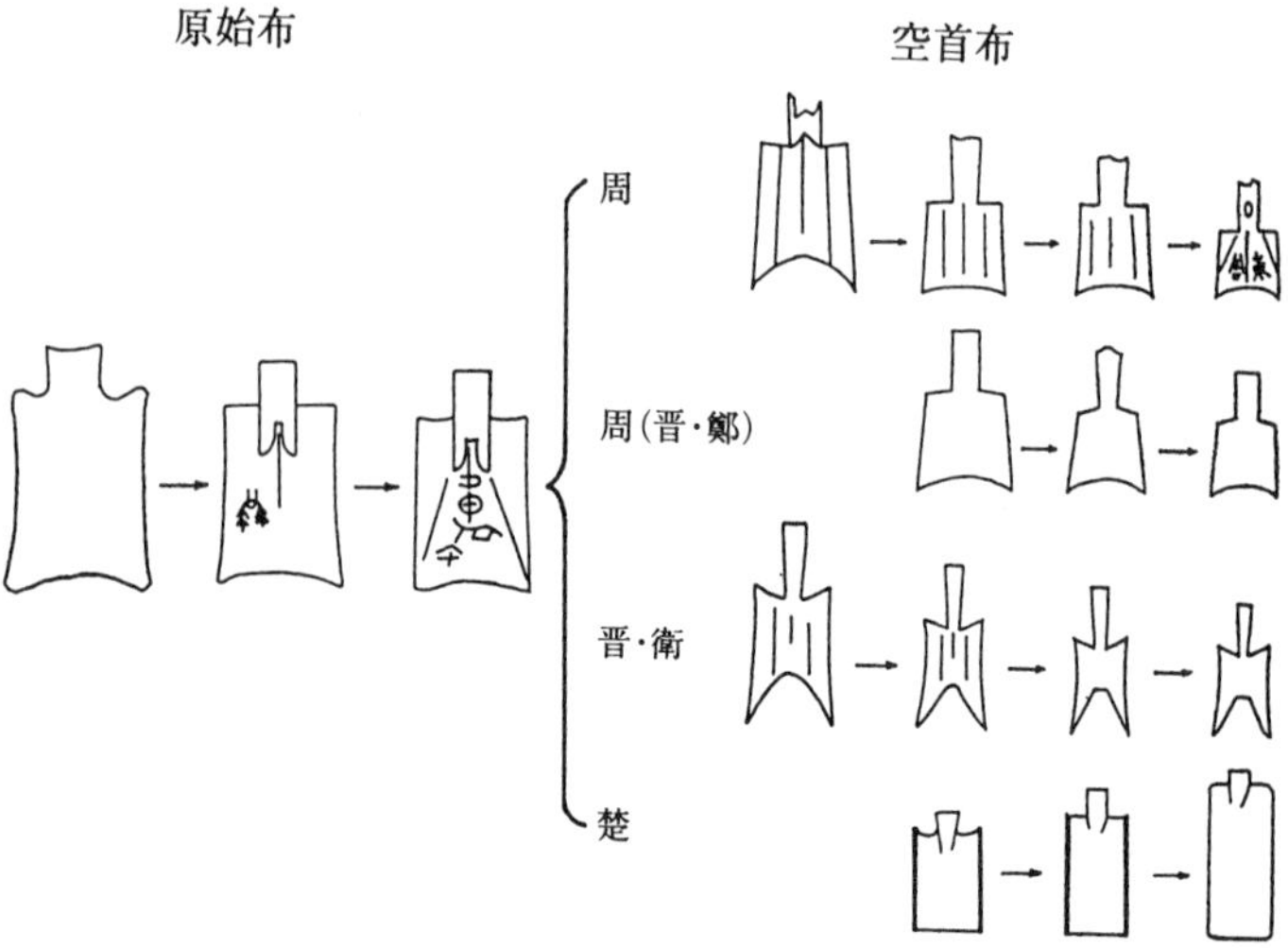


斧から空首布への形成過程

具形の貨幣であるのだが、朝鮮半島においても、この図式は描けるようである。それを推定させる重要な遺物が一九八八年から発掘調査されている茶戸里《タホリ》遺跡から出土している板状鉄斧である。これまでにも何度かふれてきた茶戸里遺跡（慶尚南道義昌《ウィチャン》郡茶戸里）は一二基の木棺《もっかん》墓と二基の甕棺《かめ》墓が調査されているが、総数は四、五十基をくだらないとみられている。棺の遺存状態がもっともよかった一号墓は長さ二七八センチ、幅八五センチ、現地表から二〇五センチの深さの墓壙《ぼこう》に長さ二四〇センチ、幅八五センチ、上下六五センチの木棺を埋納していた。木棺は直径一メートルちかい丸太を整形し、縦方向に半截《はんせつ》し、内部をくりぬいたもので、蓋と身は木製のくさびによって結合されていた。板状鉄斧は木棺下の墓壙床面から木製の柄のついたものが三点出土していて、それ以外に柄のついていないものが全部で

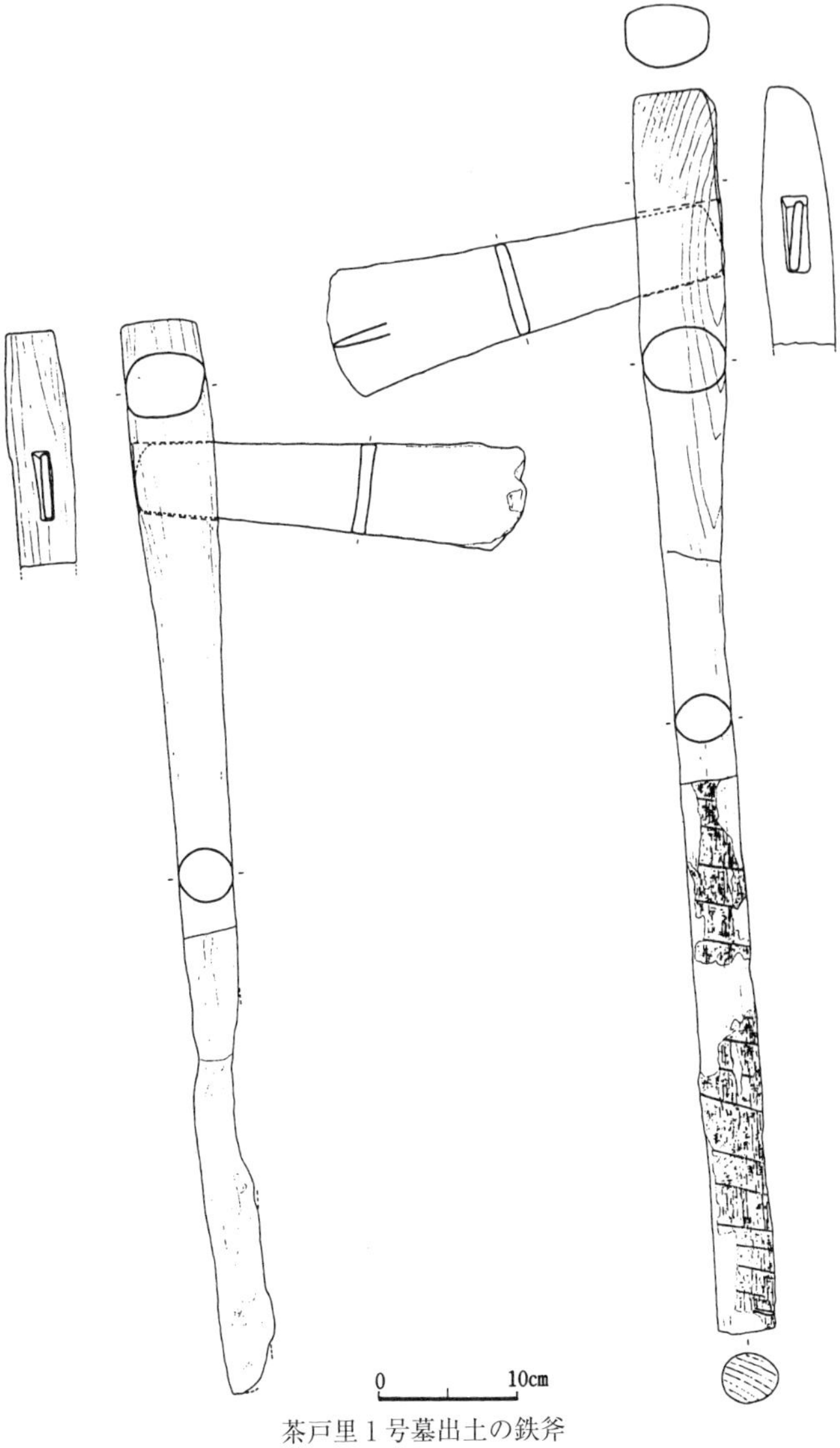


茶戸里１号墓出土の鉄斧

茶戸里１号墓出土の星雲鏡

一四点出土している。平均して長さは二六～二八㌢前後、幅は七㌢前後で、大きさ、形態ともに、三東洞遺跡などで出土した大形板状鉄斧にちかい。

　さらに重要な点は茶戸里から出土した板状鉄斧のうち、柄のついているものは刃が鋭利であるのに対し、柄のついていないものは刃が鈍いと報告されている点である。これは私が推定したように、刃をつければ斧という農工具に変り、刃を研ぎ出さなければそのまま鉄素材として流通、交換材として用いられる初原的な鉄鋌の両方の側面を実際に証明するものとなった。茶戸里一号墓の年代は星雲鏡と五銖銭から前一世紀後半と推定され、その他の埋葬遺構も紀元前後からおそくとも後一世紀代には造営されたと考えられている。

　三東洞遺跡は四世紀代、花聳遺跡は五世紀の年代が考えられていることをみると、年代的にはやい茶戸里遺跡では実用品でもあった板状鉄斧が、時期がさがるにつれて、斧としての意義より、鉄素材としての意味に変化し、刃をつけられることもなく、その後の典型的な鉄鋌と同じように複数埋葬されるようになるという図式を描くことができる。そして、花聳二号墳から出土したものを最後に、類例がみられなくなるので、おそくとも五世紀に入る頃を境として、典型的な鉄鋌へと、その役割をゆずったのではないかと考えられる。その原因は、製品の要求が変化したことによる鉄素材としての質の変化であると考えられる（東潮「鉄鋌の基礎的研究」『橿原考古学研究所紀要考古学論攷』第一二冊、一九八七年）。

大形板状鉄斧の形態のうえでの一番の特徴は厚みが二チセンちかくあることで、そのまま刃をつければ斧になることに代表されるように、農具・工具をつくるのに適した鉄素材であったと考えられる。それに対し、鉄鋌は、鉄板であるので、甲冑をはじめとした武具や武器の素材として適していたとみられるのである。鉄鋌が大量に埋納されるようになるのが、甲冑や武器の大量埋納と時を同じくしているのは、鉄鋌と武器や武具が素材と製品の関係であったことをものがたっている。日本で甲冑が盛行する五世紀代は言いかえれば鉄鋌が大量に必要とされた時代と言うことができる。このようにみてくると、一見、たんなる鉄板のように見る鉄鋌にも、時代は確実に反映されているのである。

### 鉄と倭の五王の時代

五世紀代は日本から中国南朝に使いを遣わした、私の五王の時代である。中国南朝への遣使の目的は朝鮮半島南部の新羅・伽耶・百済領域を対象とした官位の除正《じょせい》をもとめることにあるが、それにはどのような効果を期待していたかが問題となる。東アジアの中で北方の高句麗に倭の政治力を対置し、東アジア勢力の均衡をはかるという見解もあるが、考古学の資料からは、朝鮮半島には、より実際的な権益があったと考えられる。それは鉄や金などの資源や土器焼成、鉄器製作などの最新の技術の移入が想定される。

倭の五王時代の倭王や倭国内の体制を考える際の考古学的な材料として、玄界灘《げんかいなだ》に浮かぶ沖ノ島の祭祀遺跡があげられる。沖ノ島では四世紀から一〇世紀頃まで連綿と祭祀が続けられるが、遺物の中には朝鮮半島の古墳から出土するものときわめてよく似たものがあり、朝鮮半島から運ばれたものとみられている。いっぽう近畿地方の古墳から出土する遺物もみられることから、近畿地方の倭の王権が関与した祭祀であることも考えられている。

しかし、倭王が圧倒的な政治力を背景にして行った王権祭祀と考えるには、文献資料の解釈によっては反証の材料となるものがある。それは、倭の五王のなかの珍が四三八年（元嘉《げんか》一五）に南朝・宋に遣使、朝貢した際に、みずからの除正だけでなく、「倭隋《わずいら》等十三人」にも除正を求めたことや、四五一年（元嘉二八）には済《せい》が除正した二三人の「軍郡《ぐんぐん》」とされる人たちなどとの関連である。このうち「倭隋」は倭王・讃の中国資料での表記が「倭讃」であるのと同じく、その名のとおり、倭の王族と考えられるのに対し、「軍郡」という官位・官爵は中国にはないが、倭の各地域の軍事・政治を司るものと考えられ、それらを与えられたのは地方豪族と考えられる。つまり、倭王は中国にひとり自分の官位・官爵を求めたのではなく、王族や地方豪族もあわせて除正をもとめたと考えられる。そして、四三八年の「倭隋等十三人」に対する将軍号から、四五一年の「軍郡」へと倭王の除正する内容が変化していることは、倭王権による地域首長への支配権の強化によるものともみられている。

いずれにしろ、中国の皇帝に対して、倭の王権は日本各地の地域首長に対し、主導的な立場で利益を代表する存在であったとする近年の見方があり、沖ノ島から出土する近畿地方の古墳出土類似品と朝鮮半島からの将来品とを重ね合わせて考えると、倭王を核として、国際的な軍事的、政治的立場を確立し、朝鮮半島での権益を国際的に主張しようとする倭国内の体制を現しているものと考えられる。

そして、五世紀代になって、日本の古墳文化のなかで花開く朝鮮半島からもたらされた品々や技術は、朝鮮半島での倭の実際的な権益の果実であったと考えられる。

## ヒスイ・日本と朝鮮半島との交易

### ヒスイの愛好

東洋の人々はヒスイ（翡翠）をいとおしむ風があり、現在でも中国の観光みやげとして、ヒスイを材料にした彫刻などが好まれている。ヒスイを好んでいるのはなにも現代だけの現象ではなく、先史、古代より今にいたるまで、東洋の人々にとってヒスイの緑はあこがれのまとだったのである。一般にヒスイと呼び習わされているものには、軟玉《なんぎょく》（ネフライト　Nephrite）と硬玉《こうぎょく》（ジェーダイト　Jadeite）の二種類があり、鉱物的には全く異なるもので、日本で縄文時代から古墳時代にかけて、愛好されるものは硬玉のほうである。

日本は現在、世界の主要な硬玉産出国のひとつであり、糸魚川《いといがわ》～静岡構造線の姫川《ひめ》、小滝川《こたき》（新潟県糸魚川市）、青海川《おうみ》（新潟県青海町）などでは良質の硬玉を産する。硬玉製品の中でも、同種の資料が朝鮮半島の古墳から出土することにより、ひときわ注目されるのが古墳時代の硬玉製勾玉《まがたま》（韓国では曲玉）である。

ここでは、韓国での新たな研究をふまえながら、日本の古墳時代すなわち朝鮮半島での三国時代の硬玉製勾玉のもつ意義を考えてみたい。

## 日本での硬玉製勾玉研究

日本では縄文時代から古墳時代にかけて、流行の盛衰はみせながらも、硬玉製装身具が好まれてきた。日本の先史・古代の遺跡から出土する硬玉の産地については、ながらくビルマやシベリアなど外国であると考えられてきた。大正から昭和初年にかけては文学者の相馬御風《そうまぎよふう》、考古学者の八幡一郎《やはたいちろう》、後藤守一《ごとうもりかず》らによって糸魚川周辺で採集された硬玉が注目され、昭和一四年一一月、東北大学地質学教室の河野義禮《こうのぎれい》によって「本邦におけるヒスイの新産出およびその化学性質」と題した論文が『岩石鉱物鉱床学』第二二巻第五号に発表され、日本に硬玉の産地があることをはじめて学会に示すにいたる。その後、日本に硬玉産地のあることは、考古学者の島田貞彦《しまださだひこ》、大場磐雄《おおばいわお》らによって注目されるが、第二次世界大戦の勃発によって、本格的な研究はいったん中断された。

いっぽう、朝鮮三国時代の古墳から硬玉製の勾玉が出土することについては第二次世界大戦前から知られていて、朝鮮半島南部に分布が集中することから、日本から朝鮮半島南部に移出されたものと考えられていた。たとえば、梅原末治《うめはらすえじ》は朝鮮半島自体には、日本の勾玉に先立つものはなく、型式学的にも原始的なものが乏しいこと、出現、盛行の時代が日本より遅れると考えられることなどを根拠として、日本からの流入を推定し、さらに、勾玉の分布が「上代我が勢力の及んだ半島の南半の地に限られている」と述べている。また、斎藤忠氏も朝鮮半島出土の勾玉は「形式的において、寧《むし》ろ退嬰《たいえい》的なものが使用され」その用途においても「本来の意義からかけはなれた如きもののあること」などを根拠として、「寧ろその遡源《そげん》において、日本のものからの影響を求めることが適当と考えられる」とし、朝鮮半島出土の勾玉の出自については「当時我国は任那に日本府を設け、百済をよく援助して常に指導的の位置にあった。恐らく我国の人々も亦、彼土に渡ってその文物を南鮮の人々に及ぼした場合も推察に難くなく」と述べていることから明らかなように、日本の硬玉製勾玉が朝鮮半島南部にもたらされたと考えている。

これらの見解に代表されるように、この時点では「任那日本府《みまなにほんふ》」などに代表される古代の「大和朝廷」の朝鮮半島南部進出、支配という当時の古代史の通説の上にたった考察であった。

これに対し、近年の文献史学の研究では、「任那日本府」と『日本書紀』に記載されているものについても、それが実際に存在したかどうか、もし存在したとしても大規模で永続的な政治機構であっ

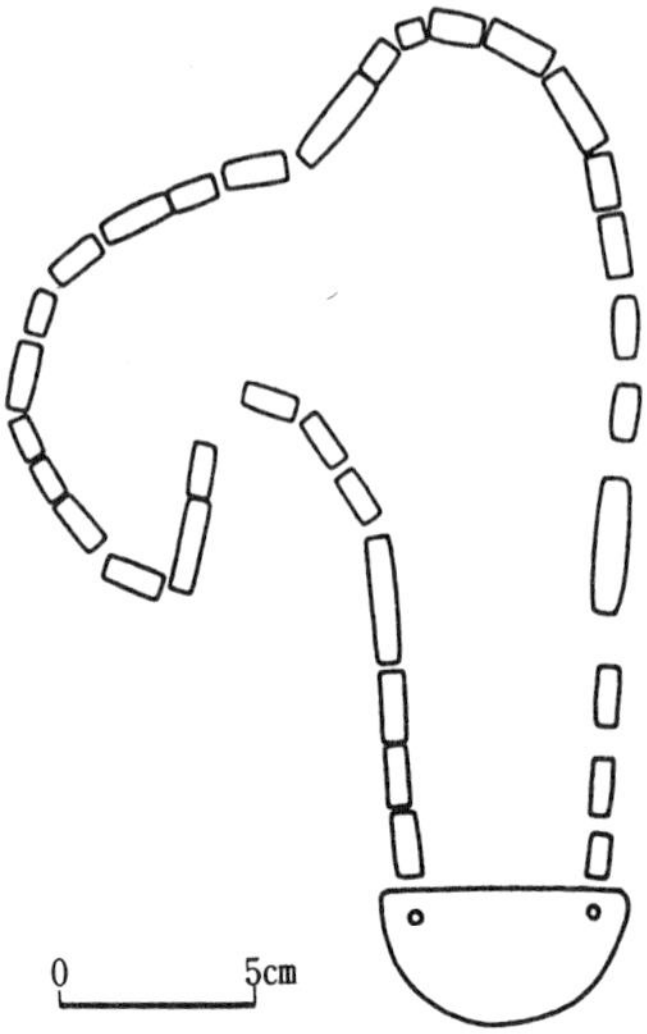


中国瀋陽市鄭家窪子
6512墓出土の首飾り

たかどうかについても根本的に見直され、議論されなおしている。このような状況のなかで、朝鮮半島の三国時代古墳から出土する硬玉製勾玉の意義についても、第二次大戦前のように日本の古代政治勢力の朝鮮半島南部進出というおしきせの古代史観から解き放たれ、朝鮮半島と日本との物や人の移動という基本的視点から見直そうという方向性がみられる。

たとえば、寺村光晴氏は日本での硬玉製勾玉の使用が減少する古墳時代中期に、韓国では盛行するようになり、日本の古墳で金製品や鉄器などが大量に出土するようになることとを勘案し、朝鮮半島から金と鉄がもたらされ、日本からの交易品として硬玉製勾玉が流出したと考えている。

また、田村晃一氏も、韓国には硬玉材料の産地がないことと朝鮮半島の半玦《はんけつ》状飾り玉と原三国《げんさんごく》時代の勾玉とは形態的にかけはなれていること、丁字頭《ていじがしら》勾玉の出現の時期が日本の方がはやいことなどを解決すべき問題とし、朝鮮半島で勾玉が自主的に出現したことは疑わしいとしている。そして、朝鮮半島南部では金銀製品よりもなお、勾玉の使用は限定されているとし、「百済、伽耶、新羅の領域で発見される硬玉製丁字頭勾玉は日本製であり、それを日本から入手し得た彼の地の権力者が、みずからの権威（それは一種の神威でもあったであろう）の象徴として重用したのではないかと考え」た。また、『三国史記』などの記事から倭国の特産として「珠《たま》」があったことと百済王などが「珠」の入手を望んでいたことなどを傍証とし、日本から朝鮮半島に渡った勾玉のうちには「中央の政治権力の対外政策の道具として使用されたものもあるが、それと同時に朝鮮南部の侵略に加担した各地の豪族が、彼の地の金製品やすぐれた工芸品を入手する際の有力な対価として朝鮮半島南部に持ち込んだものもあるのではないかと考える」とし、「国際的な物流」のなかで、日本と韓国の硬玉製勾玉をとらえようとした。

このように、古代史の通説に直結させていた第二次大戦前の段階から、現在の日本の研究では硬玉製勾玉の交易品としての価値を重視し、交易や物流という過程に大きな意義を見出だそうとしている。

### 韓国における研究の流れ

韓国でも硬玉製品を含めた勾玉の研究が新しい方向を示している。朝鮮半島の先史時代勾玉状飾り玉の系譜関係について、実証的に考察したのは韓炳三《ハンビヨンサム》氏である。韓氏は中国遼寧省《リヤオニン》瀋陽市《シエンヤン》鄭家窪子《チヨンチヤワーツー》遺跡六五一二号墓出土の半月状（半円形）の玉を勾玉の起源として注目した。この墓はいわゆる遼寧地域の青銅器文化期の墓で、広義の遼寧青銅器文化期は紀元前八世紀頃から紀元前二世紀頃と考えられ、石棺墓《せつかんぼ》や土壙墓《どこうぼ》が主となるとされている。半月状の玉は管玉と組合わされて首飾りになるものだが、遼寧青銅器文化期の墓からは、玉類と遼寧式（琵琶《びわ》形）銅剣《どうけん》や細形《ほそがた》銅剣と粗文鏡《そもんきょう》や多鈕《たちゅう》細文

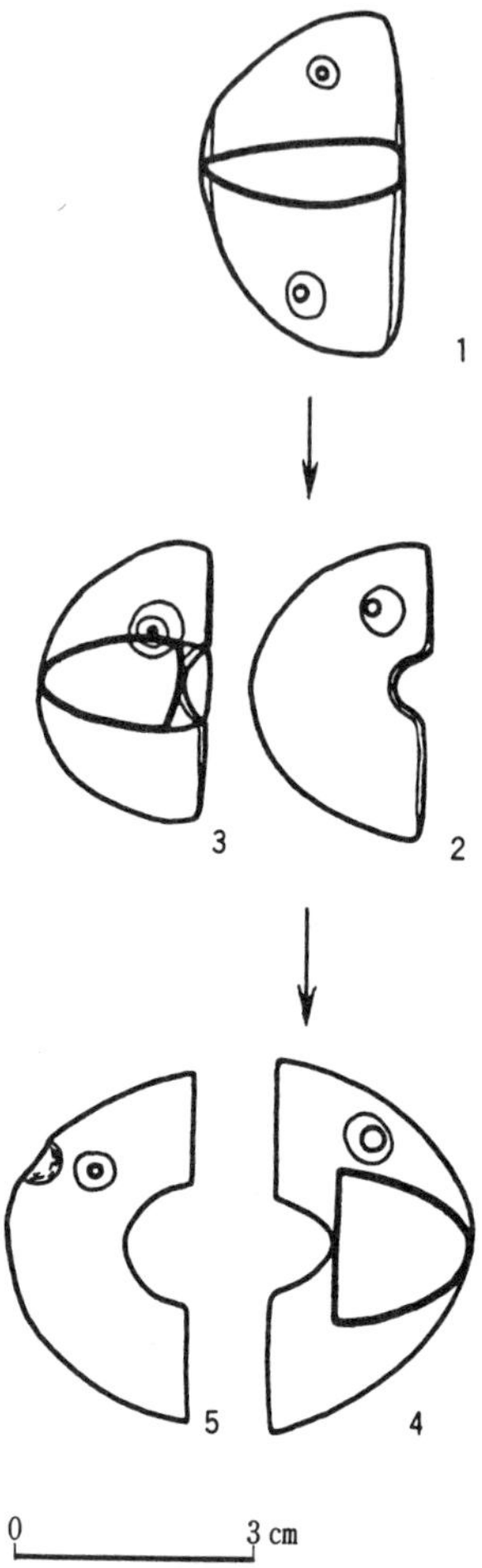


朝鮮半島における飾り玉の変遷
1 平安南道・龍興里
2、3 忠清南道・槐亭洞石棺墓
4 同・蓮華里石棺墓
5 同・南城里石棺墓

鏡などが組合わさって出土するのが特徴とされている。韓氏は遼寧青銅器文化の人々によって月神《げっしん》の象徴たる半月《はんげつ》形天河石《てんがせき》製玉を呪術的な護符《ごふ》として佩用《はいよう》することが始まり、このような半月形玉が、青銅器とともに朝鮮半島に流入し、じょじょに勾玉の形に変化し、忠清南道地方にいたった時は三日月形の先史勾玉になり、さらに南下し、やがて日本へ渡ったとする。

このような考え方は現在、勾玉の起源や形態の変化についての、韓国の考古学界で最も有力な考え方で、博物館の展示解説等にもしばしばみられる。形態変化の過程は半月形の玉から直線部に小さな切込み状のへこみがいれられ、それがだんだん大きくなり次第に半玦状または半環状になるというように考えられている。遼寧青銅器文化の墓から出土する玉は半円形で両端に穴があいているが、そこから変化した段階とみられる半環形で片側にしか穴のないものも韓国では数多く出土し、このような

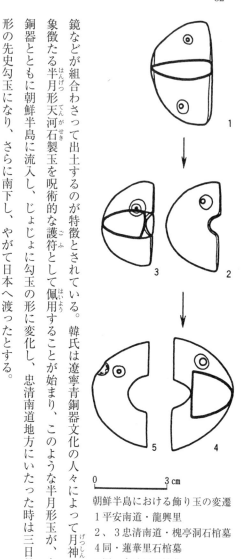

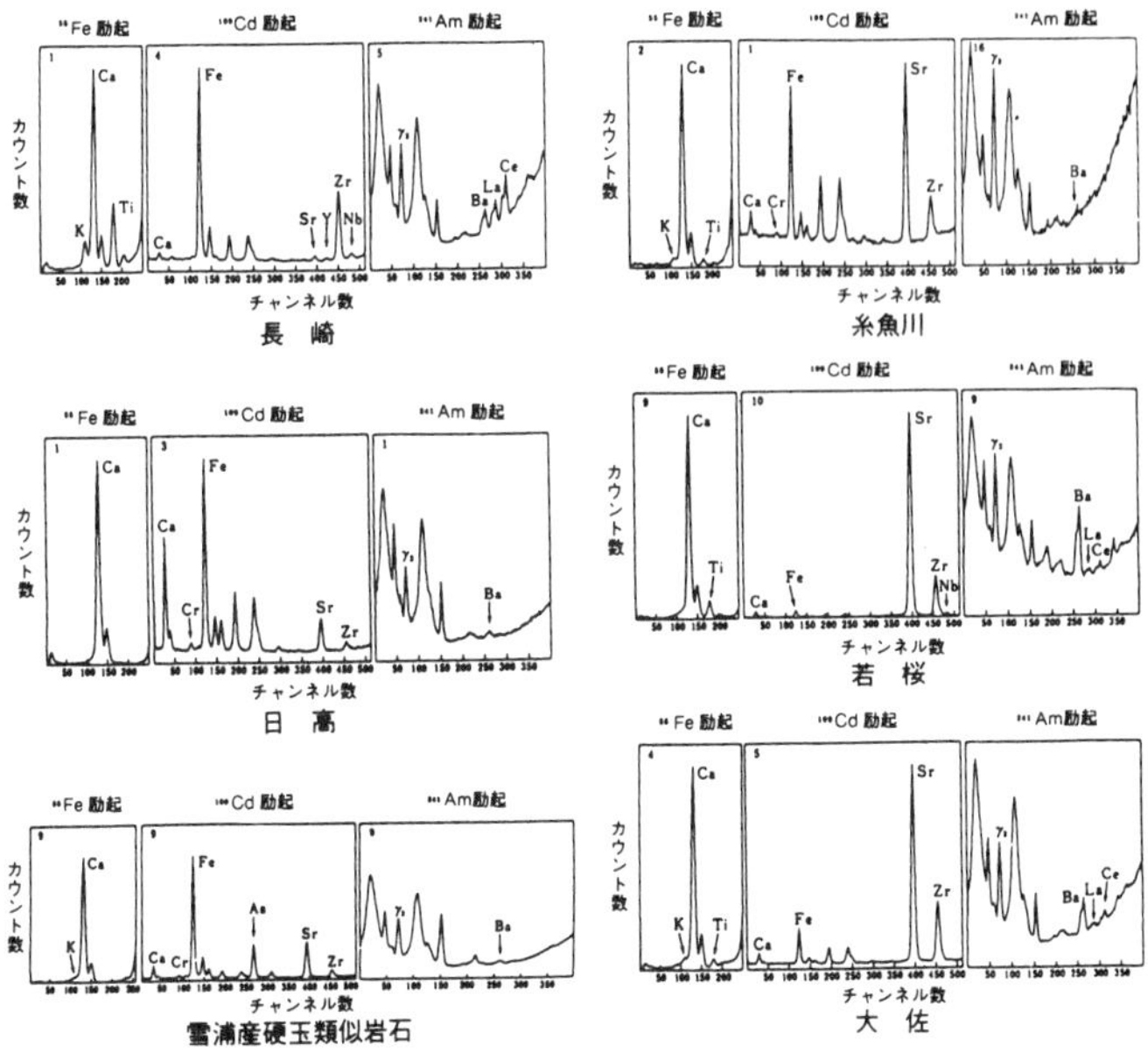


日本産硬玉原石の産出地別蛍光X線スペクトル

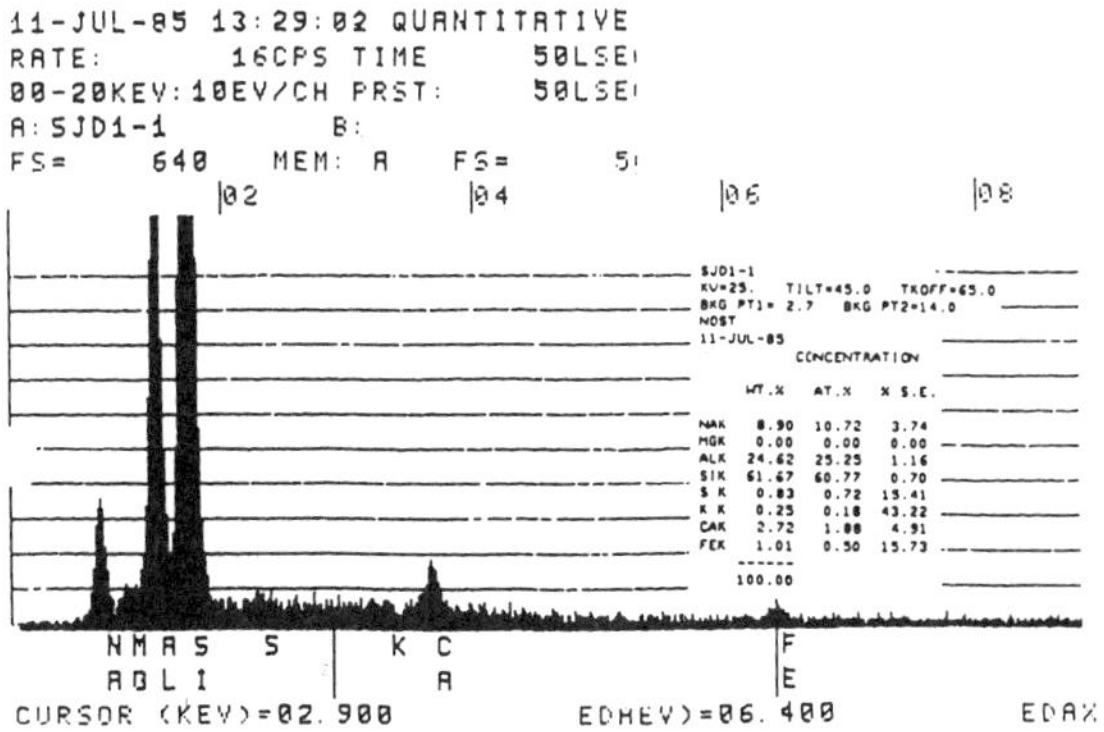


韓国・崇田大学博物館所蔵勾玉の蛍光X線分析結果
(崔論文の原図番号27)

遼寧青銅器文化からの玉の系統が朝鮮半島の無文土器時代を中心にして展開したとみてよいとおもわれる。

韓国での勾玉の研究に科学的分析という新たな方向も示されはじめている。崔恩珠《チェウンジュ》氏は「韓国曲玉の研究」(『崇実史学』四、一九八六年)という論文のなかで、韓国の勾玉研究においてはじめて科学的な方法を導入した。すなわち、崇田《スンジョン》大学博物館所蔵のさまざまな型式、色あいの硬玉勾玉一九個、六四か所を蛍光《けいこう》X線により非破壊分析し、その成分により産出地同定を試みたのである。蛍光X線分析とは、蛍光X線を物体に照射し、微量成分の割合などによって、産地を特定する方法で、考古学的資料の分析としては勾玉より先に石器や土器で行われている方法である。

崔氏の考え方を以下にみておこう。日本産とビルマ産の硬玉の分析結果を比較してみるとき、長崎のものを除外しては、日本産、ビルマ産の硬玉すべて、ストロンチウム(Sr)とジルコニウム(Zr)がすくなからず入っているが、対照的に韓国の硬玉ではストロンチウムとジルコニウムは検出されなかったとし、ストロンチウムがみられない長崎産の場合もジルコニウムが入っていて、カルシウム(Ca)と鉄(Fe)の組成比でも鉄がカルシウムより多く、韓国の硬玉と反対の様相を示しているとする。そして、分析結果からの考察として、韓国の硬玉製勾玉と日本およびビルマの原石とは構成成分と組成比から、たがいに差異がみられ、産地が異なっている、とする。したがって、すくなくとも韓国の硬玉製勾玉のなかに日本とビルマの硬玉ではない、おそらく韓国の石で製作されたものがあったということが確認される、と述べている。また、産地については、ビルマと日本、カリフォルニアの硬玉産地で、硬玉成因と関係がふかい蛇紋岩《じゃもんがん》（Serpentine）あるいは曹長岩《そうちょうがん》（Albitite）が共存しているが、蛇紋岩と曹長岩は韓国でもいろいろなところで産出していることから、韓国でも、現在ではわからなくなってはいるが、三国時代にはいって、日本の硬玉に刺激をうけ、国内で探索・開発された硬玉産地が、かつて存在したものと考えている。したがって、朝鮮半島と日本列島の間には勾玉の型式や材料として硬玉を使用するという考え方の交換、あるいは完成品の部分的な交易はあっただろうが、韓国の硬玉製勾玉全部が日本製品であったり、輸入された日本の原石で製作されたものではないと結論づけている。

このような崔恩珠氏の見解を受けて、金元龍《キムウオンニヨン》氏は新石器時代以来の韓国での勾玉の継起性から、「曲玉それ自体は韓日両国が、互いに自生的に発明したが、ヒスイの使用は日本で始まり、このヒスイ使用の風習が三国時代になって、たぶん五世紀頃から韓国に渡ってきたものではないかと考えられる」とし、韓国内での硬玉の産出地については、現在では知られていないとしながらも、地質的には可能性があると述べ、先の崔恩珠氏の見解をひき、「科学技術院を通じた韓国ヒスイ曲玉の電子顕微鏡（EPMA）分析の結果は日本のヒスイと石質が違うもので、新羅・伽耶の曲玉が、今は忘れられた国内のヒスイ産地で得た原石を使ったと考えられるようになった。したがって、三国時代にはいって、新羅・伽耶人たちが日本からのヒスイの使用に刺激され、国内のヒスイ産地を開発したものと考えられるのである」と、三国時代における韓国内での硬玉産地の存在を予想する考え方を示している。

しかし、李仁淑《イインスク》氏は三国時代の硬玉製勾玉の系譜について、先史時代の天河石製の飾り玉から三国時代の硬玉製勾玉を結びつけるような資料が十分でないことから、「天河石製先史曲玉と三国期曲玉はことによると、その起源や意味が異なるところにあり、別途の発展過程をあとづけてきたかも知れないという可能性を想定するのである」と述べている（李仁淑「韓国先史曲玉に関する小考」『三佛金元龍教授停年退任紀念論叢』一志社、一九八七年）。このように韓国の研究者のなかでも、三国時代硬玉製勾玉の韓国内での独自的発現に疑問をのこす見解もある。

## 日本と韓国の硬玉産地と科学的方法

概観してきたように、韓国の三国時代硬玉製勾玉の系譜あるいは出自に関してはかなり問題点が明らかになってきているといえる。

日本の硬玉研究においては、その産出地がかなり判明している。藁科哲男《わらしなてつお》、東村武信《ひがしむらたけのぶ》両氏は硬玉の蛍光X線分析による産地同定をすすめているが、遺跡から出土する硬玉製品と同定すべき日本の産出地には、以下のような地点がある。

一　糸魚川（新潟県糸魚川市、西頸城《にしくびき》郡青海町）

二　日高《ひだか》（北海道沙流《さる》郡日高町）

三　若桜《わかさ》（鳥取県八頭《やず》郡若桜町）

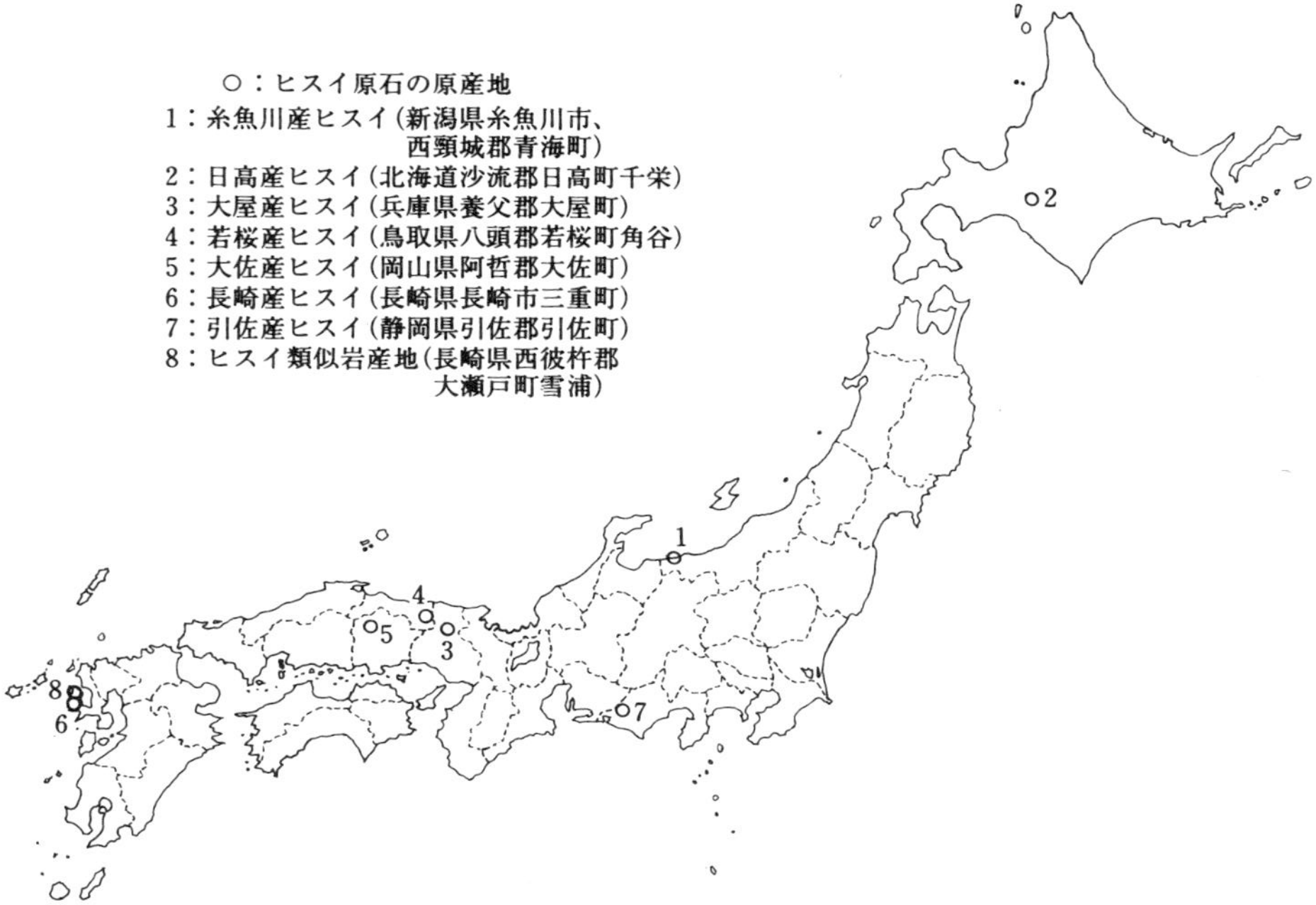
○：ヒスイ原石の原産地
1：糸魚川産ヒスイ（新潟県糸魚川市、西頸城郡青海町）
2：日高産ヒスイ（北海道沙流郡日高町千栄）
3：大屋産ヒスイ（兵庫県養父郡大屋町）
4：若桜産ヒスイ（鳥取県八頭郡若桜町角谷）
5：大佐産ヒスイ（岡山県阿哲郡大佐町）
6：長崎産ヒスイ（長崎県長崎市三重町）
7：引佐産ヒスイ（静岡県引佐郡引佐町）
8：ヒスイ類似岩産地（長崎県西彼杵郡大瀬戸町雪浦）
1
2
3
4
5
6
7
8

日本の硬玉産出地

四　大佐《おおさ》（岡山県阿哲《あてつ》郡大佐町）
五　大屋《おおや》（兵庫県養父《やぶ》郡大屋町）
六　長崎（長崎県長崎市）
七　引佐《いなさ》（静岡県引佐郡引佐町）

その他に硬玉とは全く異なるが、肉眼的には硬玉と判別が困難な類似岩の産出地として長崎県西彼杵《にしそのぎ》郡大瀬戸《おおせと》町雪浦《ゆきのうら》が知られている。

世界的にも硬玉の主な産出地はメソアメリカとビルマ、そして日本が知られていて、ほかにもカリフォルニア、西アルプス、ソビエトの極ウラル地域などで産出するが、その他の地域では知られていない。中国でも新石器時代以来、軟玉を使った装飾品が作られているが、硬玉製品が盛んになるのは清代中頃以降とされていて、硬玉製品利用の歴史はむしろあさい。もちろん、現在まで朝鮮半島においても硬玉の産地は判明しておらず、これは先にみた韓国の研究においても基礎的な認識の出発点となっている。ただし、軟玉の産地は江原道春川《カンウォンドチユンチヨン》市の近傍にあり、現在も装飾品などとして利用されている。

蛍光X線分析について、藁科哲男氏は分析結果からは「遺跡から出土するヒスイ製遺物の原石は、もともと糸魚川周辺地域に存在したものが、北海道から九州まで伝播したものであるということを示しています」とし、日本全土に糸魚川産の硬玉がもたらされていた可能性を指摘されている（「ヒスイの原産地を探る」『古代翡翠文化の謎』新人物往来社、一九八八年)。ただし、東村武信氏が、測定値の範囲が「糸魚川産原石とビルマカチン州産原石との領域がほとんど重なっているために、この領域に入る遺物試料がビルマ産ひすいではないとは言い切れない」として、分析結果から引出される解釈の限界を自ら示している点も見逃してはならない(「ひすい勾玉出生の謎――糸魚川源流産か?――」『化学』四三―九、一九八八年)。すなわち、東村・藁科両氏による硬玉製遺物の測定グラフの範囲では、糸魚川産とビルマ産の硬玉の重なりが相当あり、産地の断定をむずかしくしているということである。

韓国の蛍光X線分析結果からの解釈に関しても当然同様の慎重さが要求される。さらに韓国における分析試料は遺跡発掘品ではないという考古学資料としての基本的な問題点もあり、これをもって結論をいそぐことには問題がのこる。また、日本における分析と韓国での分析とでは、同一条件の機器を使用しているかなども問題となろう。いうまでもなく、科学的論証には、なんど測定や実験をしても同じ結果が得られることが不可欠となるのだが、その根本として、おなじ測定・実験条件のもとで各地産出の原石や日本の遺跡出土資料と韓国出土の硬玉製勾玉とを測定することが議論の前提となろう。その点、韓国における科学的分析も、測定機器など条件が全く異なる日本の分析結果と比較している点で、残念ながら、歴史学的考察の材料とはしがたいと言わねばならないだろう。その意味で今後の日本と韓国が協調した理化学的調査、分析を期待したい。

## 三国時代の硬玉製勾玉の系譜と出自

これまで、考古学のみならず、文献史学、関連科学などさまざまな方面から、日本と韓国の遺跡から出土する硬玉製品、とくに硬玉製勾玉についての研究の現状と問題点を抽出してきた。ここでは、これらを踏まえて、現段階における三国時代古墳出土の硬玉製勾玉の出自と意義について述べてみたい。

まず、丁字頭勾玉などを含んだ、日本で定型的とみられるような硬玉製勾玉の韓国における出現に注目しよう。さきにみたように、李仁淑氏は韓国での研究としてははじめて、三国時代の硬玉製勾玉の韓国内での独自の系列的発展に対して疑問符をつけた。そして、その発現の時期は三、四世紀とした。李氏はその形態上からの論拠として、原三国時代において勾玉が定型化することをあげ、それ以前の勾玉の形態と区別している。これを、材質面の変化とあわせて考えると、一般的に原三国時代といわれる時期の後半期ないし末期から三国時代初期頃に形態的に定型化するとともに、硬玉が使用され始めたものと考えられる。

ただし、李仁淑氏が原三国時代の勾玉出土遺跡としてあげている慶尚南道の馬山《マサン》市城山《ソンサン》、金海市府《キメブ》院洞《ウォンドン》、鎮海《チンヘ》市熊川《ウンチョン》などの貝塚遺跡については問題がのこる。つまり、これまで金海期、あるいは熊川期などと呼ばれ、三国時代に先立つ時期のものと見られてきた貝塚出土土器などの中に明らかに三国時代まで下るものがあるということが定見となっていることである。よって、李氏が原三国時代と

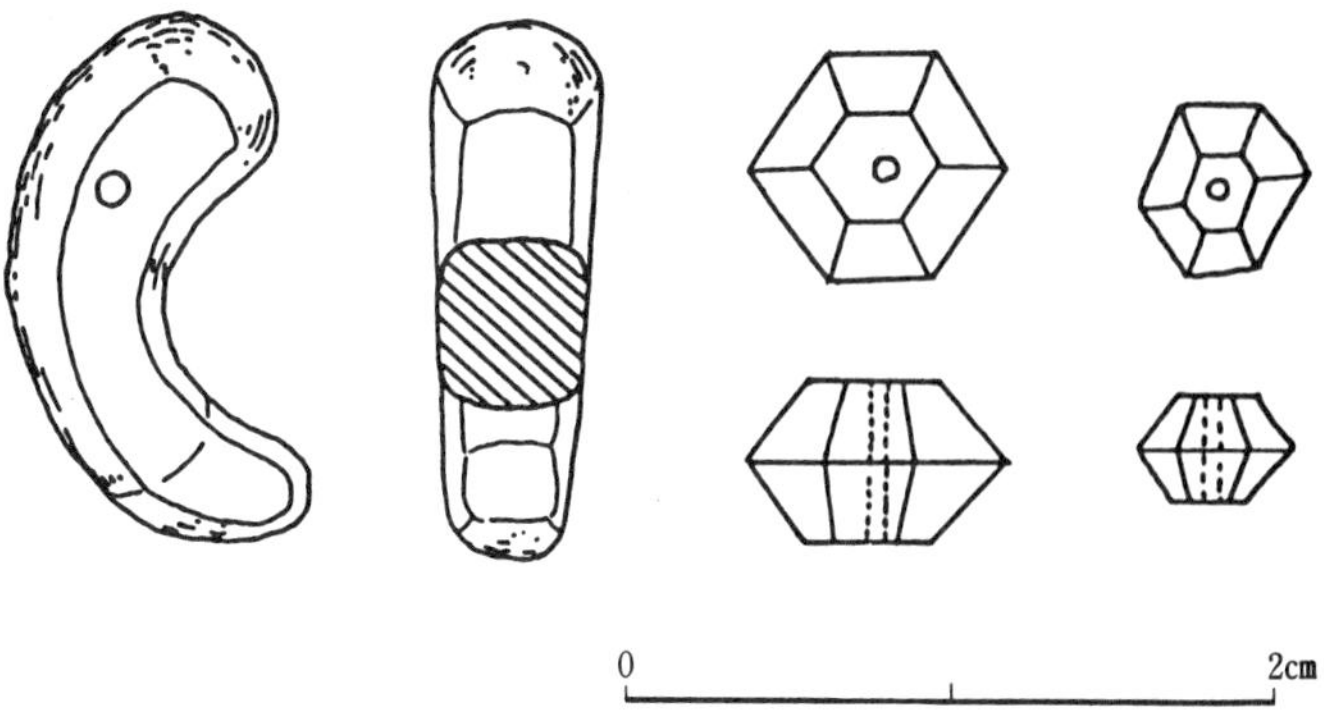


釜山市・老圃洞３号墳出土　水晶製の勾玉と切子玉

したこれらの遺跡出土の土製や水晶製の勾玉のすべてを三国時代の定型勾玉出現にさきだつ段階の積極的な資料とはできず、これらのなかにはすでに三国時代に入るものもふくまれていると考えられる。

しかし、原三国時代の釜山市老圃洞《ノポドン》古墳群の木製の棺槨を入れたと推定される墓からも（報告では木槨墓、木棺墓、土壙墓に分類されている）水晶製勾玉、水晶製切子玉《きりこだま》、ガラス製小玉《こだま》、琥珀《こはく》製丸《まる》玉、瑪瑙《めのう》製丸玉などは出土しているが、硬玉製玉類は発見されていない。これらの墓群は三世紀代を中心に築造されたものであるが、三国時代に盛行した定型的な勾玉がこのころに生成したか、どこからか流入したことを考えさせる材料となる。しかし、原三国時代の遺跡で硬玉製の勾玉が出土した例はなく、硬玉製勾玉が確実に出現するのは次の三国時代であるので、現在の段階では無文土器時代の天河石製半玦《けつ》状飾り玉から三国時代古墳出土の硬玉製勾玉への韓国内部での系列的な変化はたどりにくい。

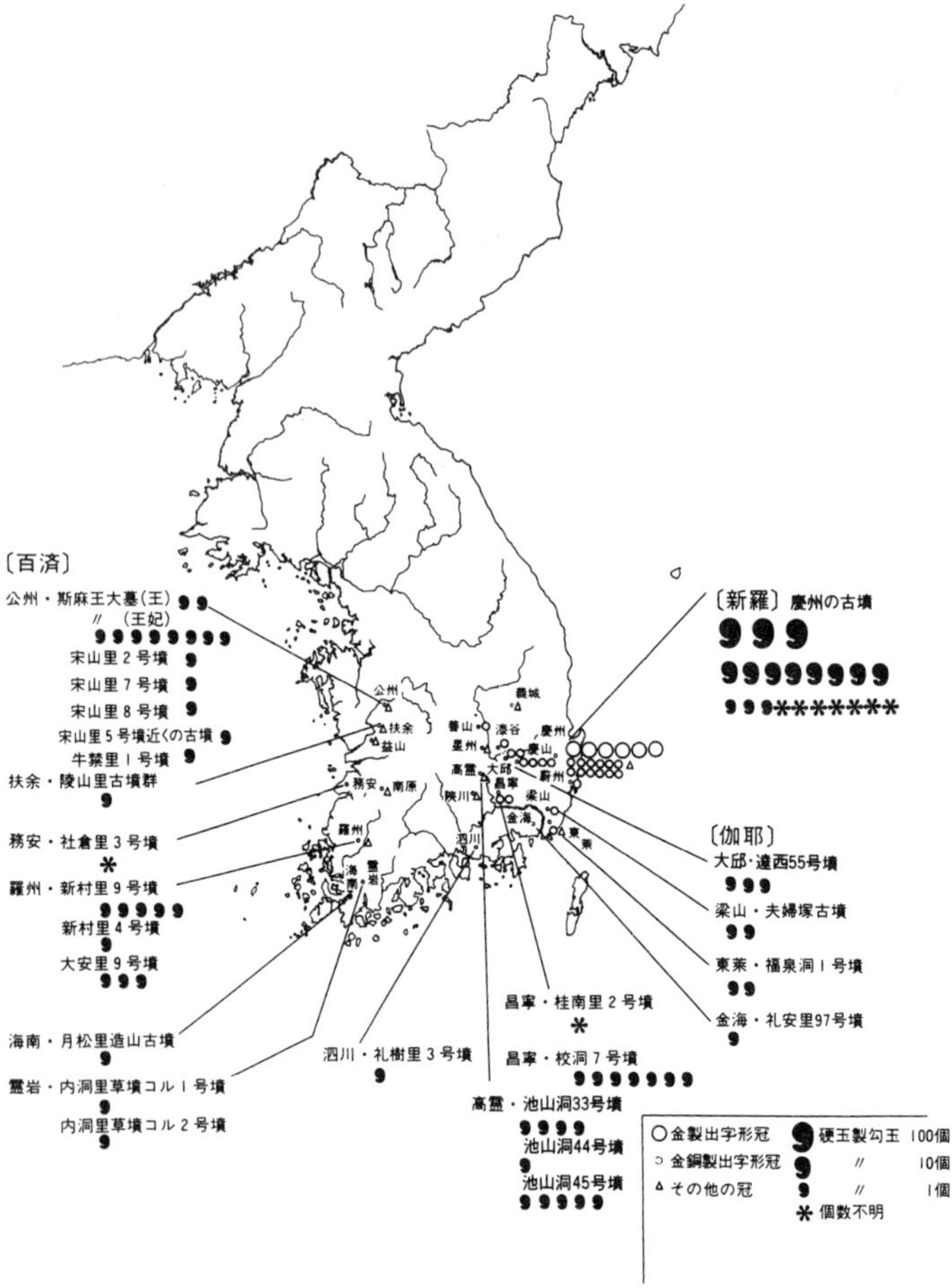


三国時代硬玉製勾玉出土分布図

三国時代の硬玉製勾玉の盛行は突然に起こる。ただし、三国時代でもはやい時期には硬玉製勾玉の出土は少ない。大量に出土するようになるのは新羅《シルラ》の都のあった慶洲《キョンジュ》に皇南《ファンナム》大《テ》塚《チョン》南墳《ナムプン》が築かれる五世紀前半以降である。皇南大塚南墳は丁字頭勾玉の副葬されるもっともはやい例であることも指摘されている。そして、皇南大塚南墳を嚆矢として新羅古墳における硬玉製勾玉の大量埋納がはじまる。崔恩珠氏の作製した表にもとづいて作った三国時代硬玉製勾玉出土分布図を検討すると、新羅、百済、伽耶の硬玉製勾玉の出土状況がよく把握できる。すなわち、圧倒的な数が新羅の古墳から、それも大部分が限られた何基かの古墳から出土する傾向がみられるのである。

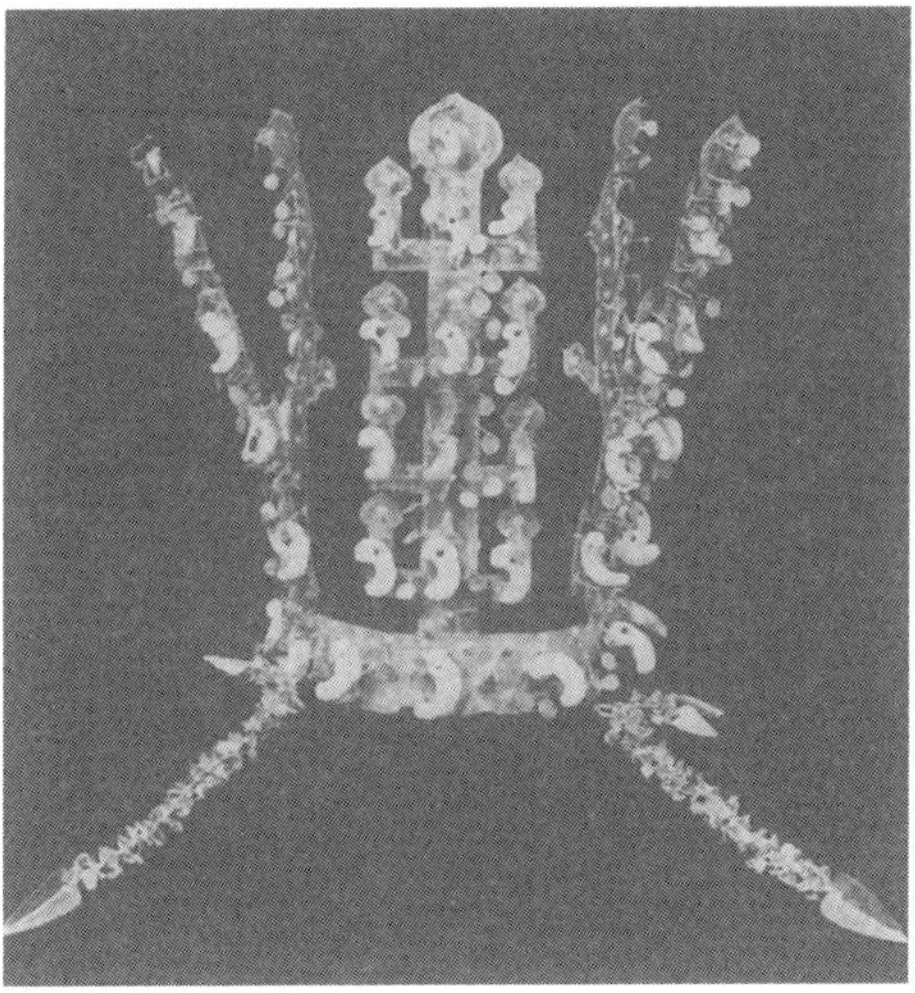

慶州市・天馬塚出土の金冠

例えば、さきにあげた皇南大塚は慶州の新羅古墳の中でももっとも大きいだけでなく、三国時代の朝鮮半島の古墳のなかでも最大のものとしてよく紹介される双円墳であるが、王妃を葬ったとされる北墳から出土した冠には七七個の硬玉製勾玉がついていたとされている。王陵と考えられる南墳については、正式な報告書が未刊行のため、正

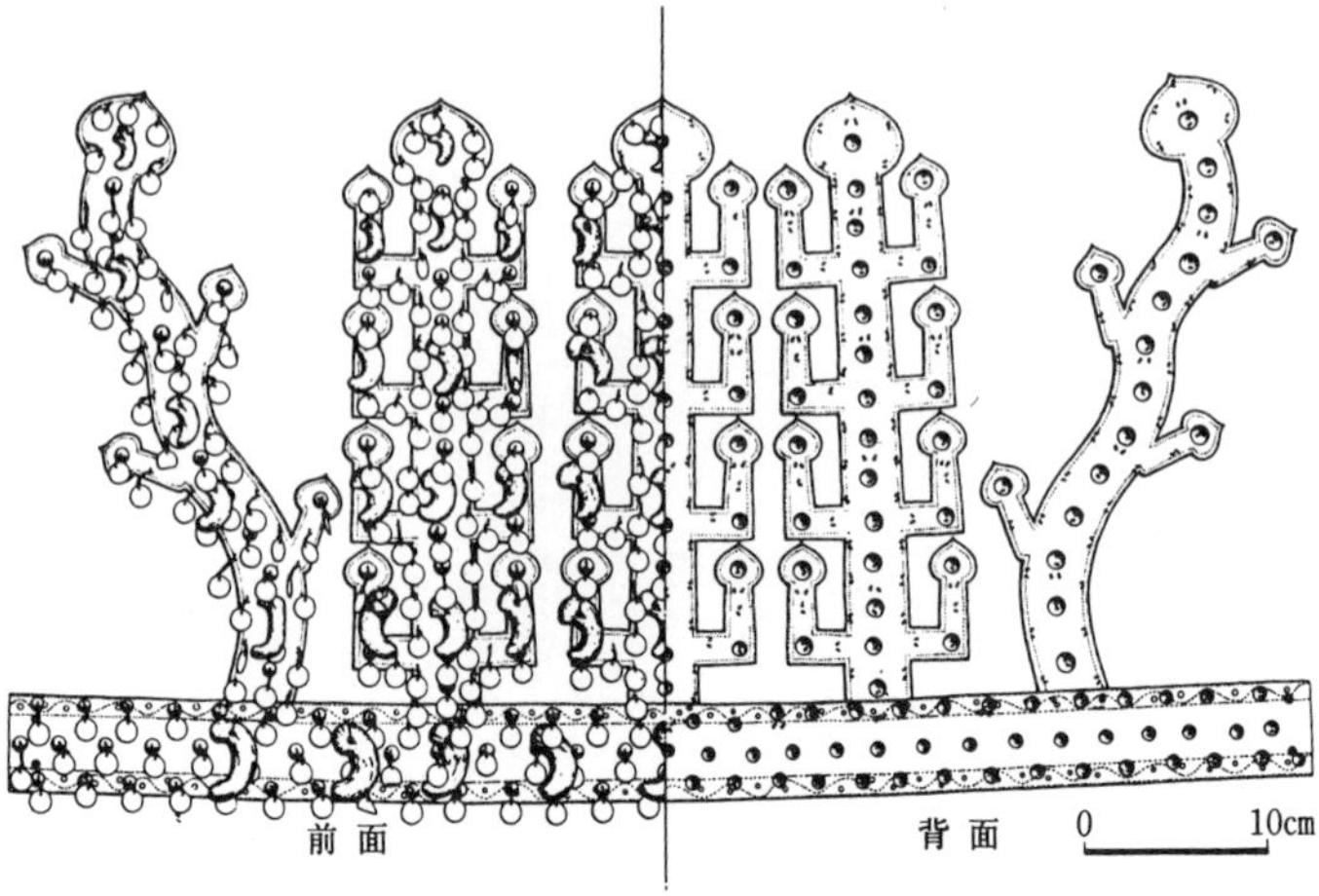


新羅の金製「出」字形冠の展開図（慶州市天馬塚出土）

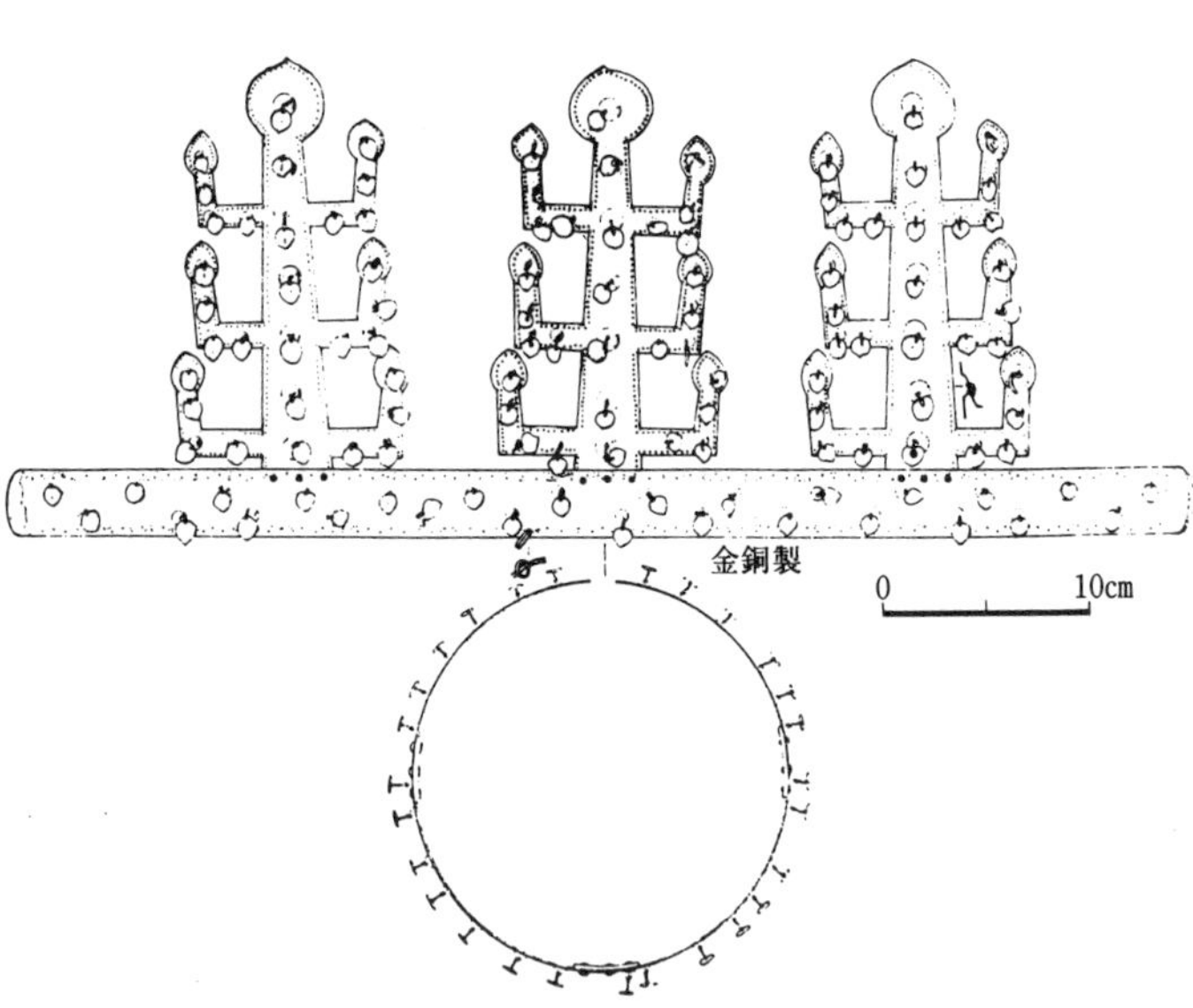


伽耶の金銅製「出」字形冠の展開図（昌寧校洞7号墳）

確な数字は不明だが、これも同様に大量の硬玉製勾玉が出土しているらしい。その他に大量の硬玉製勾玉が出土している瑞鳳塚《ソボンチョン》、天馬塚《チョンマチョン》、金冠塚《クムグアンチョン》などの古墳は、いずれも王あるいは王族の墓と考えられているもので、多量の硬玉製勾玉は、主に冠の飾りとして使用されていた。

これらの冠は漢字の「出」あるいは「山」を重ねた形に似ているので、「出」字形、あるいは「山」字形の立飾りをもつ冠と言われ、これは慶州の新羅の王族級の古墳と伽耶の一部の古墳から出土する。

このうち硬玉製勾玉が多量に付属する冠はいずれも金製で、新羅の王族級の古墳からしか出土せず、伽耶地域の梁山《ヤンサン》郡梁山夫婦塚《プブチョン》や大邱《テグ》市達西古墳群から出土した金銅製の冠には多くの硬玉製勾玉がついている例は知られていない。

新羅古墳、および近隣の伽耶諸地域の古墳から出土する冠帽は、内冠という帽子のようにかぶるものと、外冠というその外側にくる冠があるが、この二つの組合わせや金製か金銅製かという材質は、明らかに階層性を具現していると考えられている。つまり、冠のなかでも硬玉製勾玉が飾られた「出」字形の立飾りのつく金製のものをつけることができたのは王および王族のような一部の人々に限られたのではないかと考えられているのである。このことから、大きくみて三国時代の硬玉製勾玉の使用は新羅の王と王族に集中していたといってよいと思われる。冠はほかに広義の百済地域でも出土するが、硬玉製勾玉が飾られる例は明らかではない。また、百済・斯麻王大墓（武寧王陵）から出土している硬玉製勾玉についても、伴出しているガラス勾玉の形態が新羅古墳から出土するものに似ているとして、両方とも新羅からもちこまれたものではないかという見方もある。

三国時代新羅古墳のなかでも硬玉製勾玉が大量に出土する古墳は時期的に限定され、五世紀前半から六世紀前半を中心としていると考えられる。新羅古墳の編年や暦年代は多くの論者によって多様に考定されているが、硬玉製勾玉が大量埋納される期間としては、現在のところ、おおむねこの百年間を中心とするとみるのがもっとも無理がない。この限られた時期に新羅の王と王族の間に硬玉製勾玉が流行するのである。また、最近では伽耶地域で慶尚南道昌原市三東洞遺跡や慶尚南道金海郡礼安里遺跡など四世紀代にさかのぼる小規模な墓が報告されているが、水晶の切子玉等は出土するが硬玉製の玉類は出土していない。三国時代でも、四世紀代の伽耶地域の下級階層の墓からは出土しないことは、新羅王陵、王族墓を中心とした五世紀以降の大形墓への集中と対照的な事例である。

新羅王冠の硬玉製勾玉に関しては、自然科学の研究者から重要な提言が寄せられている。茅原一也《ちはらかずや》氏は新羅の冠に付属する硬玉製勾玉の観察から、硬玉とされているもののうちにガラス製品がふくまれていると述べている。これは考古学の資料として疑いをいれずに硬玉製勾玉という用語が使用されていたものが、厳密な専門的分析を経ていなかったということに改めて目を開かせることとなった。もちろん、個々の勾玉の材質判定はこれからの課題となるが、茅原氏の発言は、他分野の研究を等閑に付した考古学的知見の思わぬ脆弱さを戒めたという点で見逃してはならないものであろう。まず個々の勾玉の材質の確定という基礎的な作業の重要性を再確認したい。

茅原氏の提言に触発され、新羅の冠に付属する勾玉の何度かの実地観察により得られた感想としては、五世紀代の王陵であることが確実視される皇南大塚出土の冠では大形で良質の硬玉製勾玉が使用され、六世紀前半代の王族の墓とされる瑞鳳塚の冠についている勾玉は質も悪く小形のものが使用され、王陵とみられるものと王族級の墓とでは、使用される硬玉製勾玉の大きさも質も異なり、また、時期が下がるほうが、冠についている勾玉の硬玉の質も悪くなるのではないかと考えている。

さらに、新羅金冠付属の硬玉製勾玉の出自を推定する材料は、一つの冠についている勾玉の型式の多様性のなかにいとぐちの一つがもとめられるのではないかと考える。例えば天馬塚の金冠でも丁字頭勾玉のほかに、腹部に突起がある獣形《じゆうけい》勾玉といわれる型式がみられる。また、皇南大塚北墳の金冠付属の勾玉にも、報告書には「尾の部分が一般的な曲玉の形態をはずれ、内側にたくさん折れまがった特異なものがある」という記述がみられ、獣形勾玉が混ざっていることがわかる。丁字頭の勾玉は日本では弥生時代から古墳時代にかけてみられるが、獣形といわれるものは古墳時代にはみられなくなる。さらに、朝鮮半島では三国時代以前の新石器時代から無文土器時代には同時期の日本でみられる獣形勾玉は知られていないことも考えると、朝鮮半島で古い形の勾玉が三国時代まで伝えられたとは考えにくいと思われる。すなわち、このことはこれらの硬玉製勾玉が新羅で製作されたと考えるより、いくつかの型式がまざった完成品の勾玉をどこかから一括して新羅の王や王族が入手したのではないかという解釈を促す。このことと、新羅とその近隣でその影響下にあった伽耶の地域が三国時代の朝鮮半島のなかでも、もっとも金製品と硬玉製勾玉の集中が重なりあうことを考えあわせると、これらの地域の硬玉製勾玉に関しては、金やあるいは文献にあらわれる鉄などとの交易によって日本からもたらされた品として考えることがもっとも蓋然性が高いと考える。この場合、多量の硬玉と交換できる金か鉄の大産出地が新羅の領域か勢力範囲内にあったのではないかと考えられる。

百済地域の大形甕棺《おおがたかめかん》から出土する硬玉製勾玉については、最近では出土遺跡も増えているが、その性格や出自は明らかではない。ただ、共通性としては首飾りの中心玉として一個ずつの使用が顕著なことである。色々な異説はあるにしろ、『三国志《さんごくし》』魏書東夷伝倭人《ぎしょとういでんわじん》条いわゆる「魏志倭人伝《ぎしわじんでん》」に出てくる「青大句珠《せいだいこうしゅ》」や『隋書《ずいしょ》』倭国伝に出てくる、夜に光を放ち魚眼の精といわれた鶏卵大の青色の「如意宝珠《にょいほうじゅ》」なども硬玉ではないかという意見がつよい。また、この夜光る珠は朝鮮半島の文献である『三国史記《さんごくしき》』百済本紀《くだらほんき》にも、阿莘《アシン》王十一年（四〇二）百済は倭国に使者を派遣して「大珠《たいしゅ》」をもとめたとあり、腆支《チョンジ》王五年（四〇九）にも倭国が百済に使者を派遣して、「夜明珠《やめいしゅ》」をおくると百済はこの使者を優遇したという記事がある。このような文献の記事と大形甕棺出土の硬玉製勾玉を直接結びつけることはできないが、少なくともこのようなことから「夜明珠」や「大珠」が倭国の特産であり、これを百済が欲しがっていたことが読み取れる。つまり、これらの記事と考古資料から、倭国がこの「夜明珠」や「大珠」を国家間交渉の重要な道具としていたとみる考えがつよまっているのである。

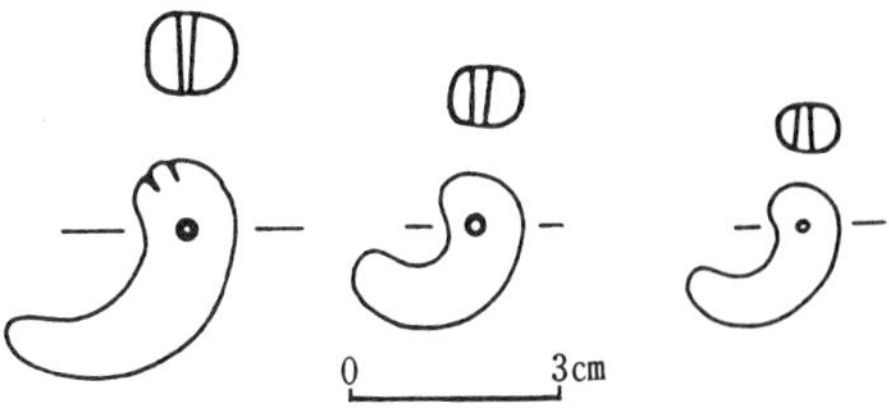


慶州・皇龍寺塔心礎出土の硬玉製勾玉

## 朝鮮半島における硬玉製勾玉の終焉

六世紀後半代以後は、硬玉製勾玉は古墳からはほとんど出土しなくなり、それにかわって、わずかに寺院の塔などの舎利荘厳具《しゃりそうごんぐ》などとしてみられるようになる。『三国史記』新羅本紀に六四六年にたてられたという記載のある慶洲の皇龍寺《ファンヨンサ》の九層木塔では心礎《しんそ》の根石《ねいし》のあいだから硬玉製勾玉が出土している。舎利函《しゃりかん》には八世紀後半に修理、再建したという銘文があり、発掘調査の結果、この心礎の下にはさらに古い遺構はみつからず、これが創建当初の心礎と考えられているので、この硬玉製勾玉は七世紀中頃のものとみられる。

舎利荘厳具《しょうごんぐ》としては、その他に第二次大戦前の調査で同じ慶州の芬皇寺《ブンファンサ》の塼《せん》を模した石塔の中から発見されている。高麗以後の古銭があることから高麗以後の修築を受けていることがわかるが、創建は『三国史記』など文献には七世紀前半と記され勾玉などに関しては創建時の古いものをふたたびこの時に塔内に納めていると考えられる。古墳では、慶州郊外の忠孝里《チュンヒョリ》の横穴式石室の古墳から一個みつかっている。忠孝里の横穴式石室の古墳は統一新羅期のもの、つまり六六八年以降とみられてきたが、最近の研究からみるとその年代はすこしはやくなる可能性もあるとおもわれる。また、慶尚北道月城郡《ウォルソン》にある七・八世紀頃の遺物を含む松林寺《ソンリムサ》磚塔出土品にも舎利荘厳具として硬玉製勾玉が一個発見されている。

韓国での硬玉製勾玉の使用はその意義が変わってくることがわかるが、古墳の副葬品から寺院の舎利具などへというように、大まかには日本の硬玉製品と同じような流れとなる。このように日本での硬玉製品の使用の衰退と韓国のそれとがほぼ一致していることも、本項の論旨と矛盾せず、韓国の硬玉製品が日本から移入されたのではないかという考えの状況証拠になろう。ここでは朝鮮三国時代古墳の出土遺物としての硬玉製勾玉を、日本側からの視点ではなく、朝鮮半島の歴史の中において考察することを試みた。硬玉製品や産地の研究は日本だけではなく、ここに紹介したように韓国でも近年新しい方向からの研究がみられている。私がここで述べたヒスイ（硬玉）を媒介とした日本列島と朝鮮半島との文物の移入の問題を解明する鍵となる朝鮮半島でのヒスイの産出地や利用について、両地域の科学的な協調研究によって、その当否が問われることを期待している。

# 第二章　海を越えた人々の残照

## 土器からみた集団の渡来

### 渡来人への視点

朝鮮半島や中国から日本へ渡ってきたいわゆる渡来人《とらいじん》といわれる人々については、長身、高顔といった出土人骨の特徴の検討のほかに、現代人の指紋、遺伝子、白血病や肝炎をひきおこすウィルスから耳垢《みみあか》や腋臭《わきが》にいたるまで、主としてそれらの分布上の広がりから日本と類似する地域をみつけて、日本人の祖先を探そうという試みが続けられている。このように人類学や医学からのアプローチは、弥生時代や古墳時代の渡来人や渡来集団の問題とさらにはるかに時代のさかのぼる日本人の起源の問題の両方から検討されているといえる。

考古学の側からは土器や副葬品、墓のつくり方などの特徴から、主として朝鮮半島の出土品との比較によって、搬入品かまたは共通する点があるかなどが、人の移動の問題についての資料となる。ここで人の移動という言葉をあえて使ったのは人類学などで使われる「渡来系」集団という場合の「渡来系」という用語の範囲があまり明確でないようにおもわれることを念頭においている。人類学や医学からの検討では、「渡来系」という場合、その人骨の持ち主が直接、渡来してきたのか、すなわち一世なのかそれとも渡来後、何世代かを経過しているのかが議論の対象となることが少ない。考古学の分析では、日本列島での朝鮮半島系遺物の検討、あるいはその逆の朝鮮半島での日本系遺物の検討を通して、人間の移動を具体的にとらえられるケースがある。その類例として、須恵器工人の移動と紡錘車の副葬という葬送習俗の二つを例にとってみていきたい。

## 新たな土器焼成方法の流入

日本列島での土器出現以来、縄文時代、弥生時代と、露天で焼かれた、いわゆる素焼き（酸化炎《さんかえん》焼成《しょうせい》）の土器が一万年以上も使われてきた。これに対し、密閉された空気の通らない窯《かま》で焼く、還元炎《かんげんえん》焼成といわれる、陶器の焼き方がロクロの技術とともに日本に入ってきたのは古墳時代中期、五世紀代になってからとされている。このような窯を使って焼く技術とロクロの技術は中国ではすでに紀元前三〇〇〇年頃には十分に開花し、卵の殻のように薄い「卵殻陶《らんかくとう》」と呼ばれる焼き物まで知られているが、日本の場合は窯とロクロによる焼き物の発展は朝鮮半島からの技術やそれを担った人々の渡来、流入という契機によって始まったのである。ロクロびきで成形された、「日本列島に構築された窯で焼いた」硬質土器である須恵器《すえき》焼成技術の流入時期についての様相を、朝鮮半島と日本の間の人の行き来の典型としてみてみよう。

## 器面にみられる朝鮮半島系文様

須恵器とは基本的に日本で焼かれたものを指し、朝鮮半島で焼かれたものは「陶質土器《とうしつ》」と呼ばれる。最近では、朝鮮半島製と考えられていたものが、日本で焼かれていたことが明らかになった資料もあり、とくに朝鮮半島の陶質土器の技術が日本に流入して、まだ日本化していない初期須恵器といわれる段階では日本製か朝鮮半島製か判断しにくいものもある。すなわち、それほどに、硬質還元炎焼成の土器を焼く技術は、朝鮮半島からの技術を急激に移植したものと言える。時代や歴史的背景は異なるが、豊臣秀吉による朝鮮半島への侵略である日本で言うところの文禄《ぶんろく》・慶長《けいちょう》の役《えき》、韓国の歴史では壬辰《イムジン》・丁酉《チヨンユ》の倭乱《ウエラン》で、朝鮮半島の陶工が日本に連れてこられたことによって、日本に磁器の製作技術が入ったのと現象面では同じような、急激な技術の転換があったのは、技術を担った人々の渡来という類似の事実によるものである。

韓国の慶州《キヨンジユ》は日本人の観光客でにぎわう古都である。古墳公園《コブンコンウオン》をはじめとした新羅《シルラ》時代の名所とはことなり、一般の観光客の行くことのない、しかし、慶州に行ったことのある人ならば無意識のうちに一度は目にしている重要な遺跡群のある場所がある。釜山《プサン》からの高速道路が慶州に入るジャンクョンの手前に位置し、日本で言えば神奈備山《かんなびやま》の美しい山容をみせている低い山に気付く人はいるだろうか。望星山《マンソンサン》または望山《マンサン》（慶尚北道慶州郡内南《ネナム》面）という夢のある名前をもつこの山の麓に多くの窯址《ようし》があり、私もいくつかの窯址を踏査したことがある。この望星里《マンソンニ》望星山窯址から採集された陶質土器

望星山遠望

については李殷昌《イウンチャン》氏の詳細な報告があるが（『新羅伽耶土器窯址』暁星女子大学校博物館、一九八二年）、この中に、紐をあみからめたような文様が施されている特徴的な破片がある。このような文様は、組紐文《くみひももん》、あるいは複合波状文《ふくごうはじようもん》と呼ばれ、このような文様を施された器台などが日本と朝鮮半島の古墳、集落址、窯址などの出土資料や採集品のなかにみられる。

初期須恵器の焼成技術が朝鮮半島のどの地域からどのように日本に渡ってきたのか、つまり初期須恵器の生産体制を検討するうえで、朝鮮半島と日本の古墳や窯址、窯址に近接する工人たちの集落から出土する須恵器と陶質土器について、共通する器形、文様、技法などの特徴を比較、検討することが基本的な方法である。このような土器の特徴のなかでも、文様という要素は目で見てわかりやすいことは言うまでもない。ここではとくに、組紐文という文様を中心に、日本への須恵器の焼成技術の流入についてみていきたい。

望星里窯址の採集品の他に、朝鮮半島で組紐文をもつ陶質

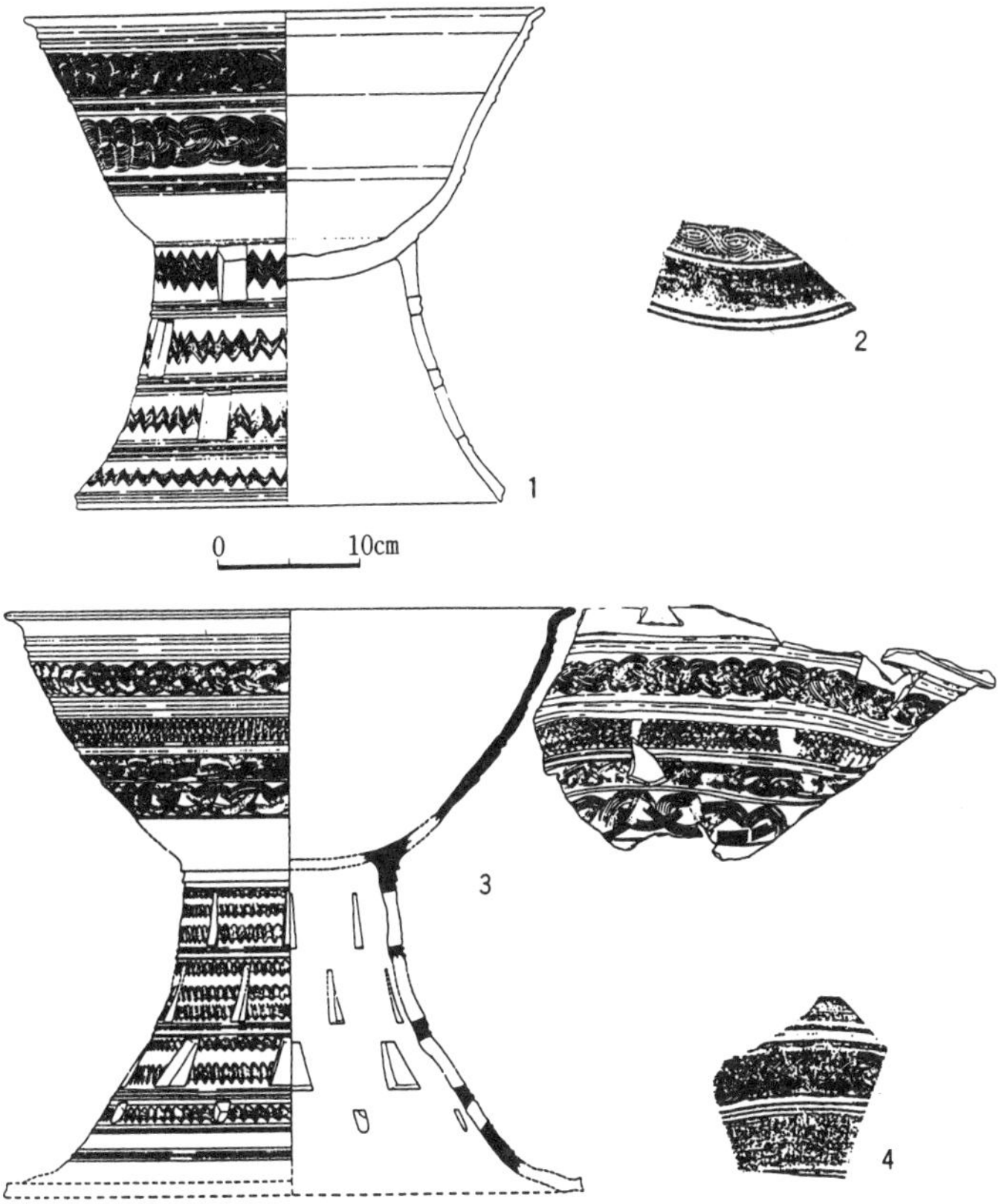


韓国と日本の組紐文様をもつ陶質土器と初期須恵器
1韓国・釜山市福泉洞10号墳　2韓国・慶州郡望星黒窯址　3大阪府河南町神山遺跡　4福岡市吉武樋渡遺跡

土器の出土例をあげると、七山洞《チルサンドン》古墳群（慶尚南道金海市）二〇号墳の高坏形器台、礼安里《イエアンニ》古墳群（慶尚南道金海郡）では三六号墳から出土した台付長頸壺の頸部にみられ、苧浦里《チョポリ》B地区八号土壙墓（慶尚南道陜川郡）から出土した灰青色硬質の器台と地表採集された器台に組紐文がみられる。慶州では仁旺洞《インウアンドン》古墳群や発掘調査以外での慶州出土とされる資料も知られている。また、一九九〇年に調査された金海市大成洞《テソンドン》二号墳から出土した長頸壺の頸部に組紐文が施されていることが公表された写真で確認できる。その他にも華明洞《ファミョンドン》二号墳（釜山市）、福泉洞《ポクチョンドン》一〇・一一号墳（釜山市）、鳩岩洞《クアムドン》古墳群（慶尚北道漆谷《チルゴク》郡）やソウル特別市風納洞土城《プンナムドントソン》などから出土しているが、主として洛東江《ナクトンガン》流域と慶州地域を中心に分布する特徴ある文様ということができる。

大成洞二号墳は現時点で、四世紀末から五世紀初頭という年代が推定されている。二号墳を含め大成洞古墳群の位置づけについては、詳細の報告をまたねばならないが、陜川・苧浦里B地区八号土壙墓などとあわせて考えると、組紐文は金海、陜川など洛東江下流域や慶尚南道西部内陸部では「古式陶質土器」から地域色の顕現するといわれる過程で、すでにみられるようであり、年代としては五世紀初頭、おそくとも五世紀前半には出現すると考えられる。

日本で出土している組紐文を施された土器は、布留《ふる》遺跡（奈良県天理市）、脇本《わきもと》遺跡（奈良県桜井市）、曽我遺跡（奈良県橿原市）、楠見《くすみ》遺跡（和歌山市）、野中《のなか》古墳（大阪府藤井寺市）、酒津《さかづ》遺跡（岡山県倉敷市）、長瀬高浜《ながせたかはま》遺跡（鳥取県東伯《とうはく》郡羽合《はわい》町）、村黒《むらぐろ》遺跡（香川県善通寺《ぜんつうじ》市）などでみられる。組紐文と鋸《きょ》歯文《しもん》について、関川尚功氏はつぎのように分析している（「奈良県下出土の初期須恵器」『橿原考古学研究所紀要　考古学論攷』第一〇冊、一九八四年）。

（1）鋸歯文と組紐文の使用時期はほぼＴＫ七三型式（須恵器焼成最初期の型式）に集中する。これらの文様は朝鮮半島ではかなりの時間幅をもつが、須恵器が日本化に向かうなかで急速に消滅していった。

（2）鋸歯文と組紐文の分布は朝鮮半島では洛東江流域（一部慶州を含む）を中心とし、初期須恵器（須恵器が定型化、日本化するまでの段階）の故地を暗示している。

（3）分布としては畿内から北九州におよぶが、とくに河内、大和に集中し、初期須恵器の源流となるべき朝鮮半島南部特定地域と畿内との密接な交流を示す。

（4）鋸歯文、組紐文の分布の状況からみるとＴＫ七三型式の継続的、定着的な焼成窯は畿内およびその周辺以外に存在する可能性はうすく、西日本の他の地域で検出されても古墳築造などを契機とする限定的生産である。

（5）鋸歯文と組紐文の畿内への集中は畿内の政権が渡来系工人を掌握し、初期須恵器生産を意図的に開始、定着させたことによる。

関川氏の論考では、日本における組紐文出土遺跡は一〇遺跡を数えていたが、その後、組紐文をもつ初期須恵器の生産に関して、重要な遺跡が知られている。

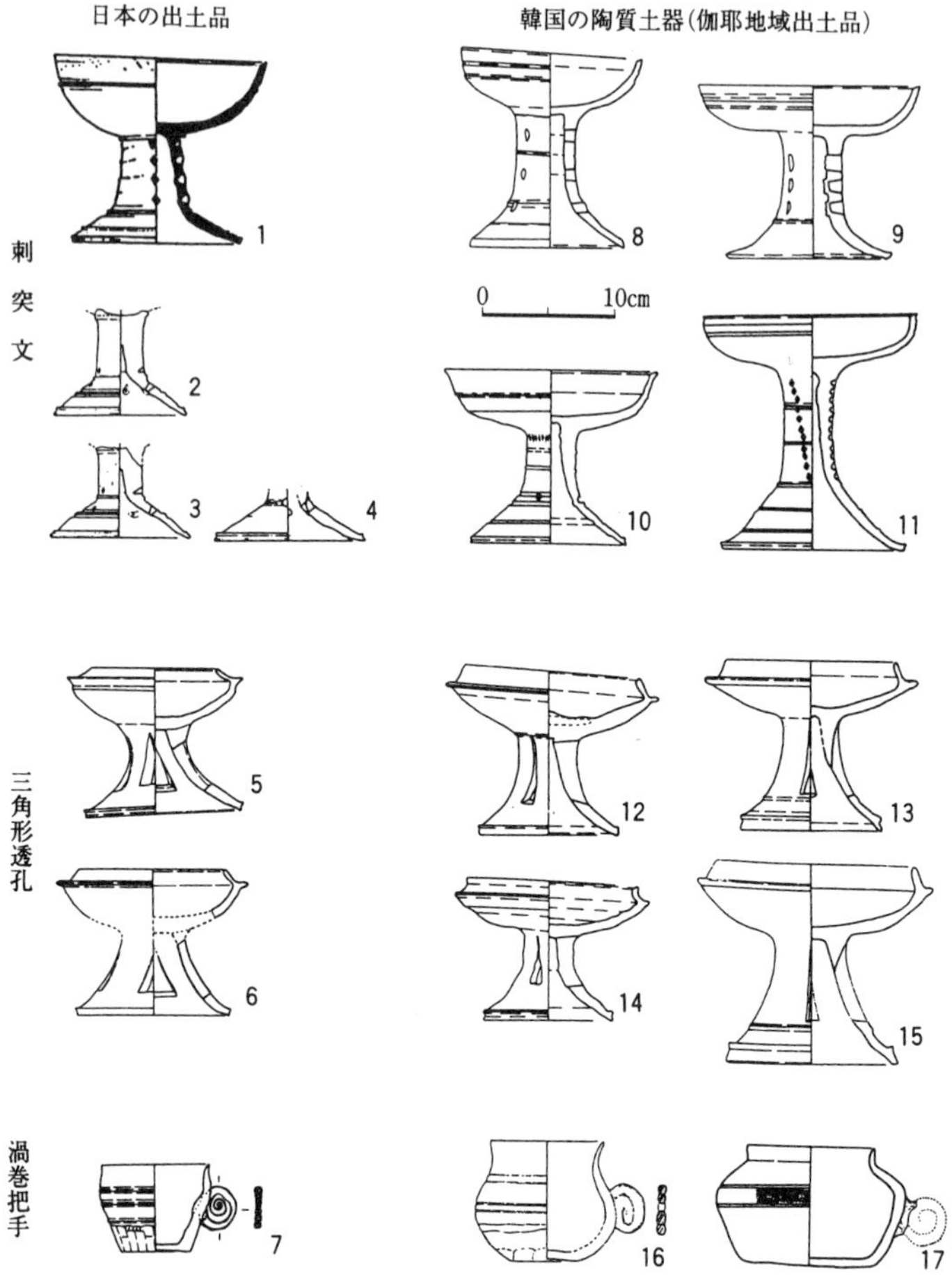


1 和歌山・楠見遺跡　2～4 香川・宮山窯跡　5、6 福岡・古寺 6 号墓　7 古寺10号墓　8 陝川・鳳渓里76号墳　9 鳳渓里15号墳　10陝川・苧浦里Ｂ区 1 号墳　11苧浦里Ｂ区 9 号墳　12陝川鳳渓里30号墳　13義昌・新村里Ⅲ地区 6 号　14陝川・鳳渓里20号墳　15、16咸安・明舘里出土品　17陝川・磻渓里堤다Ｂ号墳

大阪府河南《かなん》町の神山《こうやま》遺跡は河南台地の段丘上と西方の扇状地に立地し、縄文時代早期から鎌倉時代までの遺構が検出されている。古墳時代中期の竪穴住居址、溝、土坑から須恵器、土師器、韓式系土器（朝鮮系軟質土器）、製塩土器などが出土している。組紐文のあるものは溝から出土した高坏形器台の破片で、焼成の際に生じたゆがみが著しい。これによって、近傍に窯址の存在が予想される。竪穴住居址は、短期間に密集して造営され、継続的な集落というより初期須恵器製作工人の居住地と考えられている（上林史郎「神山遺跡」『韓系式土器研究』Ⅱ、韓式系土器研究会、一九八九年）。生活に使われた土器とみられる韓式系土器と呼ばれる軟質赤焼の朝鮮半島系土器もいっしょに出土していることから、工人のなかには朝鮮半島から渡来した人々が含まれていたと考えられる。また、北部九州でも福岡市西区吉武《よしたけ》樋《ひ》渡《わたし》遺跡（五号水路調査区SD—〇二溝）などで組紐文が施された資料が知られている。

これらの遺跡から出土している組紐文を施された土器は胎土《たいど》、焼成などの対照検討をへなければ、どの窯址の製品かの判断は難しいが、他に類例をみない特徴的な文様であり、その故地を洛東江流域および慶州地域であると推定してもよいであろう。さらに、現段階では神山遺跡の工人の、あるいはその中のいく人かの故郷の候補の一つとして慶州市近くの望星里窯址もあげておかねばならないことになる。

## 須恵器を焼き始めた人々

近年では、韓国での盛んな調査、研究によって陶質土器の地域色が鮮明になり、伽耶《カヤ》の地域でも具体的な地域性が論じられるようになった。このことは日本における須恵器の系譜論、系統論にも刺激をあたえるとともに、新たな展開を示すこととなった。すなわち、これまで伽耶地域の陶質土器といわれてきたもののうちでも、伽耶のなかでも具体的にはどの地域のものと、どのような要素が類似するかを論じられるようになったのである。くわえて、韓国における資料の増加は、須恵器の器種、器形、文様、調整技法などについて陶質土器の側からみた対照検討を可能にし、最近では韓国の研究者からの須恵器の系譜に関する積極的な示唆も提示されはじめている。

例えば、申敬澈《シンギヨンチヨル》氏は北部九州の池《いけ》の上《うえ》墳墓群（福岡県甘木市）の出土資料から慶尚南道西部地方海岸部の泗川《サチヨン》・固城《コソン》・晋州《チンジユ》を原郷とし、陶邑《すえむら》（大阪府南部窯址群）のＴＫ七三・ＴＫ八五号窯については、慶尚南道西部地方内陸部の陜川《ハプチヨン》・沃川《オクチヨン》など百済土器の影響を受ける伽耶地域の陶質土器に祖形を見出している（「伽耶地域の陶質土器」大谷女子大学資料館編『陶質土器の国際交流』柏書房、一九八九年）。

また、崔鍾圭《チエチヨンギユ》氏は、これまで洛東江東岸の海岸部である泗川・固城地域の系統をひくとされてきた池の上・古寺墳墓群の出土土器について、三角形透孔《すかしあな》の有蓋高坏《ゆうがいたかつき》、渦巻形《うずまきがた》把《は》手付埦《しゆつきわん》の出土や長頸《ちようけい》壺《こ》の波状文《はじようもん》の特徴などの対比から、陜川地域が密接な関係をもつ可能性があるとしながら、資料の充実をみるまでは、陜川・宜寧《ウイニヨン》・咸安《ハマン》を含めた広い地域をその故地の候補としている。また、刺突《しとつ》透孔高坏の製作の中心が陜川にあるという観点から、宮山窯（香川県三豊郡豊中町）および紀氏《きし》の海上交通によって密接に関連した楠見遺跡の高坏の源流が陜川地域にあると述べている。

そして、陶邑開窯に関係した地域として、蓋坏《ふたつき》ではTK七三号窯の出土資料に先行する段階のものは現在までの慶尚道地方の出土資料のなかにはないとしながらも、慶尚道地域出土の可能性がたかい慶州博物館所蔵品をあげている。また、陶邑開窯とともに出現し、定形化とともに消滅する特徴的な器種である樽形𤭯《たるがたはそう》が全羅南道《チヨルラナムド》霊岩郡《ヨンナム》萬樹里《マンスリ》二号墳から出土し、同じく萬樹里二号墳や全羅南道羅州《ナジュ》郡潘南面《パンナムミョン》古墳群の新村里《シンチョンニ》九号墳から出土している蓋坏の蓋が日本の初期須恵器であるTK七三・TK八五号窯の資料より後出の形態ではあるが、陶邑の開窯に関係した地域として栄山江流域を中心とした全羅南道の可能性がもっともたかいとし、さらに慶尚南道の一部も関連したと推定している（「美術上からみた韓日関係――陶質土器と須恵器――」韓国精神文化研究院歴史研究室編『古代韓日文化交流研究』一九九〇年）。

日本の研究者でも、八賀《はちが》晋《すすむ》氏は初期須恵器の第一段階（TK七三号窯）は陶質土器の第一段階である伽耶土器、初期須恵器の第二段階は陶質土器の第二段階である新羅土器の影響のもとに成立したとし、初期須恵器の器種構成や器形が朝鮮半島の陶質土器のそれと合致しないのは、陶質土器が各地へ移行する過程のなかで、地域的な特色を定着させる過渡的な段階で技術が移入されたことによるものであるとしている。また、中村浩氏は吹田《すいた》三二号窯、一須賀《いちすか》二号窯が新羅に近い伽耶、あるいは新羅、陶邑窯址群については伽耶、百済《ペクチエ》、新羅系の伽耶など複数の系統が考えられるとしている。小田富士雄氏は北部九州、近畿地方の初期須恵器の系譜観の当否や多元的かどうかについては慎重な姿勢をとっているが、「いくつかの原郷を異にする陶質土器の技術者集団が日本各地に渡来し、土師器工人達にその技術を伝習して急速に日本化（定型化）していったことが知られるのである」とし、日本列島の初期須恵器に複数の系統があることを確認している。

このような初期須恵器の多元系統説、あるいは多重系譜説といえるような研究の指向のもとに、近年の韓国の申敬澈氏や崔鍾圭氏の見解が位置すると言えよう。そして、初期須恵器の系統論を概観した酒井清治氏も「陶邑は、伽耶的な要素が主流であるものの、百済的な要素も色濃く、さらに慶尚南道東部の影響も見えるなど、広い地域の工人あるいはその影響を受けた工人が多人数で集団を形成したと考えられる」とし、その集団については「陶邑の初期須恵器のあり方が、各谷でやや違いを見せることからも、各地域の工人が混在して集団形成した」とされている（「陶質土器と初期須恵器」『季刊考古学』第二三号、一九九〇年）。

いっぽう、日本列島各地から出土している朝鮮半島産とみられる陶質土器についても、新羅、百済、伽耶の各地域のものがあり、伽耶のなかでも高霊《コリョン》タイプ、泗川・固城タイプ、咸安《ハマン》タイプなど各地域のものがみられることが定森秀夫氏によって指摘されている。

これまでみてきたことから五、六世紀にかけて、日本列島の各地に朝鮮半島からの物流あるいは人的な交流があり、須恵器開窯の時期も地域ごとの多様な様相を呈していたことが考えられる。すなわち、北部九州の初期須恵器が、泗川・固城地域あるいは陜川地域など、原郷の比定地は論者によって異なるものの、朝鮮半島でも慶尚南道西部の比較的せまい単一の地域から、まとまった工人集団の移住による製作が想定されるのに対し、陶邑周辺については複数の地域の技術、工人が混在、複合、重層したとみられる傾向となりつつある。

つまり、朝鮮半島から日本にロクロを使った還元炎焼成の硬質の焼き物の技術が入る時に、ある一箇所の地域から、ひとつの系統が入ったのではなく、複数の地域や系統の技術や工人が流入し、複数の地域の工人のもつさまざまな技術が、日本のとくに近畿地方中枢部では、複合、熟成されて須恵器という日本化した硬質土器を焼成することになったと考えられる。

このような初期須恵器の系譜や生産の体制を検討するうえで、朝鮮半島の古墳や窯址出土の陶質土器と共通する器形、文様、技法など基本的な特徴を抽出し、比較することによって、具体的に朝鮮半島のどのような地域の技法や形態が存在し、かつまた複合、重層しているかを解きほぐす要素をみつけることは将来も基本的な方法である。これを、工人の生活遺跡から出土する生活用具などの分析と補完しながら行う時、渡来系工人の故地を推定する有力な手がかりとなると考える。もちろん、これまでも多くの研究者によって、朝鮮半島の陶質土器や日本出土の陶質土器と須恵器の相互の検討は行われてきたが、現段階で資料の不足から日本の窯址出土遺物に対しても、韓国の古墳出土品が対照検討の資料とされてきた。この点、将来は日本・韓国両地域の焼成・生産関係遺跡に見られる資料どうしの比較に進まねばならないことは明らかである。ここでおこなった神山遺跡と望星里窯址という日本・韓国両地域の焼成・生産関係遺跡に見られる土器の文様要素からの推察はそのような作業のデッサンである。

## 朝鮮系軟質土器の意味

硬質土器の焼成技術を日本に伝えた渡来工人たちの使用した日常生活用の土器は大阪府の小阪、大《お》庭寺《ばでら》、伏尾、深田橋などの遺跡で出土している。他にも大阪府や奈良県など古代の中枢部であった地方からは、朝鮮半島から渡来した人々が使用した生活用土器とみられるものが出土している。これらはいずれもを酸化炎焼成の軟質の土器で、古墳時代の日本の土師器などではすでに使用されない叩きによる外部の調整が特徴である。これまでこのような朝鮮半島系の軟質土器については「韓式土器」「韓式系土器」「韓式土師器」などいろいろな名称で呼ばれてきたが、筆者は現時点では、「朝鮮系軟質土器」と呼んでおくのがもっとも妥当であると考える。

大阪湾沿岸の朝鮮系軟質土器について、分布や性格について考察した今津啓子氏は出土状況から、これらの土器を使用した人々は独立して生活していたのではなく、在地の集落に混在して暮らしていたであろうと推測している。また、朝鮮系軟質土器は短期間の間に消滅してしまうので、受入れ側の日本の人々は、この朝鮮系軟質土器そのものを必要としたのではなく、これを携えてきた人々のもっている他の技術や知識を必要としたと考えられているのである（今津啓子「大阪湾沿岸地域出土の朝鮮

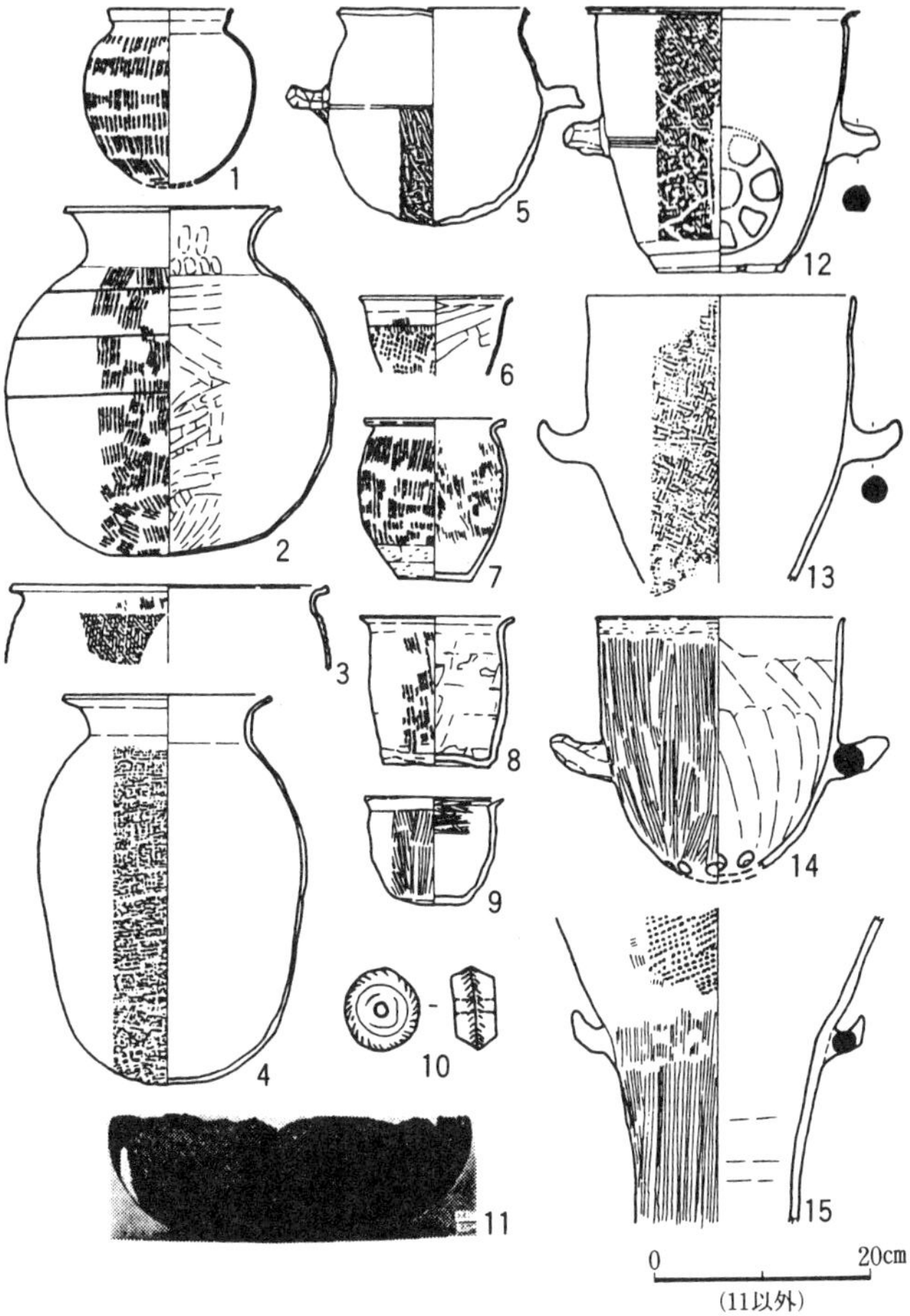


朝鮮系軟質土器（大阪湾沿岸の資料）
1船橋（甕B）　6土師の里（鉢A）　11縄手（盤）
2長原〈SE301〉（甕C）　7国府（鉢B）　12日下（甑A）
3縄手（甕D）　8久宝寺北（鉢C）　13久宝寺北（甑B）
4大園（甕A）　9久宝寺北（鉢D）　14八尾南（甑C）
5陶邑・深田（鍋）　10長原〈第16次〉（紡錘車）　15八尾南（甑D）

系軟質土器」岡崎敬先生退官記念論集『東アジアの考古と歴史』下、同朋舎、一九八七年)。

## 朝鮮半島出土の日本系文物

土器に施された文様や生活につかった土器から朝鮮半島から日本に渡ってきた技術とそれを担った人々の移動についてみてきた。これは、人間の大規模な移動についての一つのモデルとなる。つまり、逆にみると、日本から朝鮮半島へ、ある程度の規模の集団が移動した場合、すくなくとも初期須恵器工人の生活遺跡、集落遺跡での朝鮮半島系軟質土器の出方とおなじように、朝鮮半島においても日本の土師器などが出土する遺跡が存在してもよいはずである。また、その他の日本系遺物についても一定の集中をみてもよいはずである。

これまでの朝鮮半島における日本系土器の出土を時代をおって見ていくと、釜山市東三洞《トンサムドン》貝塚からは、九州の縄文前期の土器である曾畑《そばた》式土器が出土していることが、よく知られているが、その上の層に、縄文中期や後期の土器が含まれていて、縄文前期から後期まで時期をおって交流がつづくことをものがたっている。

弥生時代の土器としては、慶尚南道金海市会峴洞《ホエヒヨンドン》の金海貝塚で弥生前期末から中期初頭に位置づけられる甕棺、慶尚南道三千浦市の勒島《ヌクト》遺跡では弥生中期前半を中心とする甕棺や壺、金海市池内洞《チネドン》遺跡では弥生中期末から後期初めの北部九州に特徴的な器形とされる「袋状口縁壺《ふくろじょうこうえんつぼ》」と呼ばれるものなどが出土している。現在知られている日本の弥生土器またはその類似資料の出土の特徴としては北部九州の弥生土器に限定され、地域としては韓国の東南海岸部を中心とする。

また、弥生時代の銅製品としては慶尚南道金海郡良洞里《ヤンドンニ》から中細形銅矛《ちゅうぼそがたどうほこ》、慶尚北道大邱市晩村洞《ワンチョンドン》と慶尚南道固城《コソン》郡東外洞《トンウエドン》貝塚からは中広形《ちゅうびろがた》銅矛が発見されている。最近まで細形銅矛については日本製はないと思われていたので、韓国・日本発見のすべてのものを朝鮮半島での製品と考えてきたが、佐賀県吉野ケ里遺跡からの鋳型の発見により日本でも製作されていたことが明らかになった。さらに可能性としては、韓国で発見された細形銅矛のなかに日本の製品が存在することをも、考えねばならないだろう。北部九州を中心に出土する弥生時代の小形仿製鏡《ぼうせいきょう》といわれるものも済州島《ジェジュド》の済州市健入《コニプ》洞山地港《ドンサンヂハン》、慶尚南道永川《ヨンチョン》郡漁隠洞《オウンドン》、慶尚北道大邱市坪里洞《ピョンニドン》から出土していて、佐賀県二塚山《ふたつかやま》遺跡、大分県石井入口《いしいいりぐち》遺跡などの日本の出土例と同じ鋳型で作ったものがあることがしられている。

日本の研究者のなかには北部九州の弥生時代の終末または古墳時代の最初期に位置づけられる西新《にしじん》式土器と形態やハケ状工具とヘラ削りによる調整技法の類似したものが慶尚南道昌原《チャンウォン》市の城山《ソンサン》貝塚、三東洞《サムトンドン》遺跡、金海市府院洞《プウォンドン》貝塚など韓国東南部の遺跡から出土していると指摘するむきもある。韓国では新式瓦質土器という独自の呼び方をされるこれらの土器は、器形などの点で若干の相違点があり、さらにそのように考えると三東洞遺跡で多数出土している甕棺に使用されている土器など韓国東南部の原三国時代末から三国時代のはじめの埋葬遺構の主体をしめる土器の大部分に日本からの実物、あるいは技術の移入を想定する立場をとることになる。しかしながら、ハケ状工具による土器の調整は、原三国時代にさきだつ無文土器の時代にすでに朝鮮半島に存在したことが知られているし、むしろ、これまでのように文物や技術の遡源や系統を日本か朝鮮半島かというように一元的に決めつけてしまうのではなく、対馬海峡や玄界灘という海路を挟んだ地域に広がる共通の器形の特徴や技法があり、地域ごとに細部の違いがあることを、想定してもよいのではないかと考える。

古墳時代の土器では、前期から中期のものである布留式土器と形態的に共通要素をもつものが府《プ》院《ウォン》洞《ドン》、城《ソン》山《サン》、釜山市朝《チ》島《ヨド》などの貝塚や慶尚南道金海郡礼安里遺跡、釜山市華《ファ》明《ミョン》洞《ドン》古墳群などの墳墓遺跡から出土している。これらには日本から搬入されたとみられるものと、調整技法などの相違により、直接日本からもたらされたものとは考えにくいものとがある。

このように日本の縄文土器や弥生土器、古墳時代の土師器やそれに類するものが、朝鮮半島から少なからず出土していることがあきらかになってきている。その中には埋葬用の甕棺などがあることも考えると、日本から朝鮮半島へかなりの数の人々が移動していたことが考えられる。このうち古墳時代の土器については武末純一氏による詳細な検討があり（『土器からみた日韓交渉』学生社一九九一年）、朝鮮半島南部を中心に発見されているが、現在のところ数的にはそれほどのものではない。いいかえると、日本の初期須恵器工人の生活、集落遺跡から出土する朝鮮半島系軟質土器の出方と比較すると、朝鮮半島で出土している日本系の土器については、一定の人数の集団が移動したと考えられるような出方をする遺跡はいまのところみられないといってよいだろう。また、古墳時代の一定の期間におよぶ型式の土器を連続的に出土する遺跡も明らかではない。これらの考古学の資料、とくに人間の日常生活を体現すると考えられる土器から見ると、古墳時代に日本から朝鮮半島に行き、ある程度の規模の集団で一定の期間、集まり住んでいた場所が朝鮮半島南部のどこかにあったことを想定することはむずかしい。

それならば、朝鮮半島から日本系の土器が発見されることをどのように理解すればよいだろうか。朝鮮半島で出土している日本の古墳時代の土器やそれに類するものの出土のしかたとしては、おおづかみにすると古墳や墓から出土するものと集落や貝塚から出土するものにわけられる。そのうち、古墳から出土するものはその古墳のある地域の土器に混じって、一点、二点という単位で出土することが多い。これまでは、朝鮮半島南部でも伽耶地域に多かったが、最近、慶州の月城路の古墳からも出土している。

そのなかで日本系土器の出土状況の典型として、一九九〇年に報告された馬山《マソン》市縣洞《ヒヨンドン》遺跡（慶尚南道義昌《ウィチャン》郡鎮東《チンドン》面）をあげておこう。縣洞遺跡は四世紀前半から五世紀中頃と報告されている墓群だが、合計八点の日本系の土器が、在地の土器に混じって、六つの墓から出土している。これに対し、報告書では器形と製作手法が日本の土器とほとんどおなじものは一例のみで、器形は日本のものと似ているが、製作手法がまったくことなるものが四例あると分析している。このような出土のしかたをみると、縣洞遺跡の場合は集団の移住によるというよりは、土器そのものか、土器を作る技術が、日

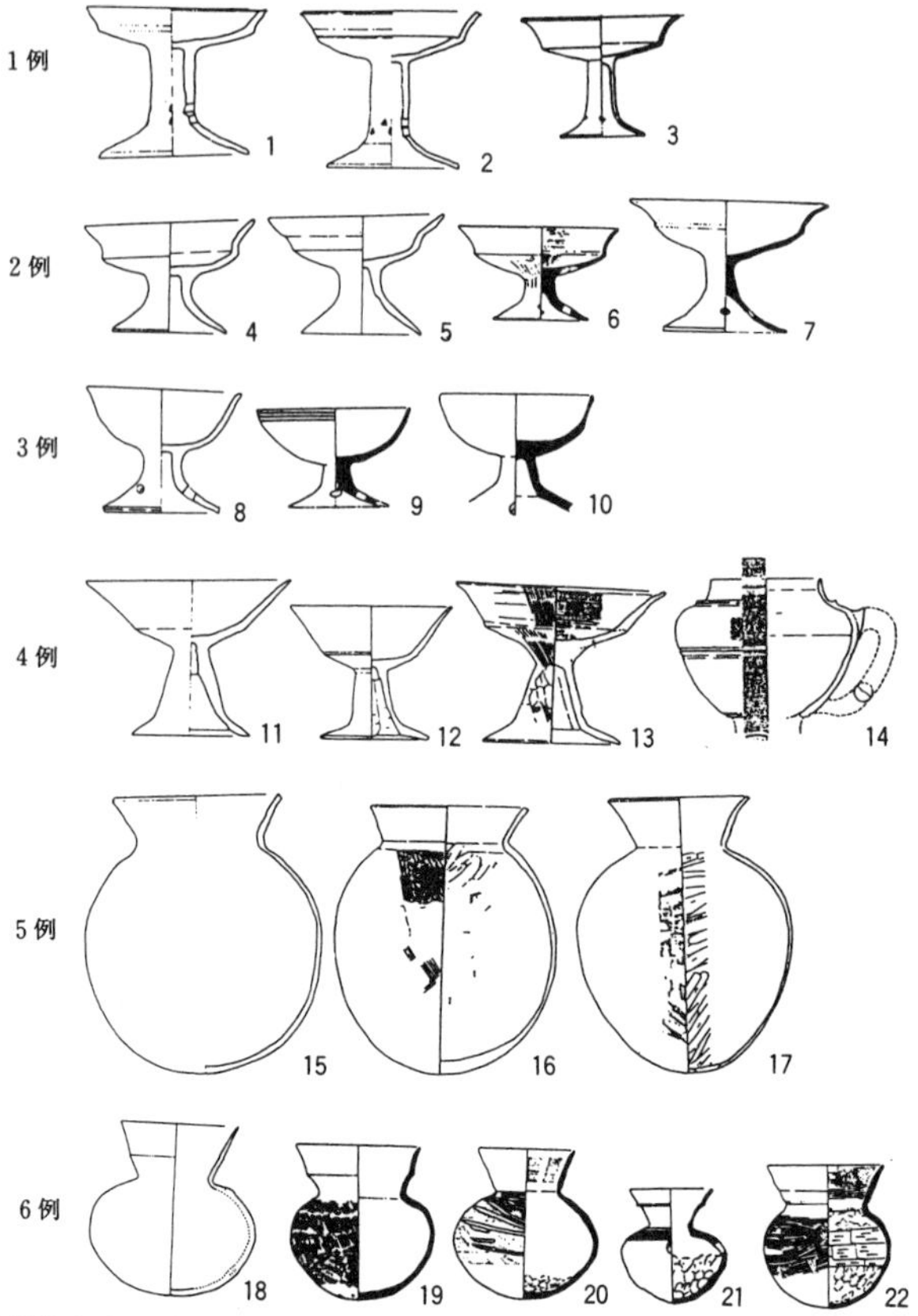


縣洞遺跡出土土器と日本出土の土器（縮尺不同）（1・2・4・5・8・11・15・18が縣洞出土品）

1縣洞45号墳　2縣洞24号墳　3熊本県下山神（弥生後期）　4、5縣洞43号墳　6岡山県黒宮大塚（弥生後期中葉）　7兵庫県田能（古墳前期）　8縣洞22号墳　9大阪船橋（古墳前期）　10奈良纏向石塚（庄内式？）　11縣洞8号墳　12熊本県上の原（古墳中期前半）　13、14福岡県三雲遺跡6号住居跡　15縣洞43号墳　16福岡県三雲遺跡3号住居跡　17福岡県池の上遺跡（布留2式）　18縣洞56号墳　19福岡県湯納　20大阪四ツ池遺跡　21大阪陶邑TK85号窯　22大阪四ツ池遺跡

本と朝鮮半島のあいだを行き来していた結果と考えられる。日本と朝鮮半島の間に大規模な集団の移住など以外に、文物の頻繁な往来があったことを語っている。これはなにも地理的、政治的条件の整った伽耶南部の地域にかぎられるのではなく、倭とは敵対関係にあったと考えられる四世紀後半から五世紀中頃にかけての新羅の墳墓からも、日本製と考えられる石釧《いしくしろ》（石製の腕輪）や日本の土師器《はじき》と類似するものが発見されている。このように、日本と朝鮮半島の間の土器や装飾品など文物の移動には、集団の移住や政治・軍事的な関係とは異なる次元での活発な交流があり、それらを担う人々がいたと考えられる。このような行為はふつう交易活動ということばを使われることが多いが、現代の語感で理解する商業利益のみを追求する交易とは異なり、その背景には日本、あるいは朝鮮半島の諸国、諸地域それぞれの特殊な事情や思惑があったことは等閑視すべきではない。

これまでみてきたなかで例をあげると、新羅の王や王族の用いた金冠につけるヒスイは新羅には産出しないと考えられているが、新羅の王や王族が自らの身分や権威の発露として必要としたがゆえに倭から入手したと考えられるのであり、交易によりもたらされたものが新羅国内の秩序にかかわっていることが想定されるのである。そのような意味で古代における交易の意味を考える際に留意しなければならない課題を提示している。

朝鮮半島の集落や貝塚から日本系の土器が出土する場合、縄文時代から古墳時代までのものをすべてあわせると数としてはかなりの数になるようだが、一遺跡での出土土器全体のなかの割合が問題となる。日本での外来土器の多量出土と言う点からみると、北部九州の弥生時代前期の遺跡では諸岡《もろおか》（福岡市）、三国《みくに》の鼻《はな》、横倉鍋倉《よこくらなべくら》、みくに東、横隈北田《よこくまきただ》（すべて福岡県小郡《おごおり》市）といった遺跡で朝鮮半島系無文土器が五十個体から百個体といった数の集中的な出土を示す例があり、参考になる。諸岡遺跡では甕はあるが壺はないという器種構成から、朝鮮半島から来た人々の一時的なキャンプ地のような遺跡であったのではないかという考え方がある。ただし、最近の検討では朝鮮系無文土器の出土傾向も時期によって異なり、また海岸部では一遺跡からの出土量が少なく、内陸部に集中的に出土する遺跡があるという報告がある。さらに、土生《はぶ》遺跡（佐賀県小城《おぎ》郡三日月《みかづき》町）などでは、朝鮮系無文土器に連続して、技術的影響は受けているが本来の朝鮮系無文土器とはことなった土器を作りつづけているという指摘もあり、朝鮮半島から渡来してきた人々の二世あるいは三世といった人々の存在を想定させる。

## 日本から朝鮮半島へ渡った人々

このような北部九州の弥生時代の状況から考えても、古墳時代に朝鮮半島から渡来してきた人々の痕跡が明らかな日本での遺跡と同様な状況を示す遺跡が朝鮮半島で発見されたとき、はじめて日本から朝鮮半島へ渡った人々の遺跡と呼べるのであって、海岸部の集落や貝塚遺跡からの日本系の土器の断片的な出土は基本的には交易活動の結果か交易活動の過程でもたらされたものという出発点にたったほうがよいと考える。また、金海《キメ》貝塚や勒島《ヌクド》遺跡のように埋葬用の甕棺が出土していることは、そのような交易活動に従事していた人々の墓であったみてよい。そこに葬られている人が埋葬に大形の甕棺を使用する風習をもっていた北部九州地域の出自であったことは当然考えられる。玄界灘を舞台に物を動かしていた人々の終焉の姿であろう。

土器を中心に考古学の資料からの集団の移住についてふれてきたが、極端に言えば個人の単位でもさまざまなことをなしうるのが政治力であり、そのような意味合いから政治史は実物資料をのこしにくく、生活に関わる土器などの考古資料からは解明が困難な領域であると言える。朝鮮半島の古代史を語る場合、触れられることの多い「任那日本府」の問題について、考古学的な資料をもとにして存否いずれかの解答をせよといわれるならば、四〜六世紀代に朝鮮半島南部に、集団で長い期間にわたって、日本から渡っていった人々が住んでいたかどうかという観点からの解答になる。そして、現在の考古資料からは、朝鮮半島に倭人の集住地が一定期間存在した状況を想定することは困難である、というのがもっとも適格な答え方であると思う。

「任那日本府」については、古代史で「任那復興会議」といわれる六世紀中頃の一時局に対して、伽耶南部における百済《くだら(ペクチエ)》や大伽耶《だいかや(テーガヤ)》を中心とした連盟諸地域、安羅《あら(アンラ)》、在地の倭系人、倭の使臣などの臨時的な権益調整の場に関わるもので、合議体をもなしていないという最近の見方もある（田中俊明氏の見解）。いずれにしろ、近年の古代史の見方でも、極《きわ》めて政治的な折衝手段としての「任那日本府」像が解析されてきていると思う。「任那日本府」はあくまで『日本書紀』が描きだし、主張しているものなのであり、古代史の研究成果は、その主張のからくりを明らかにするものである。これを棚上げにして、考古学の資料から単純かつ直接的に「任那日本府」の存否や場所を言うこと自体に大きな不整合がある。

# 葬送習俗からみた渡来人

## 朝鮮半島の紡錘車

古墳や古墳から出土する遺物から、日本列島と朝鮮半島の集団や人の往来を言う場合、これまでは主として、一方の地域から他方の地域へ搬入されたとみられる土器の文様や製作技法の上での共通性によることがおおかった。土器のほかでは、一般に装身具や装飾品などの移動が注目されるが、私はそれらの他に、朝鮮半島からの人の移動を検討するのに有効な資料があるはずだと考えていた。そのうちに、朝鮮半島三国時代の古墳や墓から出土する資料の中でも紡錘車《ぼうすいしゃ》が、ひとつの手掛かりをあたえてくれることに気がついた。

紡錘車とは、簡単に言うと繊維によりをかけて糸にするためのおもりである。人類が文明を獲得した時に、繊維から糸を紡ぐことを知り、紡錘車が使われた。先史、古代においては世界の各地で紡錘車が使用されたが、中央に軸を通す穴があいていて、ある程度の重量があれば使用に耐えるという単

# 吉川弘文館

## 新刊ご案内　2020年6月

〒113-0033・東京都文京区本郷7丁目2番8号　振替 00100-5-244（表示価格は税別です）
電話 03-3813-9151（代表）　ＦＡＸ 03-3812-3544　http://www.yoshikawa-k.co.jp/

古代史はおもしろい！　古代史が好きになる！

研究史、最新の見解、読むべき参考文献など、どこから、何を勉強すればよいかがわかる！

# テーマで学ぶ日本古代史　全2冊

佐藤　信監修・新古代史の会編

Ａ５判／各一九〇〇円

## 政治・外交編　二三二頁

古代王権の成立と展開、律令制のしくみ、天皇制や貴族の登場、遣唐使など、政治や外交に関わる主要なテーマを、研究の蓄積や最新の成果にふれながらわかりやすく解説する。

## 社会・史料編　二七〇頁

戸籍や土地制度、宗教や文化、「記紀」をはじめとする古代の史料などについて、研究の蓄積や最新の成果にふれつつ項目別にわかりやすく解説。近年注目の交通史や災害史、女性史も取りあげる。

# 永青文庫の古文書　光秀・葡萄酒・熊本城

公益財団法人永青文庫・熊本大学永青文庫研究センター編

熊本藩細川家に伝わる六万点近くの歴史資料。幽斎・明智光秀・ガラシャをめぐる人間模様、忠利の所望した国産葡萄酒、江戸初期の震災と熊本城の修復、歴代当主の甲冑のゆくえなどを取り上げ、細川家の歴史の深奥に迫る。

四六判・二四四頁／一八〇〇円

【永青文庫設立70周年記念出版】

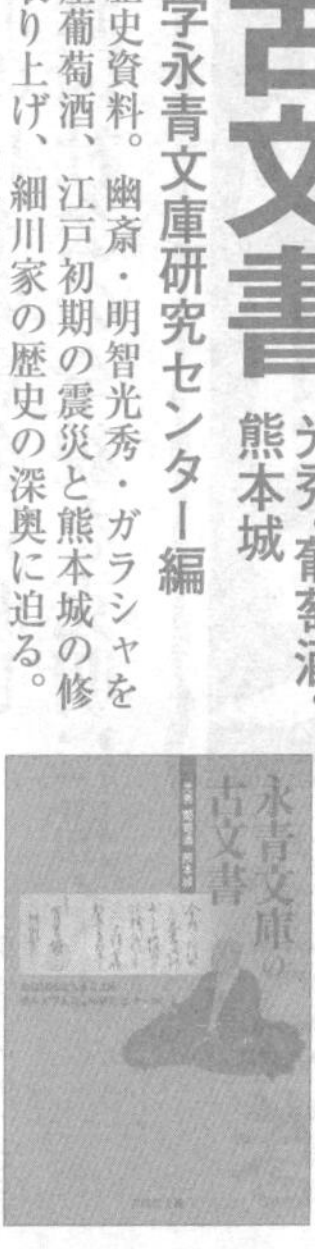

**天下は戦国！**

一六〇年間の日本列島を見渡し、
激動する戦国社会の全貌を克明に描く！

『内容案内』送呈

# 列島の戦国史

**全9巻 刊行開始**

列島に争乱が渦巻く群雄割拠の戦国時代。享徳の乱、応仁・文明の乱から大坂の陣までの約一六〇年をたどり、蝦夷地・東北から九州まで各地の動きを捉え、その全体像を描く。室町幕府・織豊政権の政治動向、各地の大名・国衆（戦国領主）の思惑と合戦の推移、領国の統治を詳しく解説。経済・文化・外交的側面も視野に入れ、社会変動期であった戦国の特質に迫る。

〈企画編集委員〉
池 享・久保健一郎

四六判・平均二六〇頁
各二五〇〇円

●第1回配本

## 1 享徳の乱と戦国時代

久保健一郎著

十五世紀後半、上杉方と古河公方《くぼう》方が抗争した享徳《きょうとく》の乱に始まり、東日本の地域社会は戦国の世へ突入する。室町幕府の東国対策、伊勢宗瑞《そうずい》の伊豆侵入、都市と村落の様相、文人の旅などを描き、戦国時代の開幕を見とおす。

＊十五世紀後半／東日本

## 続刊書目

3 大内氏の興亡と西日本社会
長谷川博史著　＊7月発売　＊十六世紀前半／西日本
十六世紀前半、東アジア海域と京都を結ぶ山口を基盤に富を築き、列島に多大な影響を与えた大内氏。大友・尼子氏らとの戦い、毛利氏の台頭などを描き出し、分裂から統合へ向かう西日本を周辺海域の中に位置づける。

2 応仁・文明の乱と明応の政変
大薮　海著　＊十五世紀後半／中央・西日本

4 室町幕府分裂と畿内近国の胎動
天野忠幸著　＊8月発売　＊十六世紀前半／中央

5 東日本の動乱と戦国大名の発展
丸島和洋著　＊十六世紀前半／東日本

6 毛利領国の拡大と尼子・大友氏
池　享著　＊十六世紀後半／西日本

7 東日本の統合と織豊政権
竹井英文著　＊十六世紀後半／東日本

8 織田政権の登場と戦国社会
平井上総著　＊十六世紀後半／全国

9 天下人の誕生と戦国の終焉
光成準治著　＊十七世紀初頭／全国

## 本シリーズの特色

◆4つの時期区分（十五世紀後半・十六世紀前半・十六世紀後半・十七世紀初頭）と3つの地域区分（東日本・中央・西日本）を重ねあわせ、戦国時代の全体像を捉える全9巻の編成

◆蝦夷地から南九州まで日本列島各地に目を向け、中央の政治の動きと地域ごとの権力との相互関係を重視しながら、各巻を担当する最適な執筆者が時代の流れをわかりやすく説明

◆政治・合戦の流れだけでなく、領国の統治政策、流通と経済、都市と農村のようす、文芸・美術の発展など、社会のさまざまな側面もていねいに解説

◆北方のアイヌとの交易、琉球など東アジア諸国との交流、ヨーロッパの文物の舶来など列島の外側にも視野を広げ、その影響を考える

◆本文の理解を助ける図版を多数掲載。巻末には便利な略年表と主な氏族の系図を収める

# 歴史文化ライブラリー

通巻500冊達成●20年3月～5月発売の5冊

四六判・平均二二〇頁

人類誕生から現代まで／忘れられた歴史の発掘／常識への挑戦／学問の成果を誰にもわかりやすく／ハンディな造本と読みやすい活字／個性あふれる装幀

## 497 中世の富と権力 寄進する人びと

湯浅治久著

他者にものを譲渡する「寄進」は、中世においていかなる役割を果たしていたのか。在地領主や有徳人、宗教団体などを対象に、その実態に迫る。寄進によって生み出される新たな富、そして組織や権力のあり方をさぐる。

二二四頁／一七〇〇円

## 498 石に刻まれた江戸時代 無縁・遊女・北前船

関根達人著

江戸時代に作られた多種多様な石造物には、いかなるメッセージが込められたのか。供養塔や災害碑に光を当て解読。人々の祈りや願い、神社への奉納石から海運史、石工の姿を描き、近世の自然や社会環境の実態に迫る。

二八六頁／一八〇〇円

## 499 香道の文化史

本間洋子著

香道《こうどう》は中世日本で花開いた。香木の香りを鑑賞し、違いを聞き分けて楽しむ芸道の源流を探り、香文化の発展に深く関わった人々の姿を浮き彫りにする。また、香木は贈答品として使用され、政治的役割を担った側面も描く。

二四〇頁／一七〇〇円

## 500 首都改造
東京の再開発と都市政治

源川真希著

一九六四年東京オリンピック後の都市再開発から、副都心開発、バブルとその崩壊、二〇二〇年オリンピックに向けた再開発まで―。政府・都知事の都市構想やディベロッパーとの連携から東京の変貌を浮き彫りにする。

二二四頁／一七〇〇円

## 501 沖縄米軍基地全史

野添文彬著

沖縄に米軍基地が集中し、維持されてきたのはなぜか。沖縄戦から現在に至るまでの通史から、米国・日本・沖縄社会が基地をいかに位置付けてきたかを検討。普天間基地移設など、いまだ課題を多く残す問題の淵源に迫る。

二三八頁／一七〇〇円

【好評既刊】

490 明智光秀の生涯〈3刷〉 諏訪勝則著 二五六頁／一八〇〇円

491 神仏と中世人 宗教をめぐるホンネとタテマエ 衣川　仁著 二二四頁／一七〇〇円

492 戦国大名毛利家の英才教育 元就・隆元・輝元と妻たち 五條小枝子著 二四〇頁／一七〇〇円

493 大地の古代史 土地の生命力を信じた人びと 三谷芳幸著 二二〇頁／一七〇〇円

494 鎌倉浄土教の先駆者 法然 中井真孝著 二二四頁／一七〇〇円

495 敗者たちの中世争乱 年号から読み解く 関　幸彦著 二五六頁／一八〇〇円

496 松岡洋右と日米開戦 大衆政治家の功と罪 服部　聡著 二四〇頁／一七〇〇円

歴史文化ライブラリー **オンデマンド版** 販売中

詳しくは『出版図書目録』または小社ホームページをご覧下さい。

摂関政治最盛期の「賢人右府」
藤原実資《さねすけ》が綴った日記を待望の現代語訳化！

『内容案内』送呈

# 現代語訳 小右記 全16巻

倉本一宏編

四六判・平均二八〇頁／半年に1冊ずつ配本中

## ⑩大臣闕員騒動 【第10回】

三〇〇〇円

寛仁三年（一〇一九）四月〜寛仁四年（一〇二〇）閏十二月

無能な左大臣顕光が辞任するという噂が駆けめぐる。代わって大臣の地位を得るのは、これも無能な道綱ではなく自分であると確信する実資は、情報収集に全力を傾ける。刀伊の入寇をさておいての騒動であった。

三三六頁

好評既刊

①三代の蔵人頭《くろうどのとう》 二八〇〇円
②道長政権の成立 二八〇〇円
③長徳《ちょうとく》の変 二八〇〇円
④敦成《あつひら》親王誕生 二八〇〇円
⑤紫式部との交流 二八〇〇円
⑥三条天皇の信任 三〇〇〇円
⑦後一条天皇即位 三〇〇〇円
⑧摂政頼通 三〇〇〇円
⑨「この世をば」 二八〇〇円

ユネスコの世界文化遺産に登録された
平泉の魅力に迫る！

# 平泉の文化史

全3巻刊行中！

菅野成寛監修

B5判・本文平均一八〇頁
原色口絵八頁／『内容案内』送呈
各二六〇〇円

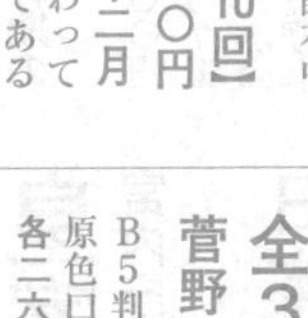


## ①平泉を掘る 寺院庭園・柳之御所・平泉遺跡群

及川 司編

本文一九二頁（第1回配本）

遺跡から掘り出された、中世の平泉。奥州藤原氏歴代の居館・柳之御所遺跡、毛越寺に代表される平安時代寺院庭園群、平泉の仏教文化に先行する国見山廃寺跡などの発掘調査成果から、中世平泉の社会を明らかにする。

【続刊】

②平泉の仏教史 歴史・仏教・建築
菅野成寛編
ここまで分かった平泉藤原氏の仏教文化。 （6月発売）

③中尊寺の仏教美術 彫刻・絵画・工芸
浅井和春・長岡龍作編 （9月発売予定）

## 官僚制の思想史 近現代日本社会の断面

中野目 徹編

日本社会を形作った一つの編成原理、官僚制。その職務に従事する官吏の意識や専門知、官界内外で議論された彼らの行動規範を追究し、官僚制の思想的側面に迫る。官僚制をめぐる問題が連日取り上げられる今こそ注目の書。Ａ５判・三三四頁／四五〇〇円

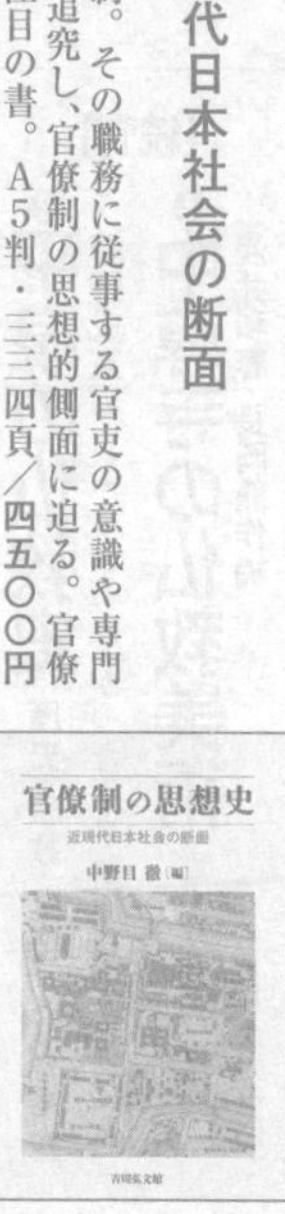


## 中近世の地域と村落・寺社

深谷幸治著　Ａ５判・三五二頁／一〇〇〇〇円

中近世移行期の地域社会を、琵琶湖周辺や摂河泉の村々に残された古文書と景観から分析。地域寺社が宗教面だけでなく、領主と村落の仲介や隣村との争論に影響力を行使した実態に迫り、近世へ続く村落の体制をも解明する。

## 肥前名護屋城の研究 中近世移行期の築城技法

宮武正登著　Ｂ５判・二八八頁／一二〇〇〇円

大陸侵攻の前線基地として豊臣秀吉が築いた肥前名護屋城。長年の発掘調査の成果と文献資料から総合的に分析。秀吉直営の陣城として唯一残る城塞群遺跡の全貌を解明し、中世以降の「陣」や石垣の変遷史を初めて描く。

## 近世武家社会の形成と展開

兼平賢治著　Ａ５判・三八四頁／九五〇〇円

江戸幕府の支配体制が整っていく一七世紀、武家社会はいかに転換したのか。盛岡藩はじめ東北諸藩の藩政を題材に、殉死禁止令やお家騒動、大名の離婚や馬の売買などを分析。武家社会の形成過程と到達点を解き明かす。

## 近世最上川水運と西廻航路 幕藩領における廻米輸送の研究

横山昭男著　Ａ５判・三三四頁／一〇〇〇〇円

西廻り航路の要衝酒田港は、内陸の村山郡から最上川の舟運で運ばれる米などの物資の集積地として栄えた。幕領の廻米機構の変化や農民負担、藩領の舟運の変化と本間・鈴木家ら豪商との関わりを、流通史から解明する。

## 皇室制度史料 儀制 践祚・即位一

宮内庁書陵部編纂（財団法人菊葉文化協会・発行／吉川弘文館・発売）

Ａ５判・三八四頁／一一五〇〇円

## 日本考古学 第50号

日本考古学協会編集 ――Ａ４判・九〇頁／四〇〇〇円

## 鎌倉遺文研究 第45号

鎌倉遺文研究会編集 ――Ａ５判・八〇頁／二〇〇〇円

## 戦国史研究 第79号

戦国史研究会編集 ――Ａ５判・五二頁／六八二円

読者の皆さまからのリクエストをもとに復刊。好評発売中

11出版社共同復刊

# 書物復権 2020

## 唐王朝と古代日本

榎本淳一著

唐代朝貢体制を基軸に日唐外交を捉え直し、文化流入の実態を考察。

A5判・三〇四頁／一〇〇〇〇円

## 中世武家の作法（日本歴史叢書）

二木謙一著

室町期の武家故実を通して中世武士の姿や動作、人生儀礼を甦らせる。

四六判・二八六頁／三〇〇〇円

## 荘園（日本歴史叢書）

永原慶二著

中世史研究の泰斗が、荘園の全史を大胆かつ平易に描いた決定版！

四六判・三六二頁／三〇〇〇円

## 近代日本社会と公娼制度 民衆史と国際関係史の視点から

小野沢あかね著

慰安婦問題の歴史的前提にも言及し、公娼制度の実態を解き明かす。

A5判・三三六頁／九〇〇〇円

## 明治版画史

岩切信一郎著

板目木版、銅版・石版など、多種多様な〝版〟の変遷をたどり実態を解明。

A5判・四〇〇頁／六〇〇〇円

日本人は、何を、何のために、どのように食べてきたか？

# 日本の食文化 全6巻

小川直之・関沢まゆみ・藤井弘章・石垣 悟編

食材、調理法、食事の作法や歳事・儀礼など多彩な視点から、これまでの、そしてこれからの日本の〝食〟を考える。『内容案内』送呈

四六判・平均二五六頁／各二七〇〇円

**1 食事と作法** 小川直之編

人間関係や社会のあり方と密接に結びついた「食」を探る。

**2 米と餅** 関沢まゆみ編

腹を満たすかて飯とハレの日のご馳走。特別な力をもつ米の食に迫る。

**3 麦・雑穀と芋** 小川直之編

穀物や芋を混ぜた飯、粉ものへの加工。米だけでない様々な主食を探る。

**4 魚と肉** 藤井弘章編

沿海と内陸での違い、滋養食や供物。魚食・肉食の千差万別を知る。

**5 酒と調味料、保存食** 石垣 悟編

乾燥に発酵、保存の知恵が生んだ食。「日本の味」の成り立ちとは。

**6 菓子と果物** 関沢まゆみ編

味覚を喜ばせる魅力的な嗜好品であった甘味の歴史と文化。

文字は何を語るのか？　今に生きつづける列島の古代文化

# 新しい古代史へ　全3巻 完結！

平川　南著　各二五〇〇円

古代の人びとはそれぞれの地域でいかに生きていたのか。さまざまな文字資料からその実像に迫る。新発見のトピックを織り交ぜ、古代の東国、特に甲斐国を舞台に分かりやすく解説。地域から古代を考える新しい試み。

## 1 地域に生きる人びと　甲斐国と古代国家

## 2 文字文化のひろがり　東国・甲斐からよむ

## 3 交通・情報となりわい　甲斐がつないだ道と馬

A5判
平均二五〇頁
オールカラー
『内容案内』送呈

# 日本の古墳はなぜ巨大なのか　古代モニュメントの比較考古学

国立歴史民俗博物館・松木武彦・福永伸哉・佐々木憲一編　三八〇〇円

古代日本に造られた古墳の大きさや形は社会のしくみをいかに反映するのか。世界のモニュメントと比較し、謎に迫る。古代の建造物が現代まで持ち続ける意味を問い、過去から未来へと伝える試み。　A5判・二八〇頁

# 「王」と呼ばれた皇族　古代・中世皇統の末流

日本史史料研究会監修・赤坂恒明著　四六判／二八〇〇円

日本の皇族の一員でありながら、これまで十分に知られることのなかった「王」。興世王、以仁王、忠成王など有名・無名の「王」たちを、逸話も交えて紹介。皇族の周縁部から皇室制度史の全体像に初めて迫る。　二八六頁

# 卑弥呼と女性首長（新装版）

清家　章著　四六判・二五六頁／二二〇〇円

邪馬台国の女王卑弥呼と後継の台与。なぜこの時期に女王が集中したのか。考古学・女性史・文献史・人類学を駆使し、弥生〜古墳時代の女性の役割と地位を解明。卑弥呼が擁立された背景と要因に迫った名著を新装復刊。

# 鎌倉時代論

五味文彦著　四六判・四四八頁／三二〇〇円

鎌倉時代とは何だったのか。中世史研究を牽引してきた著者が、京と鎌倉、二つの王権から見た鎌倉時代の通史を平易に叙述。さらに、著者の貴重な初期の論文など六編も収める。『吾妻鏡の方法』に続く、待望の姉妹編。

## 藤原俊成 中世和歌の先導者

久保田　淳著　　四六判・五一二頁／三八〇〇円

新古今時代の代表的歌人。多くの歌合の判者を務め、後白河法皇の信頼を受け千載和歌集を撰進する。古来風躰抄を執筆、後継者定家を育て、歌の家冷泉家の基礎を築く。歴史の転換期を生き抜いた九十一年の生涯を辿る。

## 高山寺の美術 明恵上人と鳥獣戯画ゆかりの寺

高山寺監修・土屋貴裕編　　A5判・二〇八頁／二五〇〇円

稀代の僧・明恵によって再興された世界文化遺産・高山寺。膨大かつ貴重な文化財を今に伝える寺宝の中でも、選りすぐりの美術作品に着目し、その魅力を平易に紹介。個性豊かな作品から、多面的で斬新な信仰世界に迫る。

## 城割の作法 一国一城への道程

福田千鶴著　　四六判・二八八頁／三〇〇〇円

戦国時代、降参の作法だった城割《しろわり》は、天下統一の過程で大きく変容する。信長から家康に至る破城政策、福島正則の改易や島原・天草一揆を経て、「一国一城令」となるまでの城割の実態に迫り、城郭研究に一石を投じる。

## 戦国大名北条氏の歴史 小田原開府五百年のあゆみ

小田原城総合管理事務所編・小和田哲男監修　　A5判／一九〇〇円

十五世紀末、伊勢宗瑞（早雲）が小田原に進出。氏綱が北条を名乗ると、小田原を本拠に屈指の戦国大名に成長した。氏康〜氏直期の周辺国との抗争・同盟、近世小田原藩の発展にいたる歴史を、図版やコラムを交え描く。二五二頁

## 映し出されたアイヌ文化 英国人医師マンローの伝えた映像

国立歴史民俗博物館監修・内田順子編　　A5判／一九〇〇円

明治期に来日した英国人医師マンローは、医療の傍ら北海道でアイヌ文化を研究し、記録した。伝統的な儀式「イヨマンテ」、道具や衣服、祈りなどの習俗を映画・写真資料で紹介。アイヌの精神を伝える貴重なコレクション。一六〇頁

## 日本史を学ぶための図書館活用術 辞典・史料・データベース

浜田久美子著　　四六判・一九八頁／一八〇〇円

日本史を初めて学ぶ人に向けて、図書館にある辞典や年表、古代・中世史料の注釈書などの特徴と便利な活用方法をわかりやすく解説。データベース活用法も交えた、学生のレポート作成をはじめ幅広く役立つガイドブック。

## 国史大辞典 全15巻（17冊）

国史大辞典編集委員会編　四六倍判・平均一一五〇頁

本文編（第1巻～第14巻）＝各一八〇〇〇円

索引編（第15巻上中下）＝各一五〇〇〇円

全17冊揃価　二九七〇〇〇円

## 明治時代史大辞典 全4巻

宮地正人・佐藤能丸・櫻井良樹編　四六倍判・平均一〇一〇頁

第1巻～第3巻＝各二八〇〇〇円

第4巻（補遺・付録・索引）＝二〇〇〇〇円

全4巻揃価　一〇四〇〇〇円

## アジア・太平洋戦争辞典

吉田　裕・森　武麿・伊香俊哉・高岡裕之編　四六倍判　八五八頁　二七〇〇〇円

## 日本歴史災害事典

北原糸子・松浦律子・木村玲欧編　菊判・八九二頁　一五〇〇〇円

## 歴史考古学大辞典

小野正敏・佐藤　信・舘野和己・田辺征夫編　四六倍判　一三九二頁　三二〇〇〇円

## 源平合戦事典

福田豊彦・関　幸彦編　菊判・三六二頁／七〇〇〇円

## 戦国人名辞典

戦国人名辞典編集委員会編　菊判・一一八四頁／一八〇〇〇円

## 戦国武将・合戦事典

峰岸純夫・片桐昭彦編　菊判・一〇二八頁／八〇〇〇円

## 織田信長家臣人名辞典 第2版

谷口克広著　菊判・五六六頁／七五〇〇円

## 日本古代中世人名辞典

平野邦雄・瀬野精一郎編　四六倍判・一二二二頁／二〇〇〇〇円

## 日本近世人名辞典

竹内　誠・深井雅海編　四六倍判・一三二八頁／二〇〇〇〇円

## 日本近現代人名辞典

臼井勝美・高村直助・鳥海　靖・由井正臣編　四六倍判　一三九二頁　二〇〇〇〇円

## 歴代内閣・首相事典

鳥海　靖編　菊判・八三二頁／九五〇〇円

## 日本女性史大辞典
金子幸子・黒田弘子・菅野則子・義江明子編
二八〇〇〇円　四六倍判 九六八頁

## 日本仏教史辞典
今泉淑夫編
四六倍判・一三〇六頁／二〇〇〇〇円

## 事典 日本の仏教
箕輪顕量編
四六判・五六〇頁／四二〇〇円

## 神道史大辞典
薗田 稔・橋本政宣編
四六倍判・一四〇八頁／二八〇〇〇円

## 有識故実大辞典
鈴木敬三編
四六倍判・九一六頁／一八〇〇〇円

## 日本民俗大辞典 上・下（全2冊）
福田アジオ・神田より子・新谷尚紀・中込睦子・湯川洋司・渡邊欣雄編
四六倍判
上＝一〇八八頁・下＝一一九八頁／揃価四〇〇〇〇円（各二〇〇〇〇円）

## 精選 日本民俗辞典
菊判・七〇四頁
六〇〇〇円

## 事典 神社の歴史と祭り
岡田荘司・笹生 衛編
A5判・四一二頁・原色口絵四頁／三八〇〇円

## 事典 古代の祭祀と年中行事
岡田荘司編
A5判・四四六頁・原色口絵四頁／三八〇〇円

## 年中行事大辞典
加藤友康・高埜利彦・長沢利明・山田邦明編
二八〇〇〇円　四六倍判 八七二頁

## 日本生活史辞典
木村茂光・安田常雄・白川部達夫・宮瀧交二編
二七〇〇〇円　四六倍判 八六二頁

大石 学編

## 徳川歴代将軍事典
菊判・八八二頁／一三〇〇〇円

## 江戸幕府大事典
菊判・一一六八頁／一八〇〇〇円

## 近世藩制・藩校大事典
菊判・一一六八頁／一〇〇〇〇円

●近刊

※書名は仮題のものもあります。

富士山噴火の考古学 火山と人類の共生史
富士山考古学研究会編
A5判／四五〇〇円

六国史以前 日本書紀への道のり（歴史文化ライブラリー502）
関根 淳著
四六判／一八〇〇円

名勝旧大乗院庭園 本文編／図版・資料編（全2冊セット）
奈良文化財研究所編集・発行
A4判／三二〇〇〇円

藤原仲麻呂と道鏡 ゆらぐ奈良朝の政治体制（歴史文化ライブラリー504）
鷺森浩幸著
四六判／一七〇〇円

藤原冬嗣（人物叢書306）
虎尾達哉著
四六判／二二〇〇円

角田文衞の古代学 ❷王朝の余芳
公益財団法人古代学協会編
A5判／五〇〇〇円

東国の中世石塔
磯部淳一著
B5判／二五〇〇〇円

東海の名城を歩く 静岡編
中井 均・加藤理文編
A5判／二五〇〇円

戦国仏教 中世社会と日蓮宗（読みなおす日本史）
湯浅治久著
四六判／二二〇〇円

上杉謙信（人物叢書307）
山田邦明著
四六判／価格は未定

伊達政宗の素顔 筆まめ戦国大名の生涯（読みなおす日本史）
佐藤憲一著
四六判／二二〇〇円

近世の地域行財政と明治維新
今村直樹著
A5判／一一〇〇〇円

近世社会と壱人両名 身分・支配・秩序の特質と構造
尾脇秀和著
A5判／一二〇〇〇円

日本の開国と多摩 生糸・農兵・武州一揆（歴史文化ライブラリー503）
藤田 覚著
四六判／一七〇〇円

日本考古学年報 71（2018年度版）
日本考古学協会編集
A4判／四〇〇〇円

仁和寺史料 古文書編二
奈良文化財研究所編
A5判／一二〇〇〇円

# 日本史総合年表 第三版

加藤友康・瀬野精一郎・鳥海 靖・丸山雍成編

旧石器時代から令和改元二〇一九年五月一日に至るまで、四万一〇〇〇項目を収録。便利な日本史備要と詳細な索引を付した画期的編集。

『国史大辞典』別巻 『内容案内』送呈

四六倍判・一二九二頁／一八〇〇〇円

# モノのはじまりを知る事典 生活用品と暮らしの歴史

木村茂光・安田常雄・白川部達夫・宮瀧交二著 四六判／二六〇〇円

私たちの生活に身近なモノの誕生と変化、名前の由来、発明者などを通史的に解説。人がモノをつくり、モノもまた人の生活と社会を変えてきた歴史がわかる。豊富な図版や索引を収め、調べ学習にも最適。二七二頁

# 事典 日本の年号

小倉慈司著 四六判・四五四頁／二六〇〇円

大化から令和まで、二四八の年号を確かな史料に基づき平易に紹介。年号ごとに在位した天皇、改元理由などを明記し、年号字の典拠やその訓みを解説する。地震史・環境史などの成果も取り込んだ画期的〈年号〉事典。

# 沖縄戦を知る事典 非体験世代が語り継ぐ

吉浜 忍・林 博史・吉川由紀編 A5判／二四〇〇円

「鉄の暴風」が吹き荒れた沖縄戦。その戦闘経過、住民被害の様相、「集団自決」の実態など、六七項目を収録。豊富な写真が体験者の証言や戦争遺跡・慰霊碑などの理解を高め、〝なぜ今沖縄戦か〟を問いかける。二二二頁

# 令和新修 歴代天皇・年号事典

米田雄介編 四六判・四六四頁／一九〇〇円

令和改元に伴い待望の増補新修。神武天皇から今上天皇までを網羅し、略歴・事跡、各天皇の在位中に制定された年号等を収める。皇室典範特例法による退位と即位を巻頭総論に加え、天皇・皇室の関連法令など付録も充実。

**予約募集**

7月刊行開始

# 戦争孤児たちの戦後史 全3巻

〈第1回配本〉①総論編…浅井春夫・川満 彰編

浅井春夫・川満 彰・本庄 豊
平井美津子・水野喜代志 編

A5判／各二二〇〇円

# 日本宗教史 全6巻

〈第1回配本〉③宗教の融合と分離・衝突…伊藤 聡・吉田一彦編

〈企画編集委員〉伊藤 聡・上島 享・佐藤文子・吉田一彦

A5判／各三八〇〇円

純な機能の物なので、形態的にも地域や時代を越えて、バリエーションが少ない。材質には石、土器の破片、骨などがあり、朝鮮半島では紡錘車は新石器時代に該当する櫛目文土器時代から現れるが、とくに三国時代には、焼き物の紡錘車が特徴的な遺物で、一般に陶製《とうせい》紡錘車と呼ばれる。陶製紡錘車は、高句麗《コグリヨ》、新羅《シルラ》、伽耶《カヤ》、百済《ペクチエ》の古墳において出土する遺物であるが、形態の変化がほとんどなく、研究の対象となりにくい地味な遺物であった。三国時代でもとくに新羅、伽耶の古墳から出土する紡錘車は、大規模な王陵級の墓からも、小さな、下層の人達の墓と思われるところからも、おなじような状況下で発見され、死に際しての持物として相通ずる意味をもっていたのではないかと考えられることから、葬送観念の一端を示していると思われる。埋葬遺構から出土する遺物、とくに死者に供されたと思われる副葬品から被葬者の性別を明らかにすることは、考古学がもっとも得意とする分野と思われがちであるが、実はそうともかぎらない。変幻自在の重装騎馬戦法で古代ギリシャの兵を悩ませたサルマティアの婦人達は武器の扱いがうまく、男子とともに狩りに出たり、戦いに出陣した。実際に女性の墓からは武器や馬具がしばしば発見されている。日本の古墳時代においても、後期古墳の遺物として広範に出土する耳飾りは、男女の性別に関係なく出土するし、前期古墳から出土する紡錘車型石製品は紡錘車というより、祭器あるいは儀器として、性別によるというよりは、一般には被葬者の関係した祭祀、儀礼に関係するものという見方がつよい。

人類学や医学からのアプローチでは渡来集団の一世たちを探し出すのには、現時点では不向きなところがあることにもふれた。考古資料のなかで、渡来した一世の女性を探し出せるものとして、紡錘車を使用した葬送習俗をとりあげる。

### 人骨出土古墳と紡錘車

朝鮮半島の三国時代、とくに新羅、伽耶の古墳から発見される陶製紡錘車は横断面が算盤玉《そろばんだま》形のものが主となっている。紡錘車は百済地域の古墳からも出土するが、数が少なく、出土状態のわかるものがほとんどないことから、新羅、伽耶地域の古墳、古墓出土のものを中心としてみてゆくことにする。

礼安里《イエアンニ》古墳群（慶尚南道金海郡大東面礼安里）は一九七六年から一九七九年にかけて発掘調査された遺跡で、これまで木槨墓五九基、石槨墓五九基、石室墓一三基、甕棺墓一七基などの埋葬遺構一八二基が発掘され、そのうちの石室・石槨墓七三基、土壙墓三基、甕棺墓一二基についてすでに報告されている。

九号墳（長さ二七〇チセン、幅七〇チセン、深さ六五チセンの長方形石槨墓）は遺構の残存状態は良くなかったが、全身の骨の大部分が発見されている。紡錘車のほかの遺物としては土器四点の他、鹿角《ろっかく》製柄付《えつき》刀子《とうす》一点が発見されている。発見されている人骨は壮年から熟年の女性と推定されている。

四〇号墳（東西一九〇〜二〇五チセン、南北二五〇〜二六〇チセン程度の方形にちかい石室）は三体の人骨が出土していて、少なくとも二回程度の追葬がなされたものと考えられている。北側の壁にちかいところから出土したA人骨は壮年の男性、東南側から一括して発見されたB人骨は二〇歳前後の女性で、これらのA・B人骨は頭蓋骨と足の骨が一括して、追葬時に一方に片づけられたことがわかる。C人骨は北壁から五〇センチ程度はなれた、東西両壁の中間地点から出土したが、性別は分からず、乳幼児で頭蓋骨片のみ残存した。これ以外に底部の割石の上には人骨小片がそこここに散らばっているが、どの個体に属するかはわからない。紡錘車は東南側の軟質甕《かめ》と陶質埦のあいだに立てられたままで出土した。骨との関係でいうと、紡錘車はB人骨にもっとも近い位置である。追葬時に骨の整理が行われたとしても、それぞれの人骨が本来あった位置を中心にまとめられたという一般的な見方をするならば、紡錘車もB人骨に伴っていたとみられる。

　五〇号墳（長さ二二一センチ、幅一二五センチの横口式長方形石室墳）は半分ちかくが破壊されているが、人骨は八体分が出土した。東北枕に仰臥《ぎょうが》伸展《しんてん》の姿勢で葬られた人骨は比較的残りがよく、左右大腿骨と左右脛骨は西北壁に接している下顎骨と同一個体で、壮年の女性のものと考えられている。土器が五群に分けられていることと、人骨土器の出土状態を見ると、少なくとも四回以上の追葬が行われているとみられている。紡錘車は石室中央の土器群中から出土し、半分が欠失している。中央の土器群はさきの壮年女性人骨に近接し、この女性人骨に伴うものとみることができよう。

　五七号墳（主軸方向を東西にとる竪穴式長方形石槨墓で、長さ三三五センチ、幅七五センチ、深さ七五センチ）は、人骨の残存状態はあまり良好ではなかったが、頭蓋骨と四肢骨の一部が残っていた。東枕の埋葬である

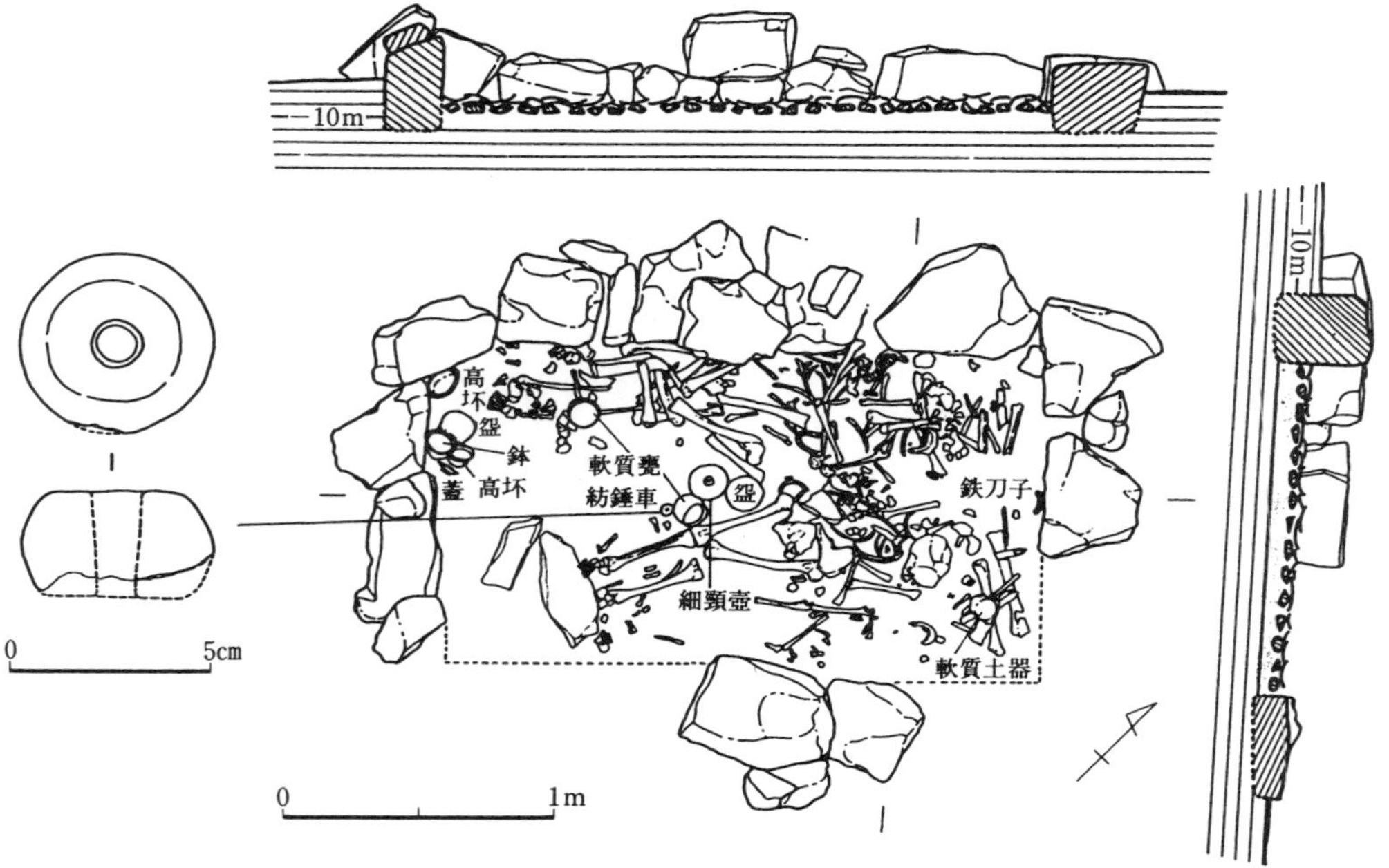


金海郡礼安里50号墳の紡錘車出土状況

ことがわかっている。人骨の残存状況がわるかったので性別、年齢などの全体像の推定は困難であるとしながらも、女性である可能性がつよい。紡錘車は西短壁ぞいの東南隅に置かれた台付長頸壺《だいつきちょうけいこ》内から出土した完形品である。この遺構からは他の出土品として、轡《くつわ》や鉸具《かこ》などの馬具やその付属品、鉄鏃《てつぞく》、鉄斧《てつぷ》、耳飾りなどが出土している。

鳳渓里《ポンゲリ》古墳群（慶尚南道陜川《ハプチョン》郡鳳山《ポンサン》面鳳渓里）では一基の大形墳と石棺墓、石室墓あわせて二〇一基と土壙墓二一基などが報告されているが、紡錘車が出土した遺構のなかで人類学的に性別が推定される例が一例ある。

六五号墳（長軸をほぼ東西にとる長さ三〇〇センチ、幅六〇センチ、深さ五〇センチの竪穴式石槨墓）では紡錘車のほかに広口《ひろくち》長頸壺、坏身《つきみ》、坏蓋《つきふた》などの土器が出土している。紡錘車の出土位置は明らかでない。床面中央のすこし西によったところから歯牙が発見されていて、頭向が西側であることが報告されている。この歯牙の法医学的分析から被葬者は五〇代中頃の女性と判断されている。

このように紡錘車を出土する三国時代の埋葬遺構で人骨や歯牙が出土したことによって被葬者の性別や年齢が判明する例をあげると、すべてが女性墓からの出土であることがわかる。ただ、ここに示したように紡錘車が出土し、なおかつ人骨や歯牙が残存していた墓は現在までのところ、これまでみた五例しかなく、統計的な分析に適するものとは言えない。

そこでいくつかの傍証を加えたい。まず、人骨や歯牙が出土した墓全体の中で紡錘車を出土した墓の特色をみてみよう。金海・礼安里遺跡では八四基の遺構から人骨が出土し、男性と判定されたもの一七基、女性と判定されもの二三基、不明五四基で、確実な女性墓からの紡錘車出土例は先述したように三例であったが、男性墓からの出土例はない。

また、陜川郡鳳渓里古墳群では二二三基の埋葬遺構のうち、歯牙や人骨の遺存により性別の推定されるものは二〇基で、男性墓は一三基、女性墓は七基と報告されていて、女性墓からの紡錘車の出土は一基であったが、一三基の男性墓からは紡錘車は一例も出土していない。

北四洞《ポクサドン》第二号墳（慶尚北道慶山《キョンサン》郡慈仁《チャイン》面）は一九六〇年代に人骨がほぼ完全な状態で発見されたまれな例である。長さ四〓《メートル》、幅一〓《メートル》、深さ一〓《メートル》まで岩盤の地山を掘り下げ、四壁と床面は岩盤のままで、蓋石《ふたいし》をかぶせてあったらしい。人骨は東南に頭を向けて、ほぼ完全な状態で発見された。人骨とくに骨板の鑑定によって三〇歳ないし四〇歳程度の壮年男性であるとされている。出土遺物は土器のほか、鉄製武器では大刀と鉄鉾、馬具類としては轡が発見されているが、やはり紡錘車は発見されていない。

このように人骨や歯牙の遺存から被葬者が男性と推定されている墓からは、現在までのところ紡錘車の出土は一例も知られていない。これまでみてきたように、人骨や歯が伴い、被葬者の性別がわかる墓の検討では、紡錘車は女性骨に伴う傾向がみられる。

## 小形墓での出土状態

その他にも、紡錘車の出土状態の明らかな例で性別の推定できるものがある。

伏賢洞《ポッヒョンドン》古墳（慶尚北道大邱市）の、二基の石槨墓《せっかくぼ》と一基の甕棺墓《かめかんぼ》からなる一組の埋葬遺構は夫婦と子供の墓と考えられている。この遺構は長軸をほぼ南北にとる大きな石槨（内部長四メートル、幅一・二メートル、高さ〇・五メートル）とその東側のそれより小さな石槨（長さ約二メートル、幅約〇・七メートル、高さ〇・三メートル）、そしてその東南に接するように埋められた甕棺（長さ約一メートル）からなる。そして、この小さいほうの石槨南側小口壁に接するように紡錘車が出土している。報告者の尹容鎮《ユンヨンジン》氏は「二つの石槨の相互関係は夫婦とみることが妥当で、遺構の状態をみると東槨があとに追葬されたとみられる。また、東槨が小さいことと紡錘車を副葬したことをみるとき、東槨が女子で西槨が男子と推定される。いっぽう、甕棺の大きさをみると、幼児を埋葬したものと推定される」とし、三基の埋葬遺構を夫婦と子供の関係とみている。ここでは埋葬遺構相互の位置関係とともに、紡錘車が出土していることを妻であり母である女性墓の推定の根拠としているのである。この埋葬遺構の年代については、報告者の尹氏は三国時代に先立つものとみている。しかしながら、伏賢洞古墳からは西側の規模の小さい石槨から「新羅式土器である硬質の長頸壺、高坏」が出土していると報告されていることから、三国時代の遺構と考えられる。

池山洞《チサンドン》四四墳（慶尚南道高霊《コリョン》郡高霊邑）は一九七七年から一九七八年にかけて調査された大形の墳丘（東西二七メートル、南北二五メートル、最も高い部分では高さが六メートル）をもち、内部には長大な竪穴《たてあな》式の主石室（長さ九・四メートル、底部幅一・七五メートル、高さ二・一メートル）とその西と南に少し規模の小さい石室がある。また、それらの周囲に合計三二基の小規模な石槨のある古墳である。そのなかで六号石槨墓（長さ三七八センチ、幅四一～四八㌢、高さ三六㌢で、側壁、短壁は割石で築かれ、天井は一五枚の板石で覆われている）の石槨内部の西短壁から三五㌢離れたところから頭蓋骨と上顎骨が、六一㌢離れて腕骨があり、この腕骨端には手指骨片が検出された。そして、東短壁から八〇㌢地点にも頭蓋骨片があり、その左右に金製耳飾りがあったという。このことから六号石槨は二体分の遺骸があったことになる。紡錘車は東短壁の頭蓋骨付近にあった耳飾の傍らに五個が置かれていた。紡錘車の横には長さ一六㌢の鉄刀子一個が置かれていた。

　西短壁側の頭蓋骨に付着していた歯の磨耗などの分析を含めて、二〇歳代後半の男性と推定されている。これにたいし、東短壁側の人骨は耳飾をつけ、さらに男性骨と頭位を逆にして一つの石槨に入れられていることからみると、女性である可能性が高い。すくなくとも、二体のうち男性と推定される遺骸には紡錘車はともなっていなかったことがわかる。

　このような例から小規模な埋葬遺構では、遺物や人骨の出土状態から女性骨に紡錘車が伴うことが推定される。

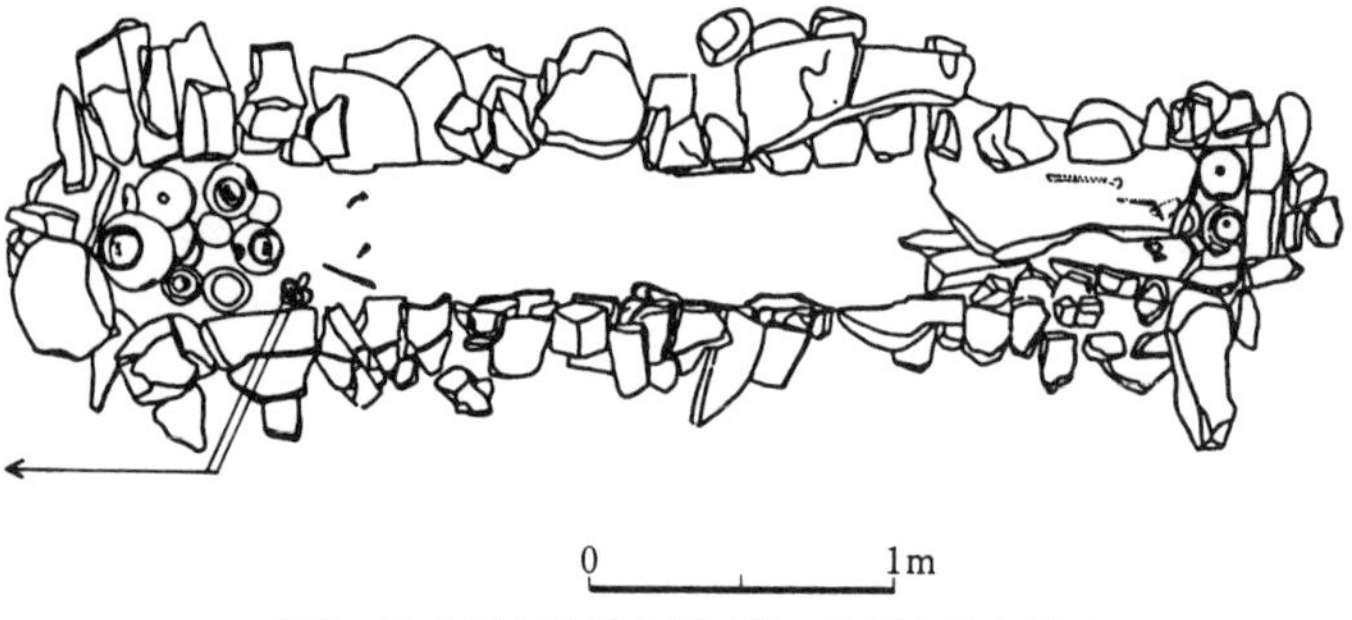


高霊・池山洞44号墳６号石槨の紡錘車出土状況

## 大形墓での出土状態

つぎに慶州の大形古墳を中心とした、一般に古新羅の王墓あるいは王族の墓といわれるものから紡錘車の出土状態を検討してみたい。

皇南大塚《ファンナムテチョン》（慶尚北道慶州市）は朝鮮半島最大の古墳として有名な双円墳で、全長は約一一〇《メートル》といわれる。基本的に北と南の二つの巨大な円墳から構成され、それぞれにおびただしい量と高い質をあわせもった遺物が出土した。南墳は正式報告は発刊されていないが、出土した人骨の検討から被葬者は五〇歳代の男性と推定されている。北墳は一九八五年に報告書が出され、「夫人帯」の刻銘のある銀製腰帯の出土によって南墳の被葬者の妻と推定されている。北墳から出土した多くの遺物のなかには陶製紡錘車を模倣した装飾品としての紡錘車がみられる。報告書の遺物の出土状況の項では「頸飾」として、「蜻蛉《とんぼ》玉一〇、嵌玉《かんぎょく》製曲玉一、棗《なつめ》玉二〇余個、瑪瑙《めのう》製貫玉一、ガラス玉三、硬玉製曲玉《こうぎょくせいまがたま》一」などと一連のものの中に「紡錘車のような形の琥珀《こはく》製円盤玉一個」と「同形玉（材質不明）一個」があり、被葬者の右側の肩の部分から出土したとされている。

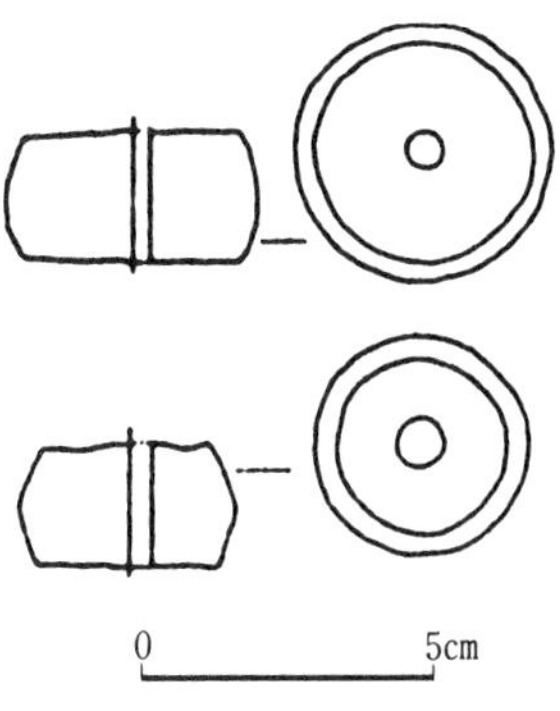


同じものについて遺物の解説の項では「琥珀製円盤形玉、琥珀製大形玉」として、「このような異形玉類は別に一群をなしていたが、出土状態からある規則性はもとめられず、元来ある順序によって紐に通されていたとはみられない。そして、異形玉類は出土位置や異形玉類自体の無規則性をみると、

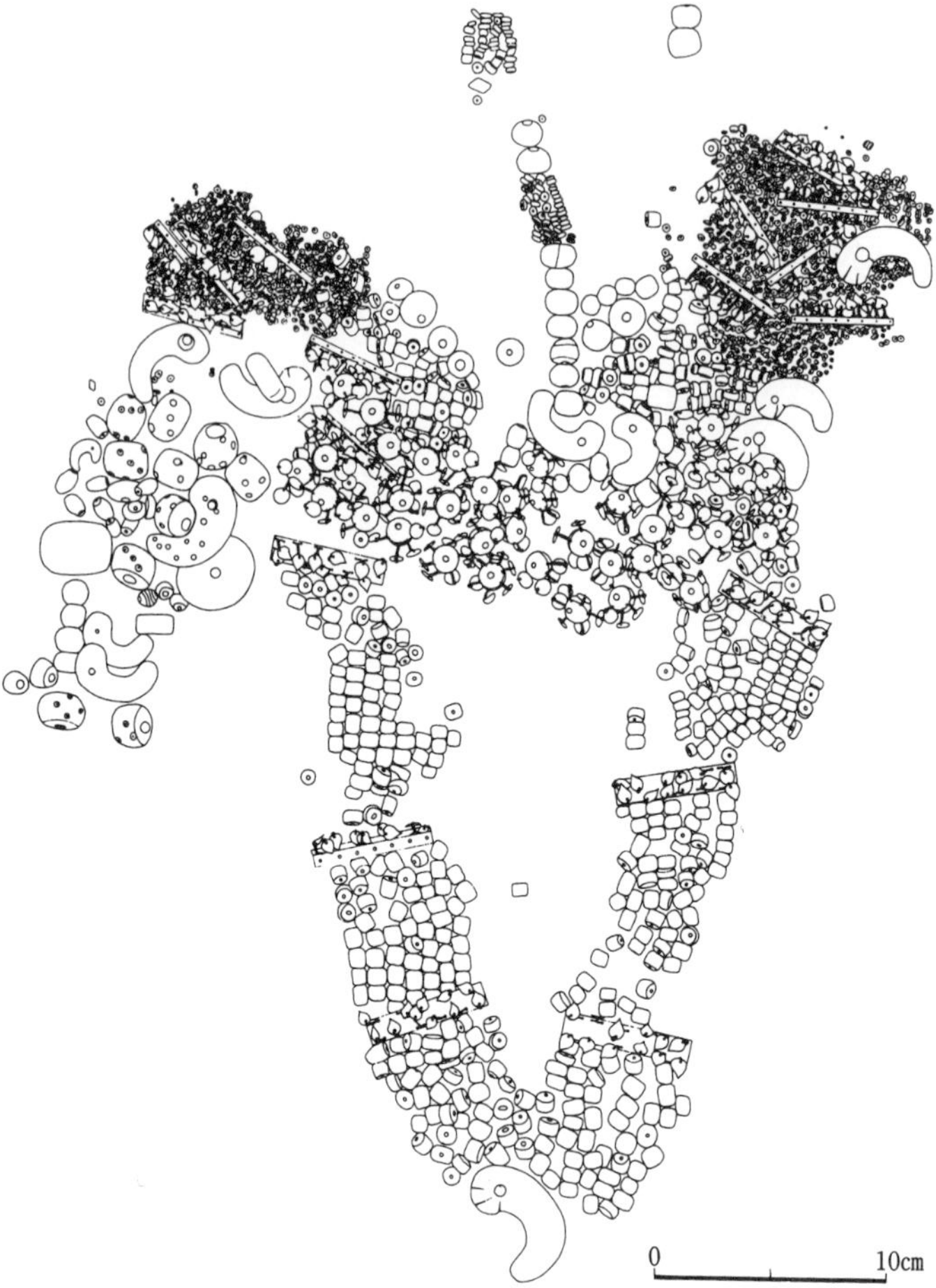


皇南大塚北墳　首飾り出土状況

被葬者が着装したものというよりは、たぶん荘厳のため被葬者の右肩の下に置かれていたものではないかと推測する」という解釈をしている。しかしながら、遺骸にもっとも近接する形で出土したことには変わりなく、配置だけでなく葬送儀礼のうえでも被葬者にもっともふかくかかわるものであった可能性が考えられる。私は琥珀製紡錘車形の玉は他の玉類とともに一連の首飾りであったとみて間違いないと考えている。

壺杆塚《ホウチヨン》と銀鈴塚《ウルリヨンチヨン》と呼ばれている二つの古墳は、ともに封土を無くした積石木槨墳で、実際は二つの別々の円墳ではなく、一基の双円墳《そうえんぷん》をなすものであると考えられている。銀鈴塚からは出土位置は明らかではないが、直径四センチの算盤玉形の陶製紡錘車が一個出土している。また、別に衣装函《いしょうばこ》の中から、「琥珀玉」として「直径四センチ、厚さ二センチくらいの円形になるもので、中央に穴

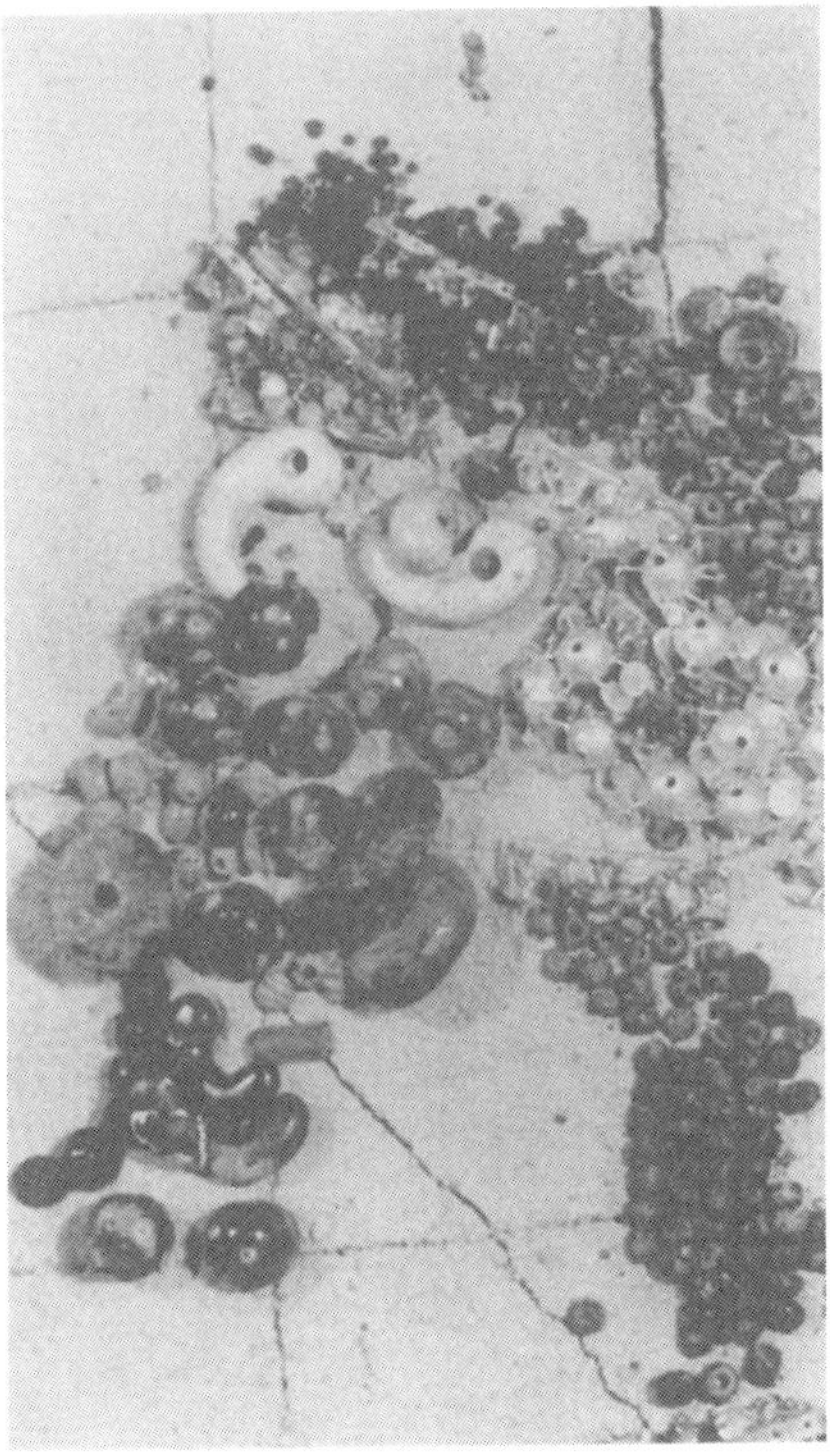
皇南大塚北墳被葬者右肩部の首飾り

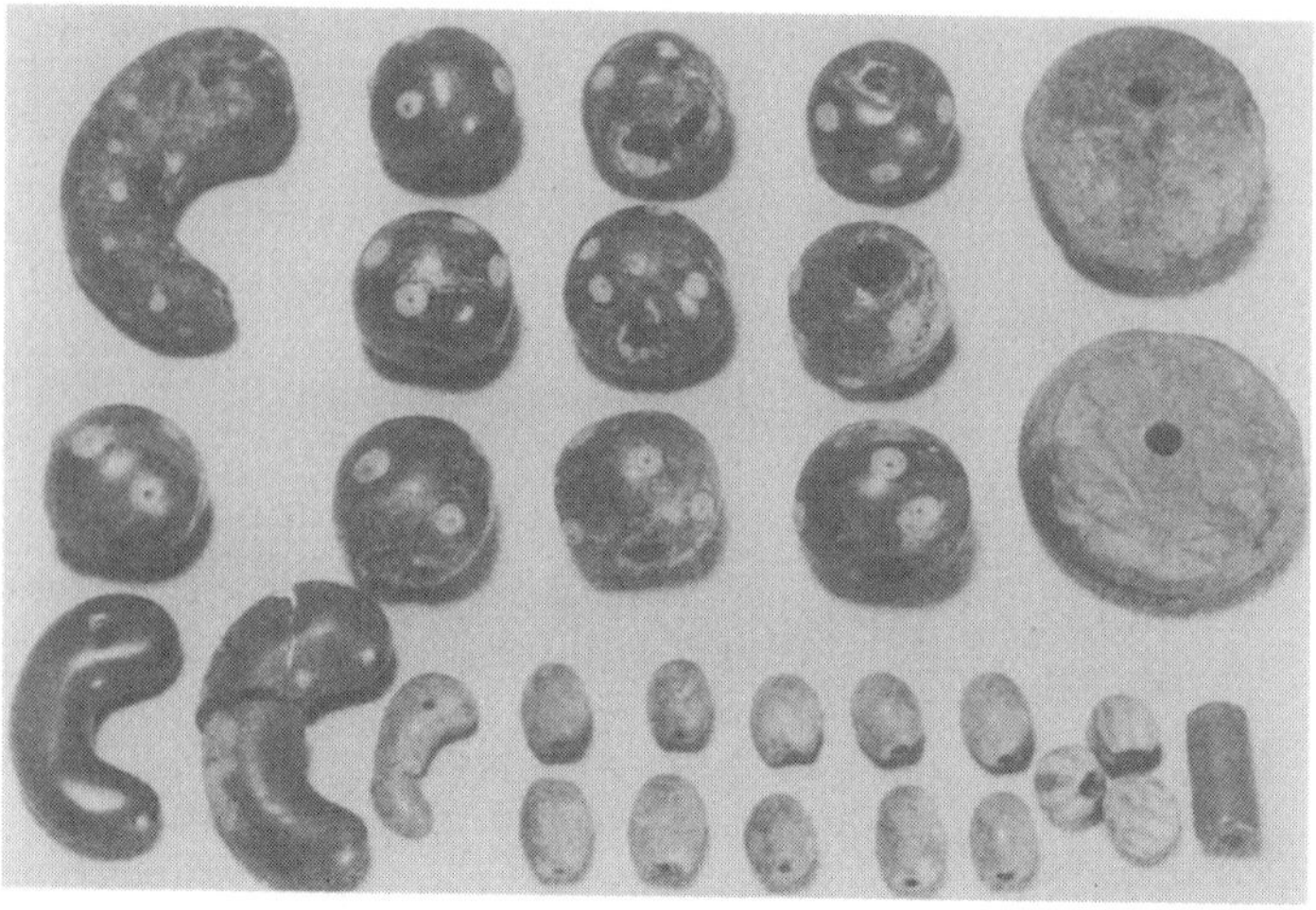

紡錘車を含む首飾りを構成していた玉類（右端上２点が紡錘車）

があり、前後と側面に合計三八個の黄金でつくられた穴があるが、これには赤色と青色の色素が入っていた」装飾玉とみられるものが出土している。記述からみて、装飾の手法としては金象嵌を基本としたものと見られる。断面は楕円形にちかく、大きさからみても紡錘車によりちかく、また、皇南大塚北墳で出土した紡錘車形の琥珀製品と同様の遺物と考えられる。

壺杅塚と銀鈴塚の被葬者の関係について、報告者は「壺杅塚と銀鈴塚は双墓であり、その中でも銀鈴塚の被葬者は女性であった模様なので、我々は壺杅塚と銀鈴塚は夫婦の墳墓とみる」ととらえている。

新羅・慶州地域の大形墓である双円墳においても、やはり紡錘車は女性墓から出土していることがわかる。

新羅・伽耶古墳から出土する算盤玉形の陶製紡錘

車とそれを模倣した飾り玉は出土状況にいくつかの特徴がみられた。これらをまとめると、新羅、伽耶では墳丘をもたないような小規模な墓から新羅の王陵や王族のような最上級階層の墓にいたるまで、階層をとわず女性の埋葬に際し副葬されたものであることがわかる。

## 陶製紡錘車からみた渡来人女性の墓

視点をかえると、このような陶製紡錘車の出土から、朝鮮半島から日本へ渡ってきた女性の墓が推定できるのではないかと考える。

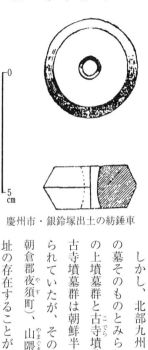

陶製紡錘車は、近畿地方では陶邑やその周辺の初期須恵器を生産した遺跡や大阪湾沿岸の朝鮮半島系軟質土器を出土する遺跡から出土する傾向があることがわかっているが、墓からの出土例はほとんどない。

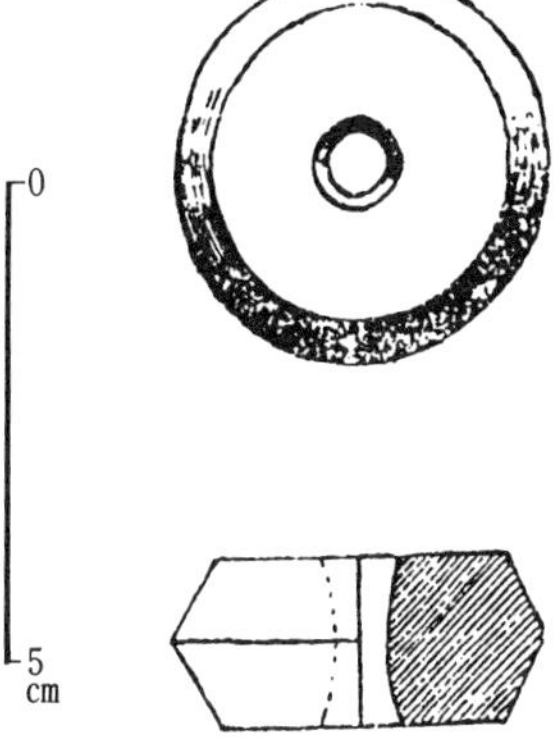

慶州市・銀鈴塚出土の紡錘車

しかし、北部九州の遺跡では紡錘車を副葬する渡来人女性の墓そのものとみられる例がある。それは福岡県甘木《あまぎ》市の池の上墳墓群と古寺《こでら》墳墓群のなかにみられる。池の上墳墓群と古寺墳墓群は朝鮮半島系の硬質土器を出土する遺跡として知られていたが、その後、近傍に小隈《おぐま》窯址、八並《やつなみ》窯址（福岡県朝倉郡夜須《やす》町）、山隈《やまぐま》窯址（福岡県朝倉郡三輪町）といった窯址の存在することが明らかになり、池の上墳墓群、古寺墳墓

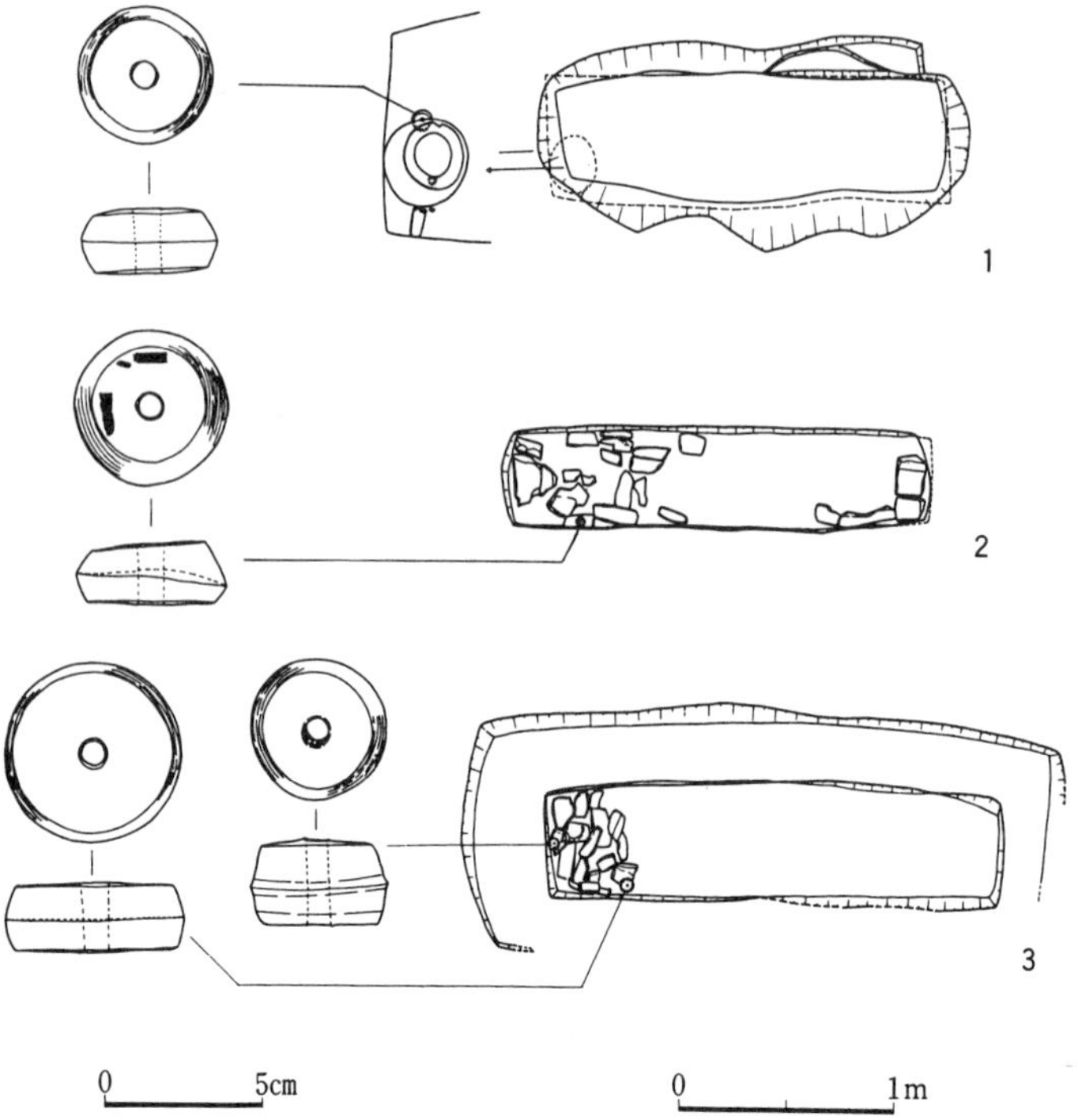


池の上墳墓群での紡錘車出土状況　1・D-1号墓　2・D-19号墓　3・D-26号墓

群の硬質土器は朝鮮半島、伽耶地域の陶質土器に直接の系譜をもつ、日本列島でも最古の初期須恵器焼成窯址であり、これらの窯址や墳墓に関わった人々が朝鮮半島から渡ってきた集団であったことが推定されている。

このように評価されている池の上墳墓群と古寺墳墓群のなかに、新羅・伽耶地域を中心にみてきた特徴的な陶製紡錘車の典型的な副葬状態をしめすものが存在する。

池の上墳墓群のなかで陶製紡錘車が出土した墓をくわしくみてみよう。

D―1号墓は石蓋《せきがい》土壙墓《どこうぼ》で、墓壙の大きさは長さ三〇八センチ、幅一六三センチで深さは七五～一〇〇センチである。その上に七枚の緑泥片岩で蓋をしてあった。墓壙の中に、さらに長さ一八四～一九一センチ、最大幅六一センチ、深さ六五～七一センチの掘り込みがあり、被葬者はここに埋葬されていた。人骨は残っていなかったが、南小口から約三〇センチの部分を中心として、首飾りが着装時の現状にちかい状態で出土し、櫛も三個出土したことから、南側に頭を向けていたことがわかる。また足の方にあたる北小口の西北隅に短頸壺《たんけいこ》、櫛、滑石《かっせき》製有孔円盤《ゆうこうえんばん》、鉄鎌とともに陶製紡錘車が副葬されていた。

D―一九号墓も石蓋土壙墓で、墓壙の長さは二七五センチ、幅は一二〇～一七六センチで、棺の内法《うちのり》は長さ一九九センチ、幅は南側小口が三七センチ、北小口では四一センチで、床には一部、板石を敷いている。棺壁には全面に赤色顔料を塗布している。棺の北側の幅が広く、北側が頭位と考えられ、被葬者の右肩にあたるところに陶製紡錘車が副葬されていた。

D―二六号墓は二段掘りの土壙墓で、墓壙は復元すると長さ二八五センチ、幅一一五センチで、棺は長さ二一三センチ、幅は西小口で四三センチ、東小口で三六センチ、中央部で五二センチで、深さは四四～五六センチである。頭位と考えられる西側小口付近には板石を敷き、鉄鎌、鉄斧とともに陶製紡錘車が副葬されていた。

おなじように古寺墳墓群でも陶製紡錘車は二号土壙墓、三号土壙墓では墓壙に副葬され、九号土壙墓では墓壙の西側から出土し、供献品とみられている。

このように池の上墳墓群と古寺墳墓群では算盤玉形の陶製紡錘車が副葬されたり供献された墓があり、新羅、伽耶の古墳や古墓を対象に論証した朝鮮半島南部地域において女性の墓における紡錘車を用いた葬送習俗と一致するとみられる。さらに池の上墳墓群と古寺墳墓群の紡錘車を副葬された墓は、副葬されている土器が伽耶地域の特色を示すという点を参考にすると、伽耶地域から渡来して、その習俗を失うまでにいたっていない渡来一世の女性が葬られていると考える。

これまで朝鮮半島から渡来した人々の痕跡については土器がその主たる分析の材料であった。紡錘車は陶製算盤玉形のものが朝鮮半島系のものであることは知られていたが、それ以上の分析はなされていなかった。今後は出土状況の分析によって、朝鮮半島の葬送習俗をそのまま持ちこんだ、渡来一世の女性たちの異郷における終焉の姿を明らかにできると考えている。

# 第三章　東アジア世界の王権と秩序

## 冠からさぐる藤ノ木古墳の被葬者

### 藤ノ木古墳出土の金銅冠

奈良県斑鳩《いかるが》町の藤《ふじ》ノ木《き》古墳は石棺《せっかん》の内部が未盗掘であり、遺物の配置状況が把握できるという点で後期古墳としてはきわめて貴重な資料となった。さらに、出土遺物のもつ国際性が際立っていて、日本の古墳としてはまれなほど金銅《こんどう》製品や飾り玉などのきらびやかな遺物が多く、それゆえに人々の夢をはぐくみ、興味をかきたてた。多くの話題を提供し、報道されない日はないほどの毎日がつづいたことも今は夢の後という感がないでもないが、藤ノ木古墳についての面白さは、実はこれからはじまるのである。残念ながら百済《ペクチェ》・斯麻王《しまおう》大墓（武寧《ムニョン》王陵）のように被葬者を確定できるような文字資料は出土しなかったが、多くの人々や研究者に被葬者の検討という夢と責務を与えているともいえる。

しかし、被葬者さがしが最重要の目的ではない。藤ノ木古墳の出土遺物は、古墳が築造されたと考えられる六世紀後半の複雑な国際環境の落とし子とも言える実物資料なのである。それをもっとも端的にあらわすのが北側被葬者の足の部分から出土した金銅製の冠である。この遺物は藤ノ木古墳の出土品のなかでもとくに注目をあつめたものであり、デザインについても、種々の意見が雑誌や新聞紙上をにぎわした。

黄金色の冠といえば古今東西を問わず、地位や権力、富を象徴するものと考えられがちである。しかし、冠からもっと情報を得る方法はないのだろうか。ここでは、藤ノ木古墳の金銅製冠に施された文様を手がかりとして被葬者の実像の一端にせまろうとおもう。

## 冠の文様

藤ノ木古墳から出土した冠は金銅冠と言われ、銅の上に金メッキ（鍍金）をほどこしたもので、日本の古墳から出土する装飾具・装身具によくみられる製作法である。しかし、藤ノ木古墳から出土した金銅冠は三つの点で類例をみない特徴をもっている。第一点はその出土位置で、被葬者の足元、北壁部分から直立した状態で発見されたこと。第二点は冠の帯の部分が折り曲げられた状態であった点。そして、第三点はそのデザインで、報告書（奈良県立橿原考古学研究所編『斑鳩　藤ノ木古墳概報——第一次調査〜第三次調査——』一九八九年）の記述を借りると広帯二山式《ひろおびふたやましき》の冠に、①「絡み合う波形」または樹木状の文様、②「ゴンドラ状の意匠」、③「鳥形」、④「剣菱形意匠」を配していることが特徴である。そしてこれらの意匠の組み合わせは、これまでどの地域の冠にもみられなかったものである。

藤ノ木古墳の金銅冠の、これらの文様の解釈については、次のような見解が出されている。

藤ノ木古墳出土の冠の復元品

（1）立飾りの中心意匠を樹木とみて、鳥形の意匠とともに西アジアからユーラシア大陸に展開する文様の系譜をひく（加藤九祚《きゅうぞう》氏などの説）。

（2）立飾りの中心文様の上部を波形とみて、鳥と船に注目し、日本の壁画古墳の題材にもみられる「天鳥船《あめのとりふね》」という日本に内在する葬送観念を意匠化した（中村潤子氏の説）。

（3）文様全体は百済・武寧王陵出土の団扇状金製品の影響下にある百済・伽耶《かや》の系統をひき、立飾りの基本的モチーフは忍冬《にんどう》唐草文《からくさもん》で、それが蕨手文《わらびてもん》化したものであり、鳥文も唐草文から発展した（東潮氏の説）。

個々の文様がなににみえるかについては、個人差が出る場合が多く、その意味で客観的に研究しにくい面がある。とくに藤ノ木古墳の金銅冠では、鳥の文様は誰がみても鳥に見えるとおもうけれども、それ以外の文様が何に見えるかは、人によって差が大きく、鳥形

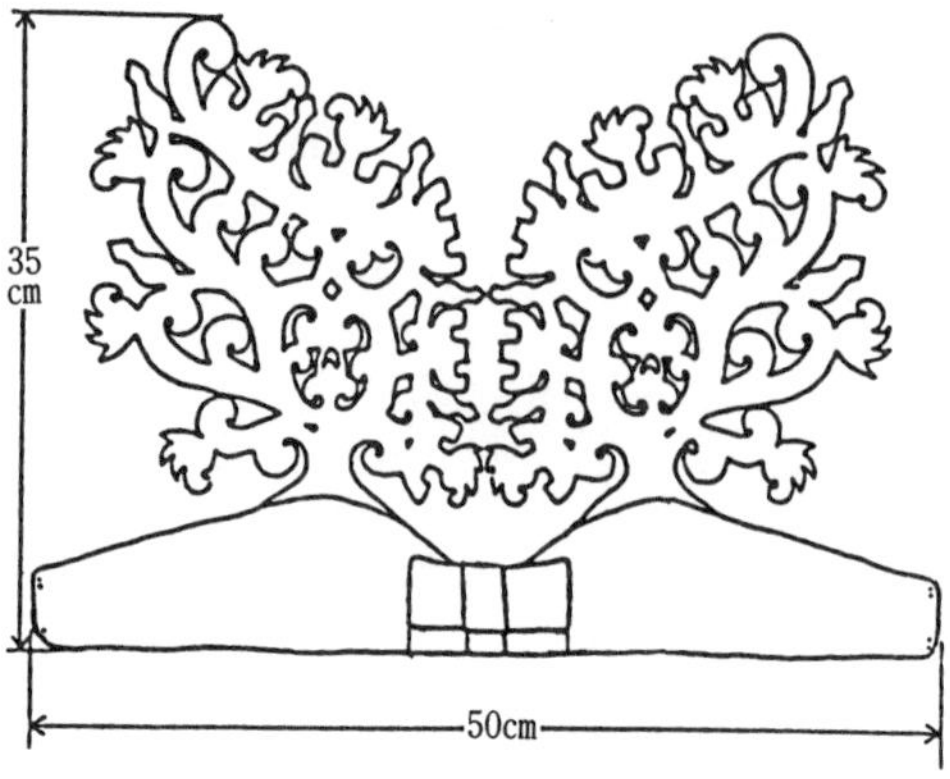


藤ノ木古墳出土冠の展開模式図

文の下の文様については樹木、波、忍冬唐草などいろいろな解釈がなされている。

藤ノ木古墳の冠の解釈のうち、（2）の説については、「天鳥船」という観念が古墳時代に成立していたかどうかについては検証がなく、また、鳥と船を表現した九州の壁画古墳の若干の例も、実際に『古事記』にみられる「天鳥船」を図像化したものかどうかあきらかでない。（3）の説については唐草文から鳥文への具体的な文様の変化の過程が示されていない。筆者は個々の文様の起源や系統としては（1）を支持するものであるが、全体の構成は中国の説話・伝承によって理解できると考える。西アジアから東アジアへとユーラシアに散在する巨樹と鳥が組み合わされた文様の広がりをみて、東アジアの端の藤ノ木古墳の冠に施された文様の意匠全体の構成する意味を解析したい。

## 黒海沿岸～西アジア～北・中央アジアの巨樹と鳥の意匠

樹木文は文様の構成としてたんに樹木を配したものと、樹木を中心にその両側に種々の文様を配した樹木中心文様といわれるものとにまずわけられる。ユーラシアに展開する樹木文様については太田晴子氏（「中国戦国時代における樹木中心文様の西方からの伝来について」『美術史研究』三、一九六四年）や石渡美江氏（「臨淄出土樹木文半瓦当の文様について」『比較文化研究』17、一九七八年）の詳細な研究があり、これらにしたがって、時期をおって例をみていこう。樹木文自体の出現はきわめてふるく、古代オリエントではイラン西部のテペ・ギヤン第五層出土の彩文土器破片に樹木とヤギ、樹木と曲線文様の連続交互形式などを配した文様がみられ、またアク・テペ出土の紀元前三〇〇〇年頃の彩文土器にはヤギを中心として両側に樹木を配し、片方の樹木の上には鳥が配してある。その他には、メソポタミアのジェムデド・ナスル期（紀元前三一〇〇～前二九〇〇年）の円筒印章に樹木と獣を交互に配した例があり、イラン南西部のスーサ発見の紀元前三〇〇〇年紀前半の円筒印章には山岳の上に立つ樹木を中心としてヤギや牛を配したものが見られる。これに類似した文様はメソポタミアのシュメール初期王朝時代（紀元前二八〇〇～二四〇〇）のウルの「王家の墳墓」からの装身具、調度品などにもみられる。これ以前にも樹木文、あるいは樹木中心文様は前五〇〇〇年紀のイラン、メソポタミアに遡ることができ、基本的にはここから東へ伝わっていったものとみられている。

その後、メソポタミア王朝初期以来、この文様は一時衰退するがアッシリアにおいて、円筒印章や装飾板などの文様としてふたたび盛行する。樹木文はイラン、メソポタミアだけではなく、周辺のアナトリア、シリア、エジプトにまで広がるが、鳥文や翼をもった人物、獣など鳥と関連する文様と樹木がともに描かれるのはアッシリア後期のニムルド発見のレリーフに、ナツメヤシとみられる果実と浄《じょう》

ニムルド遺跡のレリーフにある樹木をはさんだ鳥頭人身像

水桶《すい》と考えられる円筒形容器をもった鳥頭人身の有翼像が樹木文の左右に描かれているものが知られる。また、ルリスタン青銅器の中にも、ニューヨーク・メトロポリタン美術館蔵の「箙《えびら》の装飾板」といわれるものに樹木を中心に有翼の馬を配した意匠がある。

年代も距離もはるかに離れた南ロシアのカズベク遺宝のなかにパルメットを中心に上下に鳥頭を表現する意匠がある。また、クバン川流域ではスキタイ前期（前六～五世紀）のケルメレス古墳出土の闘斧《とうふ》の黄金張りの柄《え》と鞘《さや》に樹木文と有翼人像がみられる。太田晴子氏は、スキタイ前期には樹木中心文様としてアッシリアから「聖樹の形式と写実的な樹木の形式の二つを継承した」ものとみている。

近年とくに注目を集めた資料としては、カザフ共和国南部のイシク・クルガン出土の金製冠があり、前面は矢、鳥の羽、対になった馬と山羊などの文様からなり、毛織物でつくられた帽の部分には頂上に鳥のとまっている樹が配されている。イシクはサカ文化の流れをくみ、この古墳の年代は前四世紀頃とみられている。また、バクトリアのアムダリア遺宝にはパルメットの上に一対の鳥が配された偏平な冠が発見されている。年代的には前五世紀頃とみられている。冠に配置された樹木文としてはドン川河口付近のノヴォチェルカスクのホフラチ・クルガン（前一～後一世紀）出土の金製冠がある。これは冠の上縁にそって垂れ下がった葉を持つ樹木があり、鹿・山羊とともに二羽の鳥が配置されている。

アフガニスタン北部のティリヤ・テペ第六号墓出土の金冠は帯の部分に歩揺《ほよう》のついた五個の樹木形の立飾りからなる。樹木は透しで切り抜かれ、下部の枝は幹からはなれたとがった葉となっている。そして、この樹木形の上部には一対の鳥がとまった状態で表されている。透し彫り文様のある樹木と、それにとまった鳥、歩揺という構成要素は藤ノ木古墳出土金銅冠のデザインと驚くほど似ている。ティリヤ・テペの墳墓群は伴出したパルティア時代の貨幣によって前一～後一世紀ごろのものと考えられ、鳥と木が描かれた帽子はスキタイ王と特別な女王のものであったと考えられている（E・E・クジミーナ、B・N・サリアニディ　辻村純代訳「チリャテペ墳墓から出土した二つの王冠とその意義」『古代文化』三六―八、一九八四年）。

紀元前後～一世紀のものとみられているロシア共和国の黒海北東部にあるウスチ・ラビンスキー四

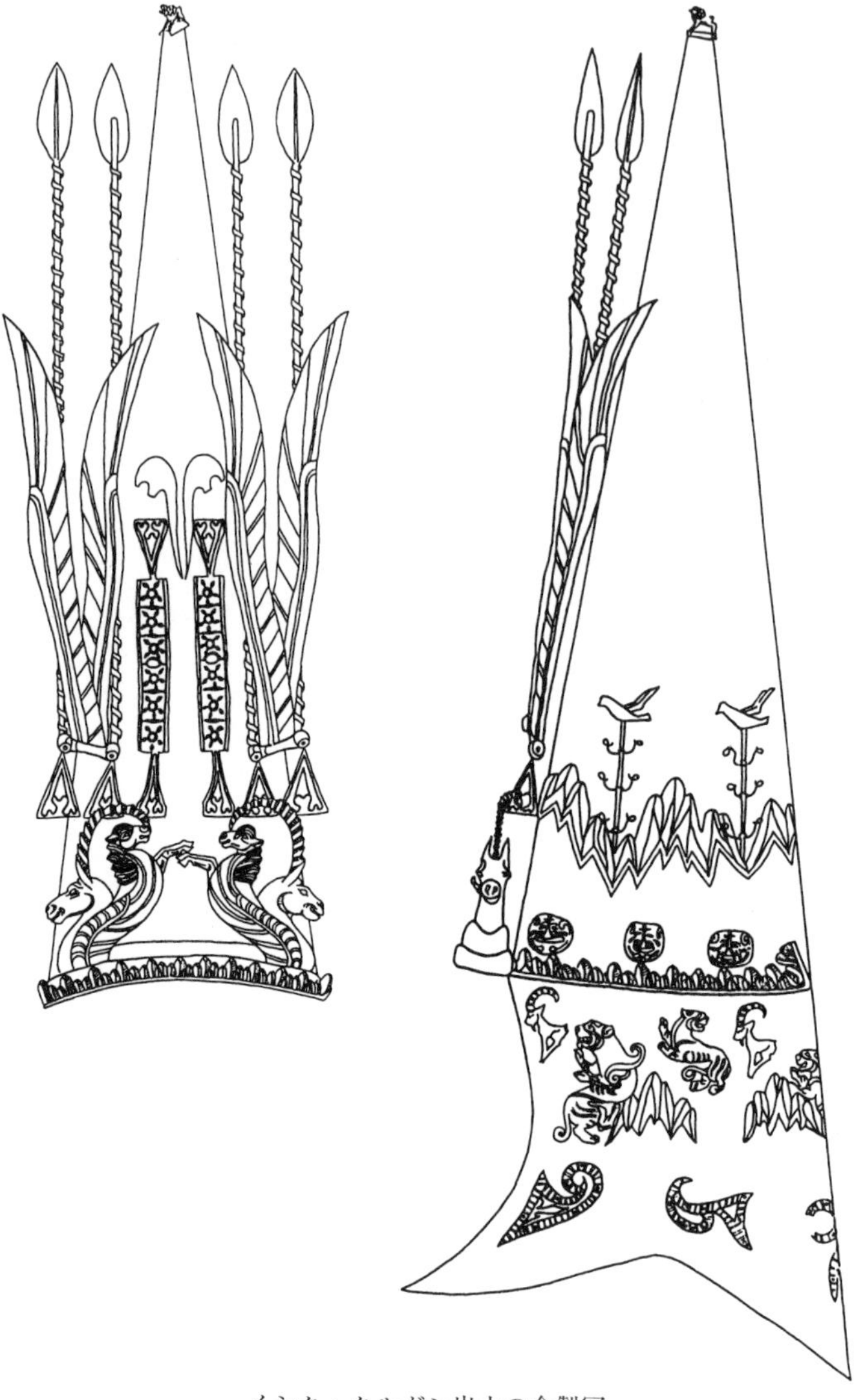

イシク・クルガン出土の金製冠

六号墓から出土した金製の立飾りは新羅の「出」字形立飾りに似た直線的な樹木状立飾りに鳥と山羊の意匠を配してある。このように樹木と動物を形式化した文様は黒海沿岸のスキタイ系民族を含むボスポロス王国の墓石に彫刻されたタムガ（紋章）の一種と類似しているといわれている。

樹木文様は古代オリエントやインドの「生命の樹」の観念が紀元前八世紀頃にユーラシア諸民族のなかに流入したものが、各地の樹木信仰とむすびついて動植物の豊饒、再生や永遠の国家などを象徴するものとして存在したものとされる。また、冠につけられた鳥については天、あるいは太陽と結びついて死者の霊を天に運び、再び地上にもたらすことを意味するとされている（石渡美江「樹木状立

ティリャ・テペ6号墓出土金冠の立飾りの一部。上部左右に鳥の姿があらわされている

戦国時代の斉国の半瓦当に見る
樹木をはさんだ馬の図

飾冠の系譜と意義」『古代オリエント博物館紀要』九、一九八七年）。

### 中国の巨樹と鳥の意匠

中国において樹木文様が器物の上に表されるのは春秋・戦国時代からとみられていて、樹木と鳥とを配したものとしては一九五一年に河南省輝県から出土したとされる銅鑑が注目されている。樹木文のみが表されているものとしては臨淄出土の斉の半瓦当《はんがとう》がよくしられている。関野雄氏は斉の半瓦当に施された樹木や動物については、斉の人々が樹木を非常に好んだことをその造型的な根源とみている（『中国考古学研究』東京大学出版会、一九五六年）。

漢代には画像磚《がぞうせん》や画像石《がぞうせき》の図柄として鳥と樹木がしばしば描かれるが、これは、いわゆる「十日《じゅうじつ》説話」に題材のひとつをとったものとされている。「十日説話」とは、英雄神の羿《げい》が、弓で十あった太陽のうち九つを打ち落とした後は太陽が一つになったという内容の神話である。文献では、『楚辞《そじ》』天問《てんもん》篇王逸《おういつ》が所引『淮南子《えなんじ》』には、

尭《ぎょう》の時、十日並び出て、草木焦枯《しょうこ》す。尭、羿に命じて十日を射落とせしむ。其九日にあたりて、

日中の九烏皆死して羽翼《うよく》を堕《おと》せり。

とある。

「十日説話」の図像の表現の構成としては、烏《からす》を表現する鳥の文様と、これを弓で狙い打つ人物があげられる。土居淑子氏は『山海経《せんがいきょう》』大荒東経《だいこうとうきょう》に「谷有り、温源谷と曰う。湯谷は上に扶木《ふぼく》有り、一日方《まさ》に至り、一日方にいづ。皆烏を戴《の》す」という記述など、烏を戴く扶木という樹木があり、この説話と「十日説話」とが日に関する性質から結合したとする見解を示されている。また、土居氏は樹木と鳥、弓をひく人物とともにしばしば描かれている馬は『淮南子』天文訓に「日、暘谷《ようこく》に出で、咸池《かんち》に浴して、扶桑を払う。是れ晨明《しんめい》と言う。（中略）悲泉に至り、爰《ここ》に其馬を止め、爰に其馬を息《いこ》わしむ。是れ県車と謂う」や『楚辞』離騒《りそう》に「余が馬を咸池に飲ましめ、余が轡《くつわ》を扶桑に惣《むす》ぶ」などによって扶木つまり扶桑の木との関係を説明されている（土居淑子『中国古代の画像石』同朋舎、一九八六年）。

樹木、烏（鳥）、弓をひく人物（羿）、樹下の馬という構図はとくに漢代の画像磚や画像石にはおおく見られる。時期がさがるにつれて、このような要素のうちのいくつかが失われてくる。たとえば、後漢代の二世紀頃の築造と考えられている山東《シャントン》省武氏《ウーシーツー》祠の画像石の樹木文では、すでに「十日説話」「扶木」をモチーフとする図像の樹木、烏（鳥）、弓をひく人物（羿）、樹下の馬という主要な要素のうち弓をひく人物（羿）、樹下の馬が欠けていて、樹木とそれにとまった鳥のみが表されている。武氏祠画像石の樹木図は後に述べる朝鮮半島の高句麗の古墳壁画に表された樹木文様を理解する際に重

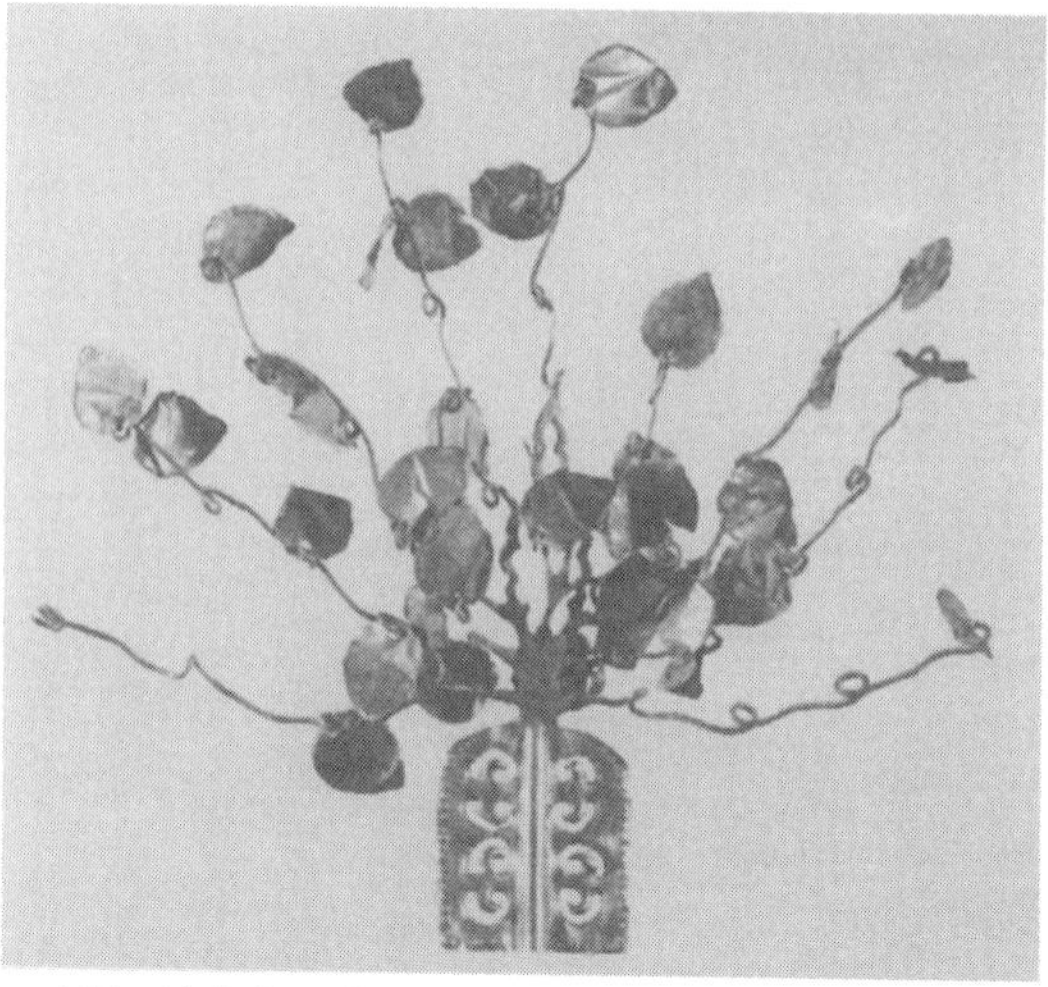

中国・遼寧省北票県房身村２号墓出土の金製の冠飾具

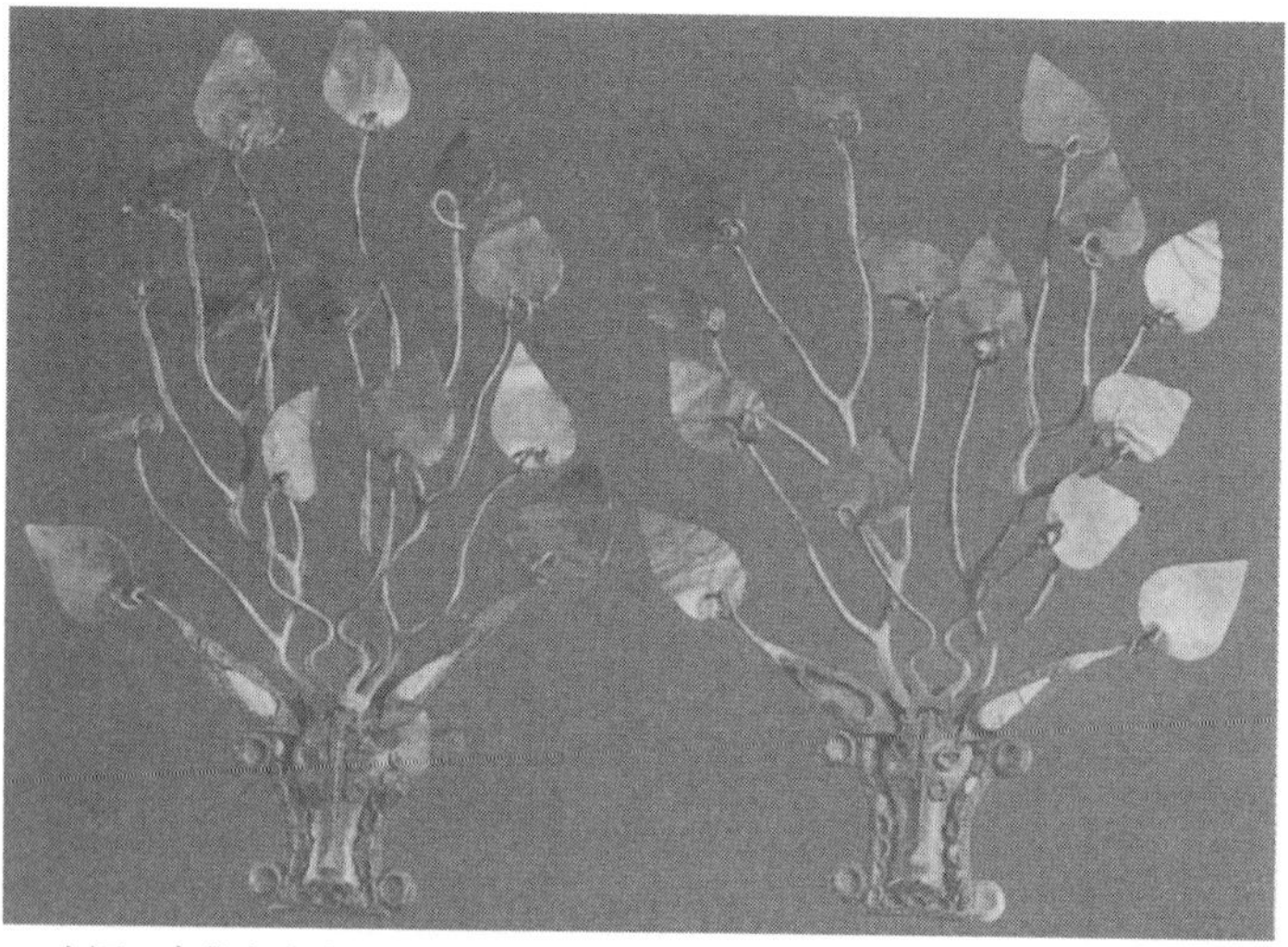

中国・内蒙古自治区達爾竿茂明安連合期西河子公社出土の金製飾り金具

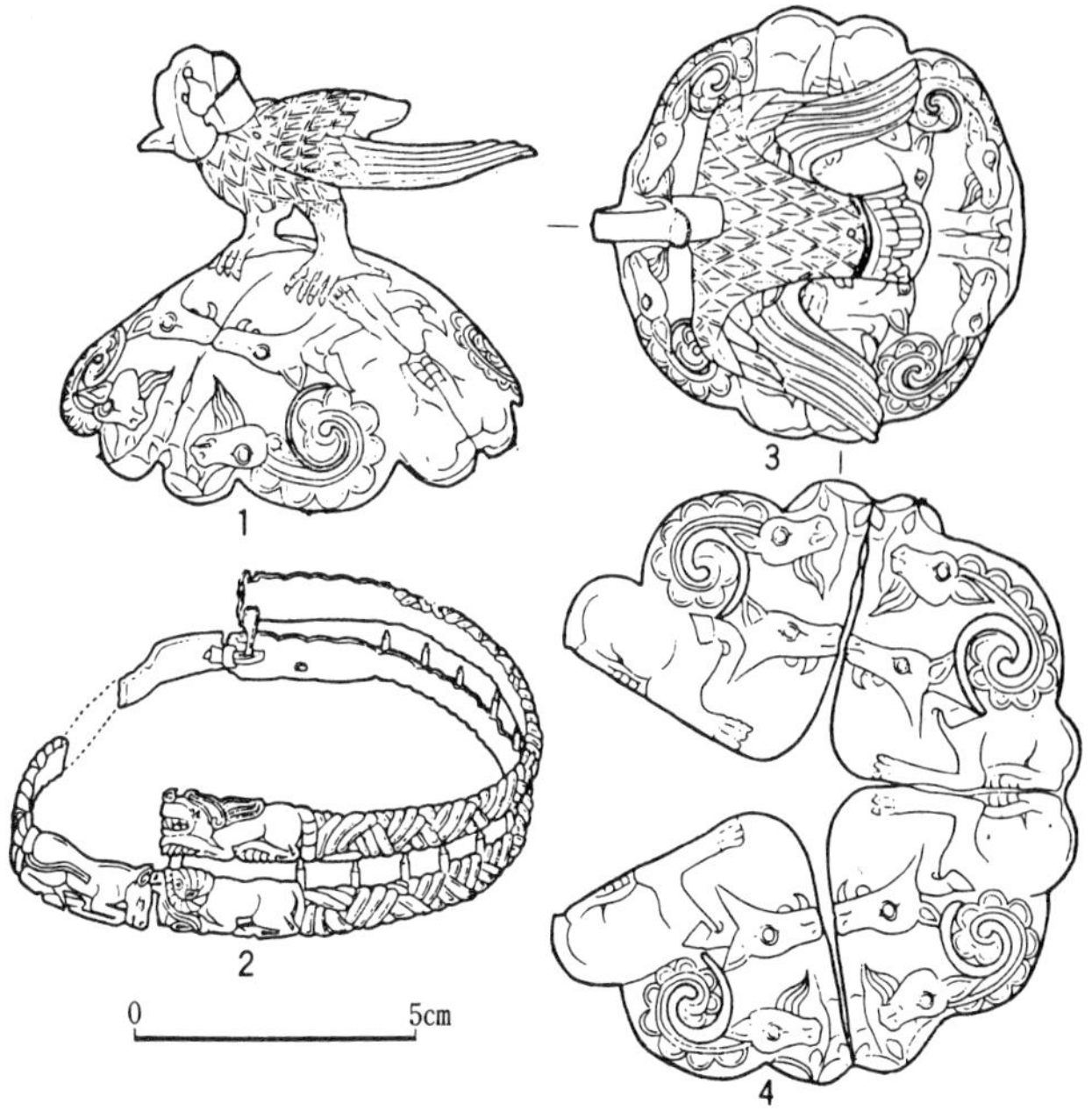


内蒙古自治区杭錦旗阿魯柴登出土の金製冠飾具。帽子状となる

中国・遼寧省北票県西官営子１号墓（馮素弗墓）出土の金製冠飾具

要な資料である。

画像石や画像磚のほかに、樹木に鳥がとまったデザインを表すものは四川《スーチョワン》省広漢《コワンハン》県南興《ナンシン》鎮三星《サンシン》村の三星堆遺跡の第二号祭祀坑《さいしこう》から枝に花や実、鳥や獣をつけた樹木の模型が発見されている。鳥の中には人面のものもあり、樹木全体は完全に復元されていないが、高さ数メートルに達するものとみられている。また、枝には多くの貝をつけているといい、貝は中国古代における貨幣としての意味からこれを鎮墓《ちんぼ》の役割をはたす後漢代の「揺銭樹《ようせんじゅ》」の原形とする見解と扶桑の木とする見方にわかれている。三星堆遺跡の第二号祭祀坑の年代については、層序と遺物の様相から、紀元前一三〜一二世紀の商《しょう》代後期つまり殷墟《いんきょ》第一期前後とされている。鳥の表現を欠く樹木状飾り金具は時代が下って、晋《しん》代の鮮卑《せんぴ》の墓と考えられている遼寧《リャオニン》省北票《ペイピャオ》県房身《ファンシエン》村の二号墓の例が知られる。ここからは二個の金製冠が出土していて、パルメット状の文様を二つずつ透し彫りにした金製の薄板に歩揺《ほよう》をつけた樹木状文をかざる。

このほか、四一五年に没した北燕《ほくえん》・馮素弗《ふうそふつ》墓とみられている遼寧省北票県西官営子《シークアンインシー》第一号墓からも円形の帯部についた十字状に交差した金具の頂上に、三本ずつの枝に葉のついた樹木状飾りが施されているものが出土している。

内蒙古《ネイモングー》自治区達爾罕茂明安《ダルハンムミンガン》連合旗の西河子公社で出土した牛、馬の頭の上に樹木状（報文では鹿角をかたどるとする）の枝が出ていて、それぞれの先端に葉状の飾りがついているものがある。

また、冠に鳥の装飾が施されているものしては内蒙古自治区杭錦旗《ハンギンチー》の阿魯柴登《アロシト》から出土した金冠がある。これは動物文が彫刻された帯輪の部分と鳥が止まっている頂上部の装飾金具からなる。前三五〇〜二五〇年の年代が考えられている。

中国において、考古資料のなかで樹木状の文様、鳥の文様が表されているものとして、このようなものがあげられる。画像石や画像磚以外に、立体的な表現で樹木と鳥とが組み合わされて表現されているものは管見のかぎりでは四川省三星堆遺跡祭祀坑から出土したものがしられているのみである。おなじように樹木や鳥の文様を配していても半瓦当や画像石は漢民族の所産とみられ、冠などに樹木、鳥を配している非漢民族系の遺物とは明らかな違いがある。

このほかに、文献の上で樹木と鳥とが関係深いものとして記されている例は先にあげた「十日説話」や「扶木」についての『楚辞』天問篇王逸所引の『淮南子』や『山海経』大荒東経だけではなく、たとえば、『荀子《じゅんし》』勧学篇《かんがく》に「樹、蔭《かげ》を成して衆鳥息う」とあり、『管子《かんし》』巻二四軽重《けいちょう》篇に斉の桓公《かんこう》が管子に民の困窮、世の混乱を正すには如何という問いに対する管子の答えとして、「斉《せい》は夷萊《いらい》の国なり。一樹にして百乗《ひゃくじょう》其下に息《いこ》うは、其の掯《か》らざるを以てなり。衆鳥其上に居《お》らば、丁壮《ていそう》の者、丸《がん》を胡にし弾を操りて其下に居り、終日帰らず。父老、枝に柎《つ》きて論じ、終日帰らず」とみえ、衆鳥のとまる樹木の下で終日遊び暮らす斉の国の住民のことを述べていて、樹木と人の生活とのふかいつながりがみてとれる。また、東晋時代以降の資料として『捜神記《そうじんき》』巻一八「樹神の助け」にはいつも黄色い鳥が数千羽群がり、雲や雨を起こす大木である樹神の説話がある。

このように中国の文献資料には鳥がとまっている樹木がしばしばみえ、一つには烏のとまった扶桑の木を表し、またそれ以外には人の生活感、国の繁栄、樹木の神聖や霊力をあらわすものとして記述されることが多い。

## 朝鮮半島の巨樹と鳥の意匠

樹木文は新羅《シルラ》の「出」字形立飾りをもった冠がよく知られる。これは一般に樹木の表現とみられている。このような「出」字形の立飾りの意義と系譜については、鹿角のような鳥羽装飾がついたシベリアのシャーマンの冠に起源するという見方や、さらにそのようなシベリアのシャーマニズムにみられる木と鹿角の崇拝を背景とし、新羅で創案されたものという考え方がある。

新羅の金冠には多数の硬玉《こうぎょく》製勾玉《まがたま》が付属しているが、加藤九祚氏はこの勾玉を鳥の表現とみている（「藤ノ木古墳とユーラシア大陸の黄金文化」『日本文化にとっての日本海――環日本海（東海）をめぐる諸文化の創造と交流――』日本海文化を考える富山シンポジウム発表要旨、一九八九年）。新羅の金冠は王や王族の持物と考えられるが同様のデザインをもつ伽耶地域の冠は金銅製で、勾玉はついていない。

新羅、伽耶両地域でこのような「出」字形の立飾りをもつ金冠、金銅冠が流行する年代はほぼ五世紀中頃から六世紀前半を中心とする。新羅の冠のなかで鳥形の装飾がつくものとして瑞鳳塚《ソボンチョン》出土の金製冠がある。これは「出」字形の冠の内部の冠帽の部分を「外部冠の輪の四方から細長い板金を出し、

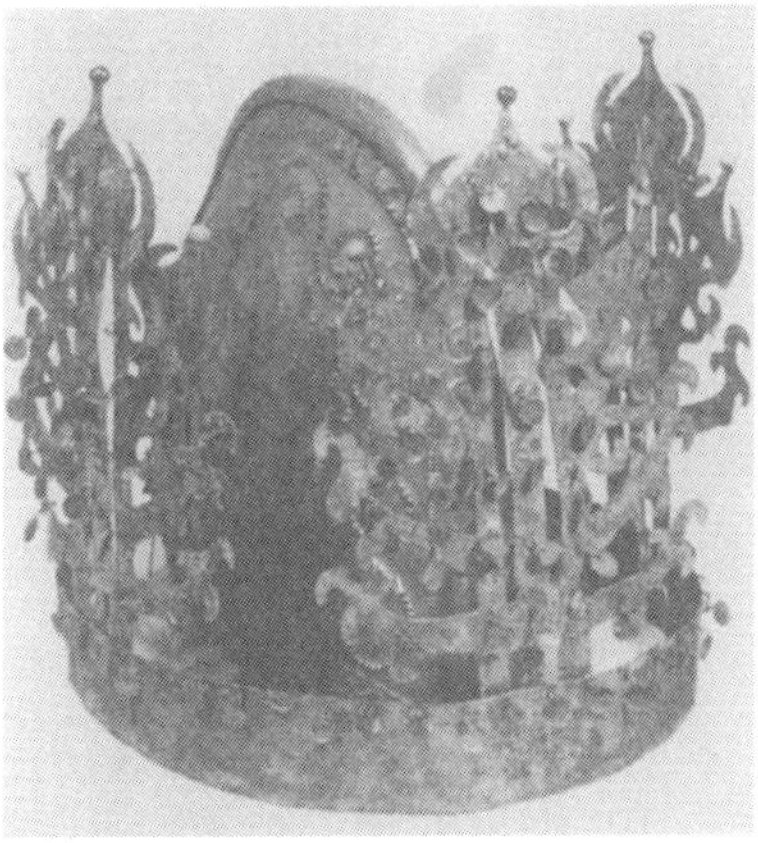

潘南面新村里9号墳乙棺出土の金銅冠

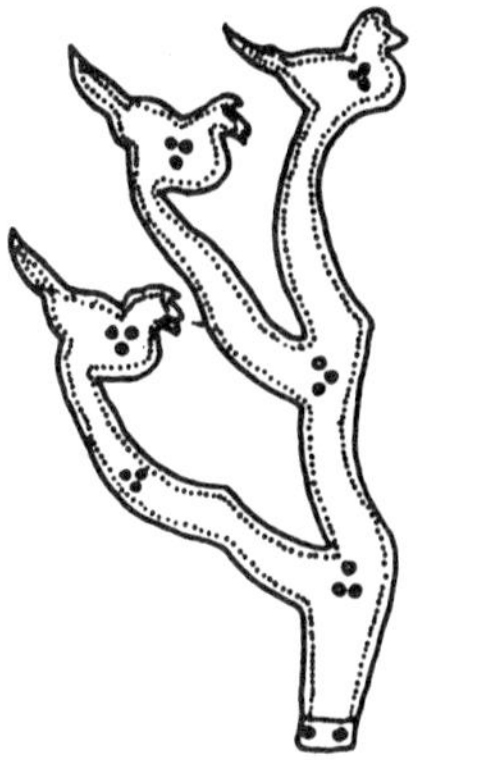

韓国・慶州市瑞鳳塚出土金冠の頂部につけられていた鳥形飾り

それを曲げて頂上で集めて帽をつくり、其の頂上の集合点から樹枝状の板金を立てて其処に三羽の鳳凰の打抜き飾を附したもの」(小泉顕夫「慶州瑞鳳塚の発掘」『史学雑誌』三八―一、一九二七年)であり、新羅古墳出土の冠のなかで唯一、鳥文を施す例である。瑞鳳塚の築造時期は六世紀初頭~前半頃とみられる。

広義の百済《ペクチェ》の領域では全羅南道《チョルラナムド》羅州《ナジュ》郡潘南《パンナム》面新村里《シンチョンニ》九号墳乙棺《ウルグアン》から樹木状の立飾がついた金銅冠が出土している。内部に大形甕棺《かめかん》を包蔵する全羅道地方の大形封土をもつ古墳の実年代を言うことは現段階では難しいが、五世紀代とみるのが大方の見方である。

藤ノ木古墳の金銅冠の文様を説明する際に必ず対照資料とされるものに、五二三年に薨じた百済の斯麻王《しまおう》大墓(武寧王《ムニョンワン》陵)から出土した王と王妃の「金製飾り金具」とされている装飾品がある。これは被葬者の頭部ではなく胸の部位から出土したことから、冠を構成するものと

潘南面新村里９号墳乙棺出土金銅冠の展開図

するよりは、扇のように手でもったものとみるほうが正しい見方であろう。文様自体は仏教的な色彩が強いことが言われている。これにも鳥の文様は見出せない。

　これまでの論考、報道では以上のような諸例が朝鮮半島三国時代遺物のなかでの藤ノ木古墳出土金銅冠との比較、対照資料としてあげられてきた。しかしながら、視野を透かし彫りのある金属製の装飾品などからさらに広げると樹木と鳥が組み合わされた構成のデザインが存在する。それは高句麗《コグリヨ》壁画古墳の図像にみられる。

　現在の中国・吉林《チーリン》省集安《チーアン》県にある角抵塚《かくていづか》は主室東壁に描かれた壁画中に二人の力士が組み合って相撲をとっている場面が描かれているところからその名があるが、二人の力士の向かって右側には行司役と考えられる人物が描かれているのに対し、左側斜め上方には、力士の頭上にむけて伸びた樹木が描かれ、それぞれの枝先は実をむすぶかのように質感をもった表現がなされていて、その先端に鳥がとまっている。とくに、主室東壁にえがかれている鳥のとまった樹木の図は、一見して藤ノ木古墳金銅冠の全体の構成と図像のバラン

高句麗の壁画にあらわされた鳥を宿した木（中国・集安県角抵塚）

スなど非常に似ている感をもつ。また、西壁には三本の樹木文の下に馬を牽く人物が描かれている。また、東壁の中央にも鳥がとまった樹木があり、根元に二匹の犬が座っている。角抵塚の年代については研究者間でかなりの差があるが（朱栄憲《チョヨンホン》は四世紀末、緒方泉は四世紀後半〜末、金元龍《キムウォンニョン》は六世紀初頭に、それぞれ比定している）現在の段階で筆者としては主として石室の形態などを勘案して、四世紀後半から末頃のものとみている。

このほかにも高句麗壁画古墳にはおなじく角抵塚の主室南壁、時期がさがって真坡里《チンパリ》一号墳の北壁（朱栄憲は六世紀代、金元龍は七世紀中頃とみる）、通《つう》溝《こう》五号墳、通溝四神塚《ししんづか》、内里《ないり》一号墳などに樹木が描かれているが、樹木上に鳥は描いていない。

高句麗壁画古墳に描かれた樹木図の系譜をさぐるうえで興味ぶかい資料は平安南道《ピョンアンナムド》南浦《ナムポ》市江西《カンソ》の徳興《トクン》

徳興里壁画古墳玄室西壁の樹木図

里古墳である。徳興里古墳は墨書銘文により、四〇八年に葬られた「鎮」という人物の墓であることがわかっているが、この古墳の玄室西壁には樹木とその下で馬をひいている人物が描かれている。これは角抵塚西壁の同様の構図とともに、さきに『山海経《せんがいきょう》』や『楚《そ》辞《じ》』離騒《りそう》篇などでみた「扶木」とその下で馬に水を飲ませる人物の関係がモチーフとして描かれているものである。徳興里古墳の墨書墓誌名から被葬者の「鎮」は、「冀州《きしゅう》―安平《あんへい》郡（長楽《ちょうらく》郡）―信都《しんと》県―都《と》郷―中甘《ちゅうかん》里」という、出身地の郡・県・郷・里さだかな中国人とされている（武田幸男「徳興里壁画古墳被葬者の出自と経歴」『朝鮮学報』一三〇、一九八九年）。墓誌銘には「鎮」の官職と官位が書かれているが、そこには高句麗の官位である「国小大兄《こくしょうたいけい》」などと、中国の官位である「建威将軍《けんいしょうぐん》」「左将軍」「龍驤《りゅうじょう》将軍」「遼東太守《りょうとうたいしゅ》」「使持節東夷校尉幽州刺史《しじせつとういこういゆうしゅうしし》」などの両方が使われている。これらの検討から「鎮」は中国から高句麗に亡命したのであり、「建威将軍」「遼東太守」については亡命前の中国の実際の官職であり、亡命したあと高句麗の官位である「国小大兄」をうけ、いっぽうで「左将軍」「龍驤将軍」「使持節東夷校尉幽州刺史」という中国の官位を自称したといわれる。

このように中国から高句麗への亡命者であることが確実な「鎮」を墓主とする徳興里古墳に中国の

「扶木」説話を図像化し、画像石や画像磚からの系統をおえる題材がみられることは、図像としての「扶木」が、少なくとも中国から高句麗までは確実に、その説話としての構成を正しく伝えているといってよかろう。行列図や星宿、四神など高句麗壁画古墳の図像は中国の流れを受けていることはこれまで言われてきたとおりであり、これに加えて、高句麗壁画古墳に描かれた樹木やそれに関連する鳥、馬などは、説話をもとにして、中国の画像磚や画像石などに描かれた題材に系譜をもつことは明らかである。

## 藤ノ木古墳出土冠の構成図像と文様系統

藤ノ木古墳から出土した金銅製の文様系統冠の文様のなかで巨樹と鳥のデザインを中心に、ユーラシア全体について、おおざっぱにみてきた。ここでは藤ノ木古墳金銅冠に施された文様について、どのような系統が考えられるか、文様ごとに個別にみていくことにする。

歩揺をすべて復元された藤ノ木古墳金銅冠の全体の印象は、一見したところではティリャ・テペ第六号墓出土の冠との驚くほどの類似を感じさせる。歩揺の淵源は北・中央アジアであり、朝鮮半島を経て日本に流入したことはこれまで言われているとおりだが、歩揺をつけた冠は基本的には朝鮮半島の新羅、伽耶など東南部が中心で、六世紀中頃〜後半という年代が与えられている藤ノ木古墳の時期は、新羅、伽耶で冠が衰退する時期であり、また、この時期までには日本でも冠や歩揺が数多く知られていて、朝鮮半島の技術的系譜を受けながらも、日本列島内で歩揺およびそれのついた冠が自製できる条件下にあったと思われる。

鳥と樹木の表現が両方とも用いられている冠は朝鮮半島では新羅の瑞鳳塚出土のみであるが、樹木にとまる鳥の表現ではない。ひろくユーラシアに類例をもとめると、樹木と鳥とで構成される冠は騎馬民族、とくにスキタイ系民族にみられるが、時期的には後一世紀ころまでで、直接、藤ノ木古墳のものと結びつけることはできない。

樹木にとまる鳥の表現は中国では画像石や画像磚に、故事の画像化としてみられ、すでにみたように高句麗壁画古墳にえがかれているものも基本的にはこの流れをくむとみられる。

このように、藤ノ木古墳出土金銅冠の文様は年代的なへだたりから、北・中央アジアの樹木と鳥の文様に直接の系譜関係を想定することはできない。また、北・中央アジアの樹木文の系統をひくとみられている新羅の冠とも異なるデザインをもつと考えられ、視覚的に類似したデザイン構成をもつものとして、高句麗の壁画古墳にみられる説話を図像化した中国起源の樹木と鳥のデザインをあげたいのである。高句麗壁画古墳のなかでも樹木と鳥が描かれているものとしてもっとも時期がさがり、四世紀末ごろとみる見解が主となる角抵塚や中国の「扶桑」「扶木」の構図そのものを受け継いでいる五世紀初頭の徳興里古墳などと藤ノ木古墳との時期の懸隔や古墳壁画の題材と冠に施された文様という素材の差や系譜性の問題などを解決していかねばならない。高句麗壁画古墳と藤ノ木古墳金銅冠の間をつなぐ可能性のあるものとしては、韓国西南部の新村里九号墳乙棺出土の金銅冠があげられる。

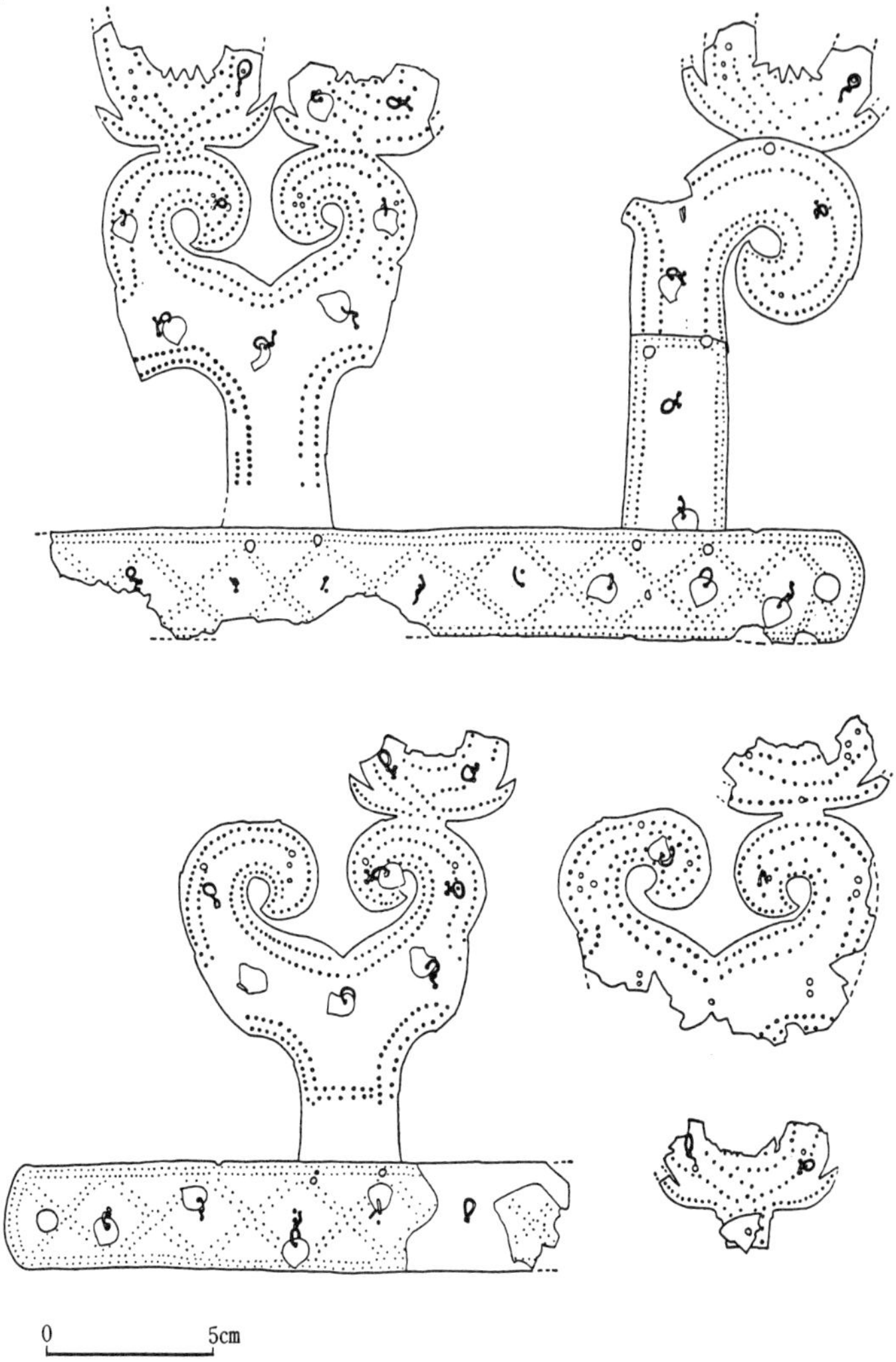

東京国立博物館蔵　小倉コレクションの冠

この冠は新羅の「出」字形立飾りから変化したデザインとみられることが多いが、その間を具体的にあとづける根拠がなく、樹木文の形状の面からいえば、高句麗壁画古墳の樹木文との関連も考えられる。

藤ノ木古墳出土金銅冠の樹木状文様と鳥についてはのべてきたが、樹木と鳥の間に施されている船のような文様についてもふれておこう。後人が東方朔の撰と偽託した漢代の小説とされる『海内十州記《かいだいじっしゅうき》』に「扶桑は碧海《へきかい》の中にあり。葉は桑樹《そうじゅ》に似たり。長さ数千丈《じょう》、大いさ二千囲《い》。両両《りょうりょう》根《ね》を同じうし、更相《たがい》に相依倚《いい》す。是れ扶桑と名づくるなり」とあるように、扶桑は海の中にあることが知られ、藤ノ木古墳金銅冠の船の文様は、まさにこれを表していると言えよう。つまり、藤ノ木古墳金銅冠の船とみられる文様は、単純に船そのものの図案化とみるよりも、船を表すことによって、下部の樹木文が海面下にあることを表現しているとみられる。東京国立博物館所蔵の小倉《おぐら》コレクションのなかに、三国時代の朝鮮半島南部の伽耶地域から出土したと伝えられる類似の文様を有する立飾りをもつ冠が知られているので、船の文様に関しては朝鮮半島南部のデザインをそのまま流用し、扶木を表現する図像を構成していると考えられる。

これまで述べきたったところをまとめてみると、藤ノ木古墳から出土した金銅製冠は基本的な樹木と鳥のデザインは中国から高句麗、あるいは百済を経て伝わったもので、厳密な意味やそれを現す構図としては、変化し、忘れられた部分もあるにしろ、「扶桑」「扶木」を意図したと思われる。扶桑は先述したように太陽をあらわし、後には中国の東方にある日本の別称ともなったことは広く知られることである。これについては、例えば『太平御覧《たいへいぎょらん》』所引の『淮南子《えなんじ》』高誘《こうしゅう》の注には「扶桑とは東方の野なり」とあるように、扶桑が生えている土地そのものをさす言葉にもなったとされている。また、中鉢雅量《ちゅうばちまさかず》氏によると中国古代の宇宙観のなかで、天地の中央に聳立する各種の世界樹は生えている場所によって名称を異にするとされ、「扶桑」は東方を（『鴻烈集解《こうれつしゅうかい》』などによる）、「建木《けんぼく》」は南方（『淮南子』地形訓「建木は都廣《とこう》に在り」「都廣は南方の山名なり」などの記述による）、「若木」は西方、「尋木《じんぼく》」は西北方に位置するものと論じられている（『中国の祭祀と文学』創文社、一九八九年）。

そして、東アジアの歴史のなかから日本の古代をみた場合、太陽と東方という語感から思い起こされるのは『隋書《ずいしょ》』倭国伝《わこくでん》の記載である。それは、隋・大業《たいぎょう》三年（六〇七）に遣使朝貢した際の倭国王の国書の中の「日出《ひい》ずる処《ところ》の天子、書を日没する処の天子に致《いた》す。恙《つつが》なきや、云云《うんぬん》」という一節によって広く知られている。藤ノ木古墳築造直後といってよい時期に中国の皇帝に対して、書かれたこの文章と藤ノ木古墳の金銅冠とをあわせて考える時、金銅冠の持ち主である藤ノ木古墳の被葬者が「太陽」と「東方」を象徴する「日出処天子」である天皇あるいはそれに準ずる人物であるという憶測に達するのである。

## 冠をもつことの意味

藤ノ木古墳に葬られた人物について類推したが、冠を持っていることが、王や王族を表すかと言うと必ずしもそうではない場合がある。朝鮮半島、とくに新羅では「出」字状立飾りをもつ金製冠は王や王族の持ち物とされているし、同じ「出」字形立飾りでも、金銅製のものは新羅の政治的影響下にあった伽耶地域の首長級の古墳から出土することは何度もふれてきた。つまり、「出」字形の立飾りを持てること、さらにその材質が金製か金銅製かが、はっきりした階層を表していると考えられている。また、新羅の影響を受けていない伽耶の地域の首長たちはそれぞれ、独自のデザインの冠をもっていて、義城《ウイソン》郡義城塔里《タムニ》古墳のように高句麗の影響を受けたと考えられる冠もある。

日本では、冠は古代の王権の中心地であったとみられる現在の奈良県や大阪府の、とくに大形の古墳からは、出土例がほとんどなく、古代の「中央」に対するいわゆる、「地方」の古墳から出土例が多かった。一見すると偏った在り方を示すようだが、主として交通の要地にある古墳から出土する。朝鮮半島での冠のデザインそのものの規格性や材質による、明らかな階層性とは異なり、日本出土の冠は文様の規格性や出土古墳の法則性が想定しにくい。つまり、新羅の場合は文様により政治的、あるいは宗教的な権威を示すのに対し日本の場合は基本的にそのような性格はもたず、ある特定の文様が階層や身分を表したのではない。つまり、冠は王の地位や身分を示す画一的な標識ではないのである。それは、日本の古墳から出土した冠に同じ形のものが二つと無いことからも明らかである。むしろ、藤ノ木古墳の冠にみられるように、個別のデザインで持ち主の属性を表現したと考えたい。

## 東アジアの中の藤ノ木古墳

藤ノ木古墳の出土遺物のなかに東アジア、さらにはユーラシアの文物からの流れをひくものがある。たとえば、馬具の鞍金具《くらかなぐ》の把手が新羅の皇南大塚北墳の出土遺物と類似することや、おなじく歩揺付《ほようつき》尻繋《しりがい》飾金具《かざりかなぐ》とよばれる馬の飾金具の類例が朝鮮半島の洛東江《ナットンガン》東岸の伽耶地域や新羅、高句麗にあることが知られている。これら以外にも東アジア地域に、その類例や淵源をもとめることのできるものがある。

たとえば北側被葬者の頭部にはオレンジ色、黄色、緑色、紺色など総数一万五百個以上からなるガラス小玉をつづった被りものがかけられていたと推定されている。これについては『日本書紀』などに出てくる「玉かずら」ではないかという見解もだされている。

藤ノ木古墳出土のガラス玉製「玉かずら」の復元図

朝鮮半島の三国時代の古墳からも、藤ノ木古墳から出土したものときわめてよく似た「玉かずら」状の装身具が出土していることを見逃してはならない。韓国慶尚北道の中心都市である大邱《テグ》市の達西《タルソ》五五号墳の竪穴系横口式石室に葬られた被葬者の頭部には黄色を主体としたガラス小玉からなる被りものが発見されている。

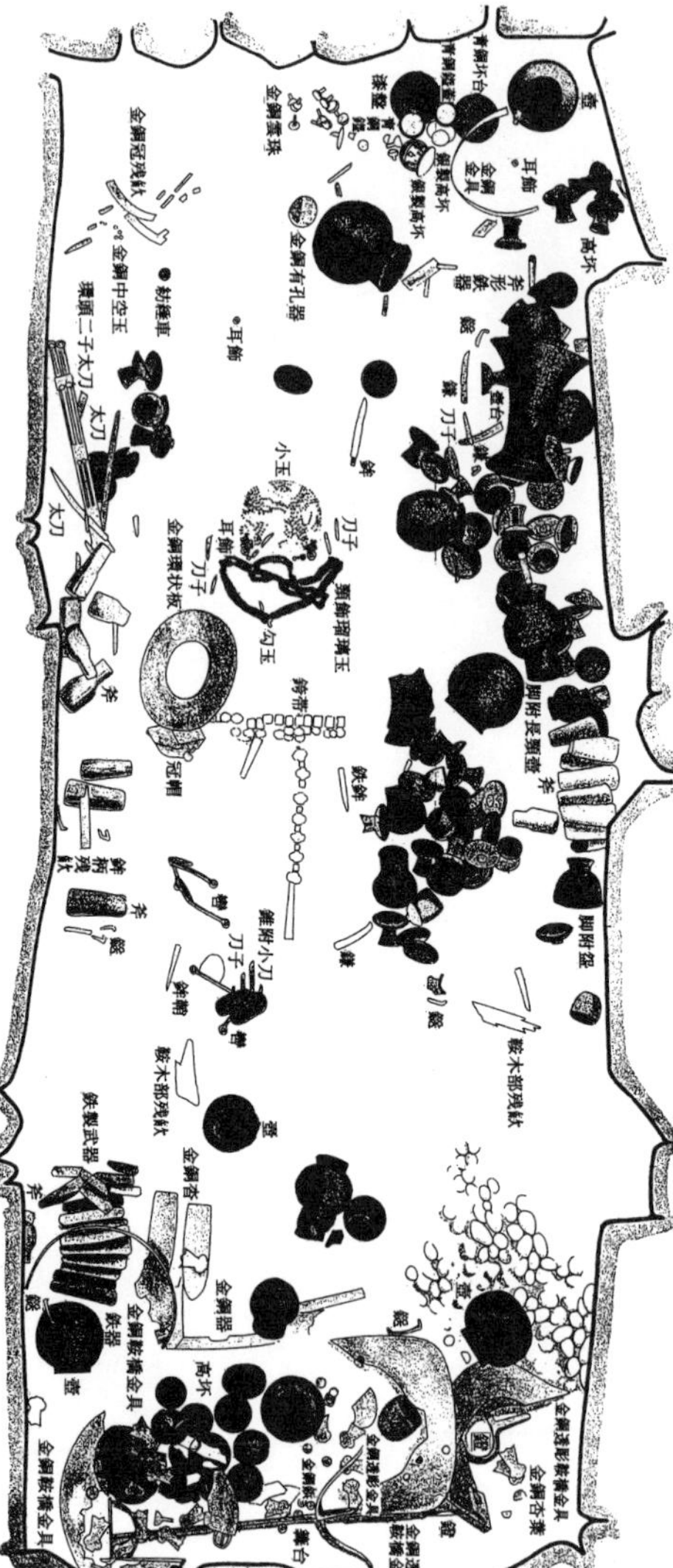

大邱市達西古墳55号墳の石室内遺物出土状況
石室中央部の被葬者の頭部にあたる部分で帽子状に小玉が集中していた

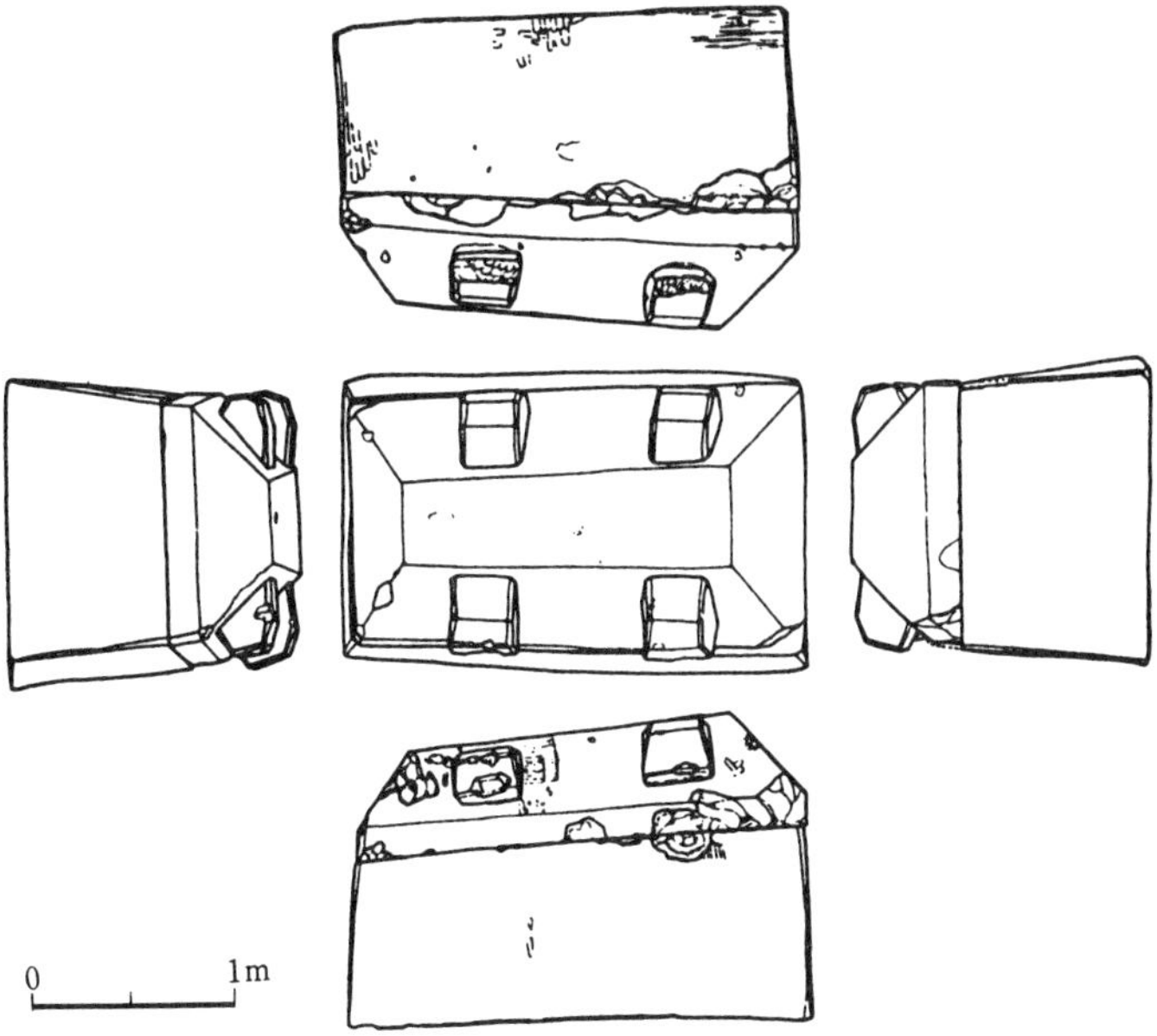


藤ノ木古墳の石棺

『斑鳩藤ノ木古墳概報』（奈良県立橿原考古学研究所編、一九八九年）でも日本でガラス小玉が一万点以上を出土した古墳は奈良県牧野《ばくや》古墳、和歌山県大谷《おおたに》古墳の二例があるが、人物埴輪のなかにもこのような被りものの類例はないと述べられている。

牧野古墳は六世紀末、大谷古墳は五世紀後半から六世紀前半頃の築造と考えられているのに対し、達西五五号墳の年代は現在のところ、五世紀後半頃を中心に考えられ、遅くとも六世紀初頭までには築造されていたとみられるので、藤ノ木古墳など日本の古墳出土例より、さかのぼるとみられている。藤ノ木古墳出土の「玉かずら」状の装飾品そのものが朝鮮半島から移入された品であるとは断言できないが、すくなくとも、このようなガラス小玉製装飾品が、日本固有の装飾品ではなかったと考えられ、技術や意匠が朝鮮半島からもたらされたことが推定できるのである。

### 石棺の形状

藤ノ木古墳の石棺の形状は片側（東側）が幅広く、高い。そして、ファイバースコープ調査の時も、この石棺の形態の特徴から、幅のひろい方に被葬者の頭を向けて葬ってあるだろうと推定したのである。藤ノ木古墳の石棺は家形《いえがた》石棺とよばれる形式であるが、このような形の家形石棺は日本ではあまり例がない。『斑鳩藤ノ木古墳第一次調査報告書』（奈良県立橿原考古学研究所、一九九〇年）の石棺の考察（関川尚功「大和の刳抜式家形石棺」）では古墳時代中期の舟形《ふながた》石棺、長持形《ながもちがた》石棺にこのような類例があることを指摘し、奈良県下の長持形石棺では室大墓古墳を、家形石棺では権現堂石棺と市尾宮塚古墳の石棺棺身が例としてあげられている。

東アジアに目をむけると、朝鮮半島では支石墓《しせきぼ》の下部構造である埋葬施設の石積みに、頭位の部分の幅が広い構造がみられる。三国時代では、とくに四、五世紀の大形墓では木槨や石槨の中に入れられる棺は木製であることが多く、残っている例がほとんどない。藤ノ木古墳と同時期、新羅では六世紀中頃以降に、横穴式石室が採用され、屍床《ししょう》といわれる内部の一段高くなった部分に石枕が置かれているいる例があるので、棺を使わず、屍床に直接、遺体が葬られたことがわかる。伽耶でも、陜川《ハプチヨン》郡三《サム》

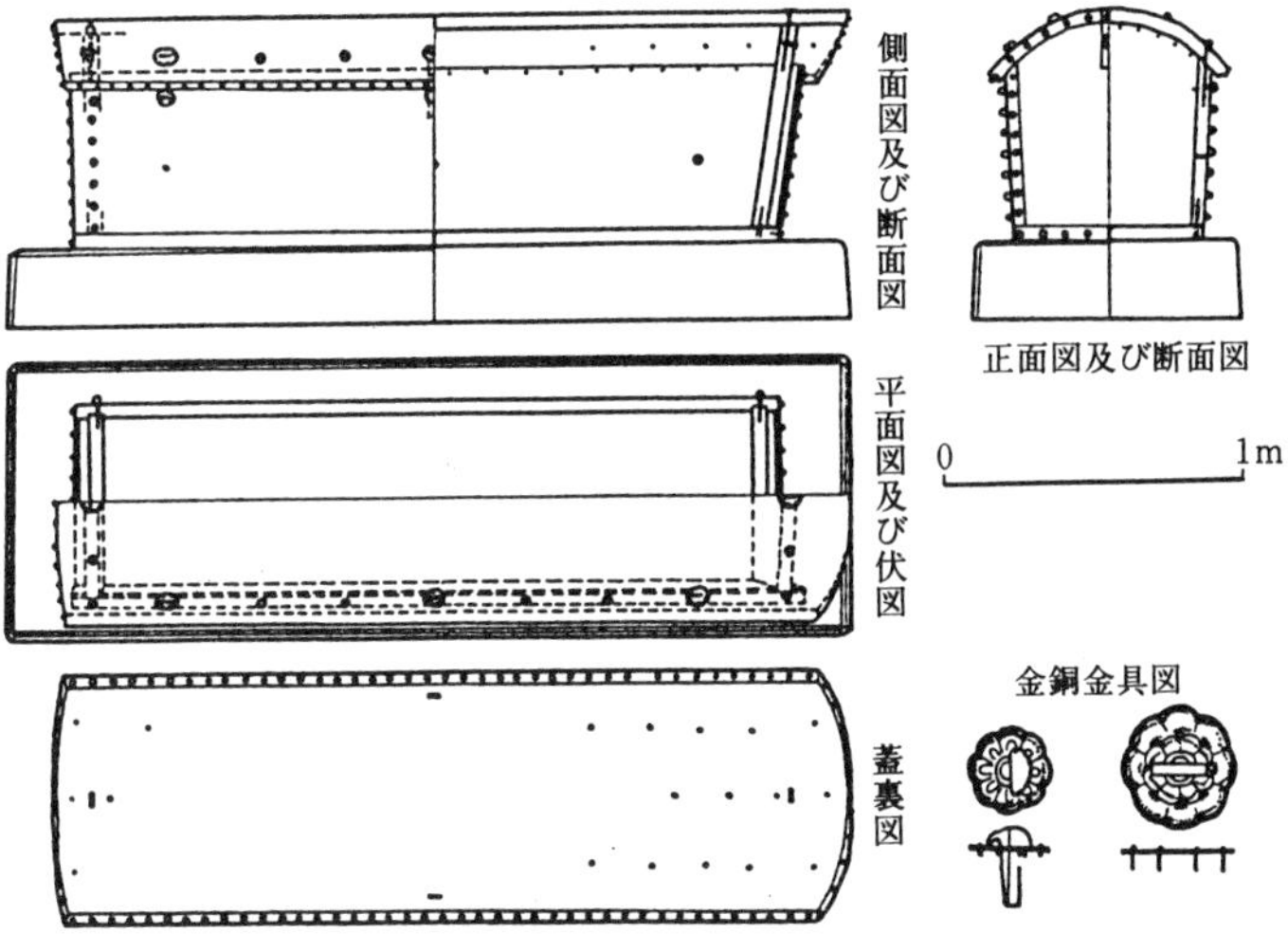


益山大王墓の木棺

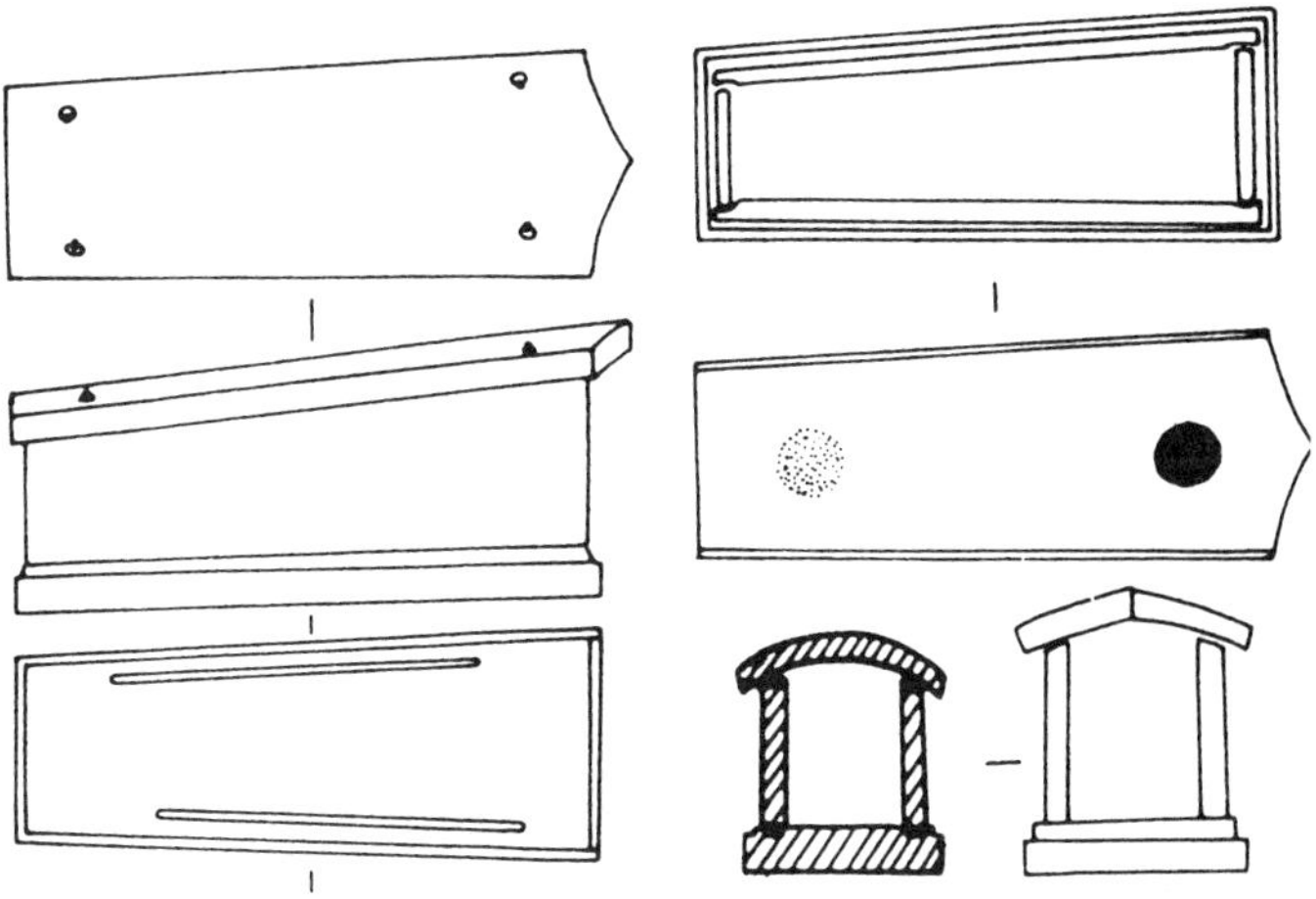

洛陽市で出土した北魏の石棺

嘉《ガ》古墳群にみられるように、六世紀後半以降、横穴式石室が採用されたとみられるが、石棺は使用されず、鉄製のかすがいが発見される例が多いことから、横穴式石室内に木棺が置かれていたことが推定される。

百済の例では斯麻王大墓《しまおうたいぼ》（武寧王陵《ムニヨンワンヌン》）では棺は残っていなかったが、木棺が遺存した王陵がある。百済の古都である忠清南道《チユンチヨンナムド》の扶餘《プヨ》から三五キロ南の益山《イクサン》郡に大王墓《テワンミヨ》、小王墓《ソワンミヨ》といわれる二基の古墳があり、双陵《サンヌン》と呼ばれている。ともに戦前、調査されたが詳しい報告は出されず、近年になり、有光教一氏によって墳丘や石室などの実測図が明らかにされた（「扶余陵山里伝百済王陵・益山双陵」『橿原考古学研究所論集　第四』一九七九年）。大王墓は直径三〇メートル、高さ五メートルぐらいで、扶餘・陵山里《ヌンサンニ》の古墳よりやや大形である。石室は花崗岩の切石《きりいし》で構築され、平面長方形で、天井は陵山里古墳群にみられるように、等脚台形状をなす。この石室には金銅製金具が施された木棺が遺存していたが、その蓋の形状によって被葬者の頭の方向が推定できる。

おなじような金銅製金具のついた木棺の残片は陵山里一号墳（戦前の呼称では東下塚）からも発見されていて、石室の形状とともに年代的にもちかいことがわかる。全榮來《チヨンヨンネ》氏は石室の形状から七世紀前半の時期を推定し、付近の弥勒寺《ミルクサ》が第三〇代武王《ムワン》の創建という伝承をもつことなどから、武王と王妃の陵墓であると考えている（「韓国湖南地方の古墳文化」『九州考古学』六一、一九八七年、緒方泉訳）。

中国に目をむけると、棺の一方の側が広く、高いものは、漢民族の墓よりは塞外《さいがい》異民族と言われる匈奴《きょうど》の墓とされるものや、鮮卑《せんぴ》系民族の墓に特徴的である。藤ノ木古墳と同時期ということであれば、北朝の墓にみられる棺が注目される。

とりわけ、北魏の石棺は藤ノ木古墳とほぼ同時代であり、重視される。上下、左右、前後に計六枚の板石を組み合わせて構成されていて、組み合せ式であることをのぞくと形態としては藤ノ木古墳の石棺と共通点をもつといえる。これらの石棺は河南省洛陽付近での発見例が多いことから、北魏が四九四年に大同から洛陽へ都をうつして以降の、六世紀代を中心とするものとみられている。

藤ノ木古墳の石棺は日本の家形石棺の中ではまれな形であり、藤ノ木古墳が築造された六世紀代に広く東アジアを見渡しても、石棺を使用している地域は極めてまれであり、同時代に類似の形態の例をもとめると北魏の石棺に行き着くことになる。

さらに、北魏の石棺には形態面以外にも藤ノ木古墳と共通点がある。それは、北魏石棺に施されている石刻である。石刻の図像は花鳥《かちょう》、神獣《しんじゅう》、樹木《じゅもく》、山水《さんすい》、人物があり、内容としては儒教、仏教、道教などの思想的な影響を受けているとされる。石刻文様のなかに六角繋文《ろっかくつなぎもん》のなかに鬼の姿が配された図像があることも注目してよい。六角繋文と鬼の像といえば、どちらも藤ノ木古墳の第一次調査で、石棺と石室奥壁の間から出土した馬具の鞍金具に施されている文様であり、六角繋文は鞍金具の後輪《しずわ》海金具部分の全面に施され、鬼の像は鞍金具の後輪の把手《とって》付金具《つきかなぐ》に施されている。六角繋文を施された鞍金具は、文様の系譜を中心として、基本的には中国南朝系のものとみなす見解が多いようである。

洛陽出土石棺に刻まれた六角繫文

洛陽出土石棺に刻まれた鬼

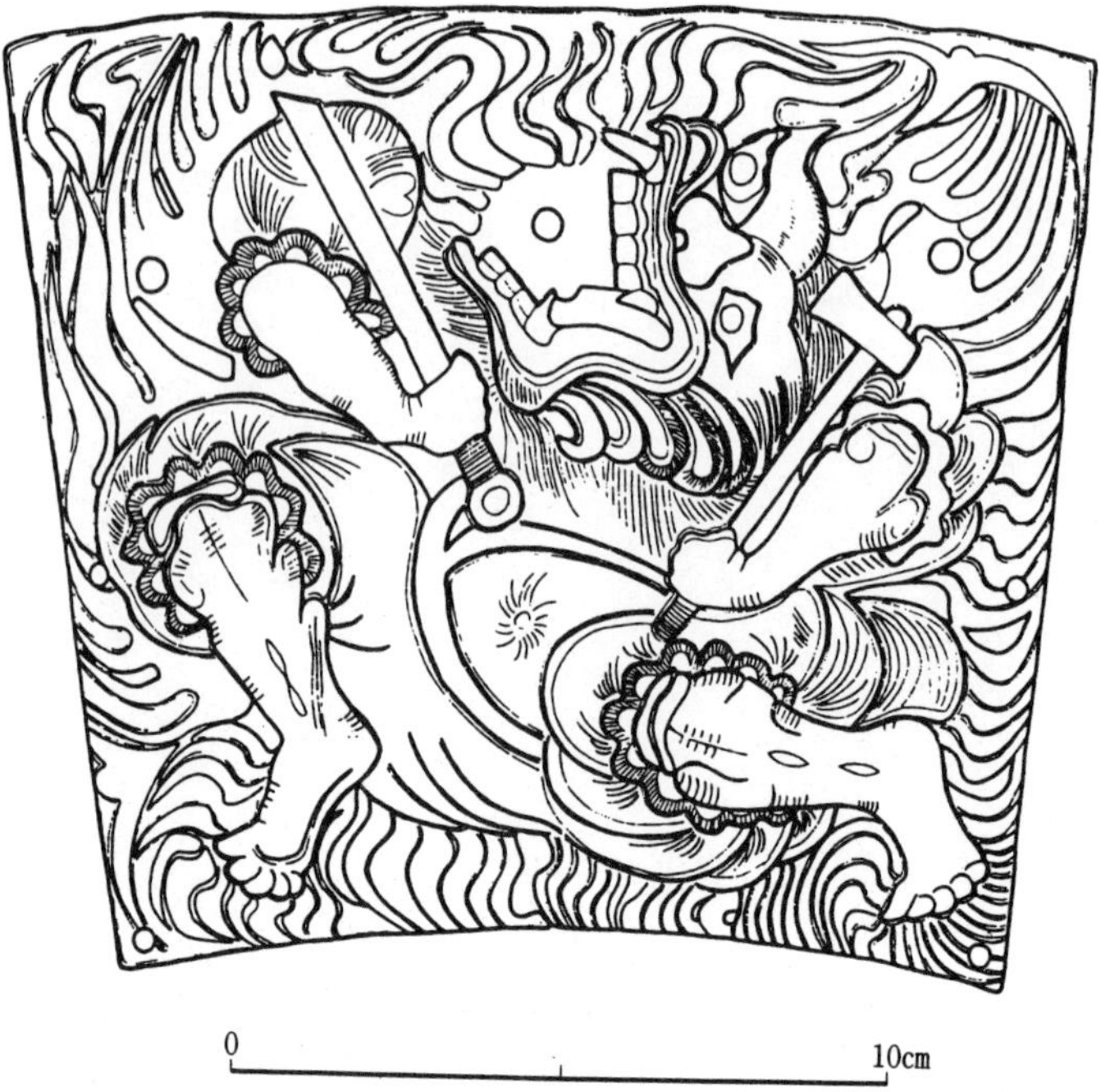


藤ノ木古墳出土鞍金具の把手の座金具に施されていた鬼のレリーフ

それに対し、藤ノ木古墳の第一次調査報告書のなかの、蘇哲《スーチョー》氏による鞍金具の文様考察が注目される。すなわち、六角繋ぎの中に配された象の目の部分にまつ毛状の線を施す意匠は現在のところ、南朝にはみられず、北朝のみにみられる文様であると考察されている。

また、伊藤秋男氏は藤ノ木古墳の鞍金具は中国製であるとはみているが、北朝系と南朝系との両方の要素をもっていると考えている。南朝系とみられることがおおい藤ノ木古墳の鞍金具も実際の資料の上で、例をあげて解釈できる決定的な証拠があるわけではない。ま

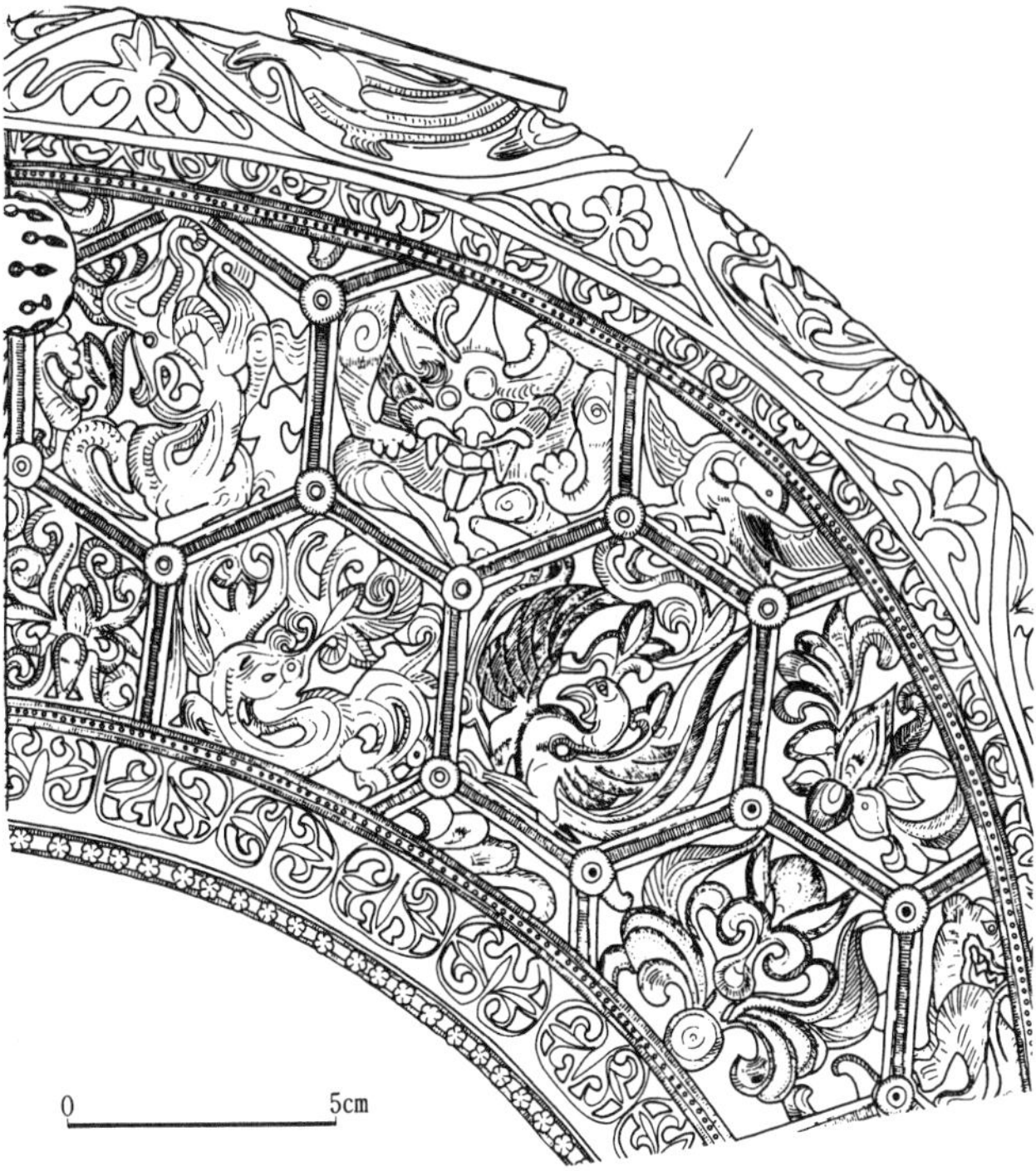


藤ノ木古墳出土鞍金具の六角繋文

た、鞍金具の流入の経路についても、中国から百済を経由して、日本にもたらされたという考え方と、中国から新羅に入り、ここで改造を経て、日本にもたらされたという考え方がある。中国での文様の系統とともに、朝鮮半島での経由地がいろいろに考えられているのも、中国の南北朝時代の対比すべき資料が北朝のものが多く、南朝のものが少ないという点と、北朝の装飾や仏教系の意匠が南朝のものを受け入れた結果であるという点に資料上の難しさがあるからである。

私はここでみた石棺や文様の共通項についての理解として、北朝系の文物や造形が日本に流入する可能性を考えたい一人である。それは六世紀代の東アジア情勢の急転換と連動している。

## 六世紀後半の東アジア情勢との関連

六世紀の東アジアの国際情勢の中で、大きな変化として隋の建国があげられるが、それ以前にも東アジアの国際関係は大きくうねり、変化している。

四世紀後半に始まる百済《ペクチェ》と高句麗《コグリヨ》の対立以来、中国の王朝を機軸とした国際関係として、六世紀初頭までは曲折はありながらも基本的には、〈中国北朝：高句麗・新羅《シルラ》〉対〈中国南朝：百済・倭〉という枠組があったと考えられている。しかしながら、五二一年に新羅は高句麗とともに行っていたそれまでの北朝外交を放棄して、百済とともに南朝への外交をはじめる。また、六世紀代に入って、新羅は北辺への領域を拡大し、高句麗にとっては国境問題として直接の利害のある国として新羅の問題が浮上する時期であるといえる。そして、新羅は五六〇年代に入ると、自主的に南北両朝への両面外交をはじめるのである。また、五八一年には中国において南北朝の均衡状態を破る隋の統一政権が樹立することになり、高句麗は隋への脅威をつのらせ、隋の工匠を略奪する行為などもあり、軍糧を準備し、これによって隋の問責を受ける（『隋書』高句麗伝）。このようなか高句麗は五七〇年代に三回（五七〇、五七三、五七四年）にわたり、倭への遣使を行う。六世紀の後半を中心に考えられている藤ノ木古墳の築造は、まさに東アジアの国際情勢の時々刻々の変化のなかで行われているのである。

高句麗の倭への遣使は五七〇年代の三回のあとは、七世紀初めの推古朝《すいこ》に再び行われる。推古三年（五九五）には、聖徳太子の思想、政治上の顧問とされている高句麗僧・慧慈《えじ》が来日する。慧慈の政治顧問としての役割はきわめて重要なものがあったとされているが、「日出ずる処の天子、書を日没する処の天子に致す。恙《つつが》なきや、云云」という有名な隋・大業三年（六〇七）に遣使朝貢した際の倭国王の国書を作成したのが、慧慈その人であるという見解も提出されている（李成市「高句麗と日隋外交」『思想』七九五、一九九〇年）。

このように、六世紀の東アジアの国際関係は極めて短期間うちに緊張関係が錯綜したのであり、〈中国北朝：高句麗・新羅〉対〈中国南朝：百済・倭〉という東アジアの勢力の均衡に変化がみられる大きな転換点であった。このような国際関係の多面性、複雑さを体現したものが藤ノ木古墳の出土品である。そして、中国の説話・思想を朝鮮半島の意匠の中に込めて、日本で製作されたと筆者が考えた藤ノ木古墳の金銅製冠に時代の多様性が凝縮されているとみたいのである。

## 高句麗の王墓と墓守り

### 広開土王碑文のなかの守墓人

高句麗・広開土王碑文《こうかいどおうひぶん》は四一四年に広開土王《クワンゲトワン》の子の長寿王《チャンス》によって、現在の中国吉林省集安の地に立てられた。碑文は形式と内容から、広開土王の出自と生死・立碑目的を示す前文と本文からなり、本文は広開土王生前の事蹟を記した部分と死後の守墓役《しゅぼえき》（王陵の守護労働とその労働力の徴発）を定めた部分に分けられる。

碑文は、広開土王一代の勲蹟と守墓を後世に伝示するための「石刻文書《せっこくもんじょ》」、つまり、石に刻まれた永続的な告示と考えられる。広開土王の勲蹟を述べる段は、侵攻や城の略取など、四世紀後半から五世紀初頭にかけての東アジアの国際関係を分析する上での柱石となる資料である。一般的に第Ⅰ面の第八行三四字めから第九行二四字めの「而倭以辛卯年来渡□破百残□□新羅以為臣民」のいわゆる「辛卯年条《しんぼうねんじょう》」または「辛卯年条記事」といわれる倭・百済が関係する侵攻記事の部分のみが、古代史の議論の俎上にのせられることが多いが、勲功高き広開土王の陵墓を永劫に守り清めさせるための伝示が、もっとも大きな眼目となっているのであり、広開土王碑文の立碑の大きな目的は第三面以降の「守墓人烟戸《しゅぼじんえんこ》」条にあると言ってよい。そして、守墓については、一定の労役を徴発しなければならず、これは人民を徴発する内治や支配体制の問題と無関係ではありえない。

このような方向から、広開土王碑文から高句麗の領域支配の体制やそれを基本とした守墓役、つまり王墓の維持、管理という労役徴発の制度といった内政、統治に関わる側面をさぐる方向もひらかれている。政治、社会の復元は考古学のもっとも苦手とする領域とされてきた。しかしながら近年知られている文字資料と、文献史学の成果とのつきあわせにより、高句麗の守墓役の体制、つまり、高句麗王墓をどのように維持、管理したのか、また、それはどのような支配の体制に基づくものであるかを考察してみたい。

## 王の支配と王陵の守墓

高句麗・広開土王はその治世のなかで、南侵政策をとり、倭や百済と戦い、新羅の救援に赴き、多くの領地と城を略取した。このことは広開土王碑文のなかの基本的な文脈を構成する。そして、新たに攻め取った多くの領土や城を支配してゆく方法として、高句麗王陵の墓守りの徴発が大きな意味をもっていると考えられている。

広開土王碑文の第三面八行一六字以降は、碑文の文章全体の最終の項目であり、全面が広開土王陵の墓守りに関する内容ついて記され、「守墓人烟戸」条と言われる。この条について詳細に検討されたのは武田幸男氏である（「広開土王碑からみた高句麗の領域支配」『東洋文化研究所紀要』第七十八冊、一九七九年、『高句麗史と東アジア』岩波書店、一九八九年）。

考古学資料の検討の下地になるものとして、武田氏の見解のうち、次項以下での論点に関係する部分を概観しておこう。

碑文のなかの「牟婁《むろう》城二家為看烟《かんえん》」などの表現から、「家」と「烟」は同じ意味内容をもつと考えられるので、守墓という力役の徴発の基本としての「城―戸（家）」という行政的な仕組みを想定する。そして、武田氏は「城―戸（家）」を基本とした守墓役制は高句麗の伝統的な力役徴発体制であったと考えるが、新たに帰順してきた「韓《かん》」「穢《わい》」の人々に対しては、このような城支配によらない領域支配に転換したことが読み取れるとする。また、その他に契丹《きったん》部族の「稗麗《ひれい》」のように遊牧・狩猟を生業とする種族に対しては城支配を適用せず、守墓役も免除されたとし、城支配は農耕生活を基礎とする百済の領域で高句麗が攻めとった部分に対しても行われたと述べる。

また、武田氏は高句麗の旧来の領民については碑文中に「賈《か》」「民」「人」と区別されている人々がいて、「賈」については商賈すなわち商人であり、「人」についてはある程度自立的な活動が認められた特定の種族とみている。

問題となるのは「民」である。碑文の中では「売句余民」「敦城民」「平壌城民」などの形で表れ、高句麗の統治に服し、賦役を負担するもっとも基本的な高句麗の社会階層が「民」という表現で表されているとする。また、「民」は中国からの亡命人や異種族との対比によって、より鮮明な位置づけがなされる。そして、この「民」たちこそが守墓役を負担する対象となった人々である。

武田幸男氏の考察からは、広開土王碑にみられる高句麗の領域支配の方法は種族や生活体系のことなる人々ごとに異なった多様なものであることがわかるが、高句麗という国家の根幹を形成するもっとも普遍的な国民が「民」という字を付して表されていることが理解できたと思う。

「民」で表される人々の中にも、二種類の人々が含まれている。一つは「城民」であり、もうひとつは「谷民」である。「谷民」はこのままの形で碑文中に表れることはなく、「梁谷」「□谷」のような表現で、その「谷」に住む人々を表す。また、五世紀代の「牟《む》頭婁《とうろう》墓誌」にも「城民谷民」として表れる。これについて武田氏は『三国志』巻三〇・東夷伝《とういでん》の高句麗条の、

「多二大山・深谷一、無二原沢一、随二山谷一以為レ居、食二澗水一、無二良田一」（大山や深谷が多く、原野や沼沢はない。人々は山や谷に住み、澗水《たにみず》を飲んでいる。良い耕地がない）

という記事をひき、もともと谷ぞいに住んでいた人々が三〜四世紀頃を境に諸城が築造されるとともに城を拠り所として生活するようになったとし、「谷民」から「城民」へ、言いかえれば「谷支配」から「城支配」へという高句麗固有の領域での支配形態の展開があり、広開土王碑の立てられた四一四年頃にはそれら二つの支配形態が並存していたと考えている。

武田幸男氏の考察のなかで、高句麗王陵の墓守りとなる労働力の徴発は、高句麗在来の民である「谷」あいに住む人々と、より新しい「城」を中心として生活する人々を母体として行われたと考えられていることが、今後のこの項の論旨の展開のなかで重要な点となってくることを確認して次にすすむことにしたい。

### 高句麗の銘文瓦

広開土王碑文からみた高句麗の守墓制と領域支配の展開にたいして、考察を加えることが可能な考古学の資料がある。それは高句麗の銘文瓦《めいぶんがわら》である。

高句麗の銘文瓦は第二次世界大戦前にすでに採集されていたが、一九八五年に林至徳・耿鉄華両氏

によって詳細が報告されている（「集安出土的高句麗瓦当及其年代」『考古』一九八五年第七期および緒方泉訳「集安出土の高句麗瓦当とその年代」『古代文化』第四〇巻第三号、一九八八年）。中国吉林省集安県梨樹園子《リーシューユアンツ》南遺跡から出土したと伝えられ、現在は遼寧省博物館に所蔵されている。梨樹園子南遺跡の北側には古墳の存在も知られている。半径七・五センチ、厚さ二・三センチの小さな破片で、瓦当《がとう》面を四等分し、内向の連弧文《れんこもん》、巻雲文《かんうんもん》を施す。問題はこの瓦の連弧文内に陽刻されている「十谷民造」という銘文である。この銘文は一九六六年に出された『朝鮮古文化総鑑』では「十谷氏造」と読まれていたが、先の林・耿両氏の報告によって「氏」ではなく「民」であると訂正された。

「谷民」は、前項の広開土王碑文の分析からみられたように、高句麗の社会を構成する基本的な階層の人々であり、城によってたつ民である「城民」に対するものである。この対比は五世紀代に築造されたと考えられる牟頭婁塚の墓誌にも「城民谷民并□□□□育如此」とあり、林・耿両氏も高句麗の統治者が人民を城民と谷民にわけて統治し、城民は城のなかに住む人々をさし、谷民は大山深谷のなかで農業を営む人々であるとし、「十谷民造」とは十戸の谷民が造ったことをさすとしている。

「十谷民」については、そのほかに十谷という地名などのみかたもできるが、広開土王碑文では「梁谷」「□谷」など谷を単位とした居住民の単位があることと、「谷」に対応する「城」も居住民の単位となっている点からみると、ここでも「谷」を居住民の単位とみて、十箇所の「谷」を単位とした居住民の集団が共同して造った瓦という意味と理解しておきたい。

出土した遺構や、時期を考えるとき参考となるのが、「十谷民造」銘の瓦とほぼ同じ瓦当文様をもつ紀年銘瓦である。一点は一九六三年の集安県城の浴池修築時に出土した（A）「太寧四年太歳□□閏月六月己巳造吉保子宜孫」の銘文をもつ瓦であり、もう一点は（B）禹山墓《ユーシャンムー》区M三三一九号墓の積石中から出土している「□四時興詣□□□萬世太歳在丁巳五月廿日」の銘文をもつ瓦である。これらの二つの資料は文様的にも近似している。「太寧《たいねい》」という年号は東晋《とうしん》、五胡《ごこ》十六国の後趙《こうちょう》、北斉《ほくせい》にあるが、後の二例は一年だけであり、東晋の太寧も三年（三二五）までしかない。林至徳・耿鉄華両氏によれば、中原の改元が辺境に遅れてとどいたために、それまでの年号を使用したものか、または「閏月六月己巳」は太寧三年八月六日と干支が一致するので、「三年」を誤って「四年」と書いた可能性もあるとしている。李殿福氏も同様に明帝三年は閏月があり、六月は己巳にあたるとし、太寧三年の書き誤りであるとする（「集安高句麗墓研究」『考古学報』一九八〇年第二期）。

禹山墓区M三三一九号墓からは、東晋前期の青磁盤口壺《ばんこうこ》が発見されているといい、この二つの資料が古墳と瓦の年代の根拠となる。そして、禹山墓区M三三一九号墓出土瓦の「丁巳」については、林・耿両氏は東晋・穆《ぼく》帝升平《しょうへい》元年（三五七）に、田村晃一氏は、「太寧四年」銘瓦より文様の便化がみられないとして、よりさかのぼらせ、二九七年にあてている（「高句麗積石塚の構造と分類について」『考古学雑誌』第六八巻第一号、一九八二年）。

文様的には、第二次大戦前に撫順市永安公園で発見された瓦や一九五五年に遼陽市三道壕《サンダオハオ》七号墓か

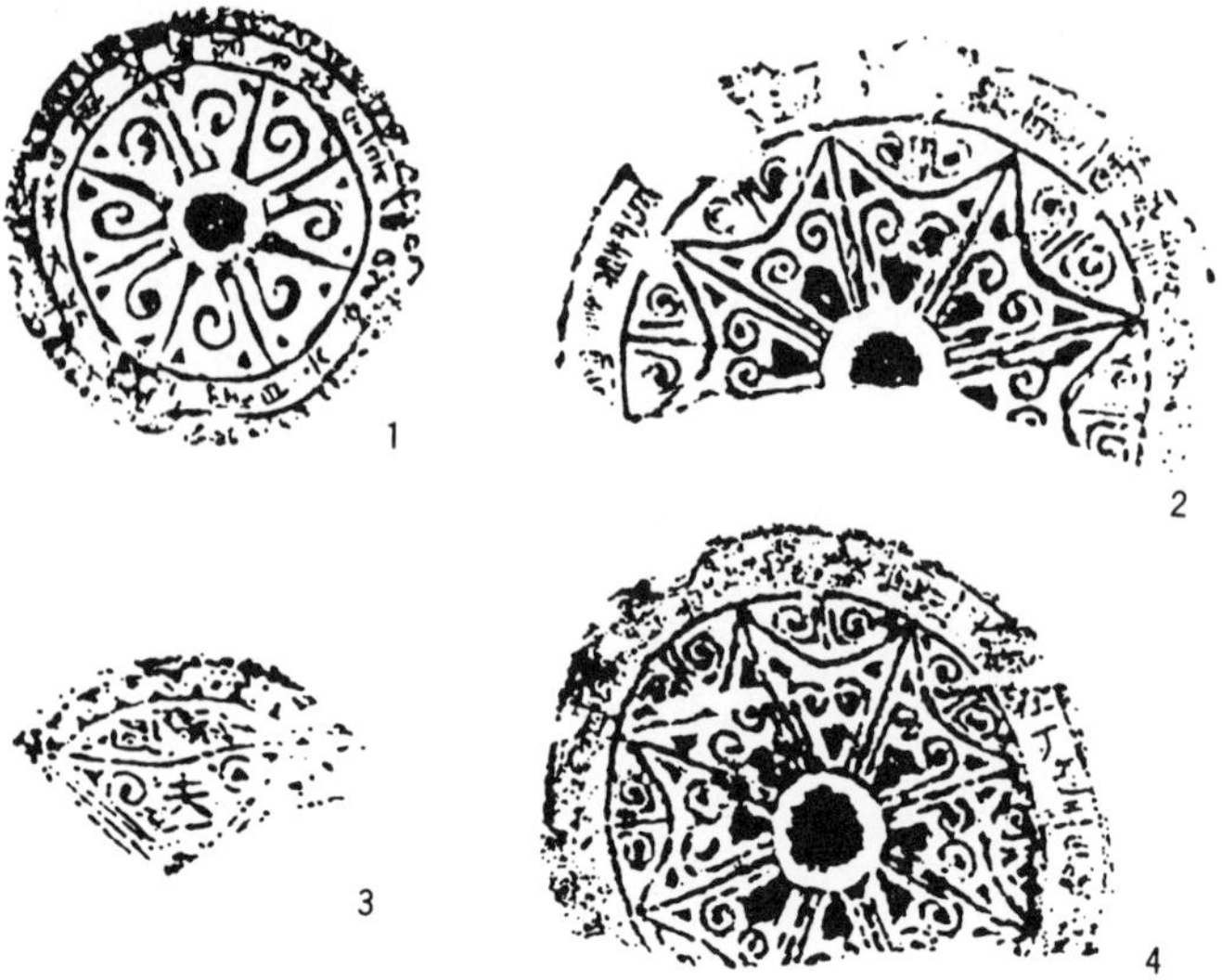

中国・吉林省集安出土の銘文のある高句麗の瓦（1.「太寧四年」銘瓦当、2.「丁巳」銘瓦当、3.「十谷民造」銘瓦当、4.「丁巳」銘瓦当）

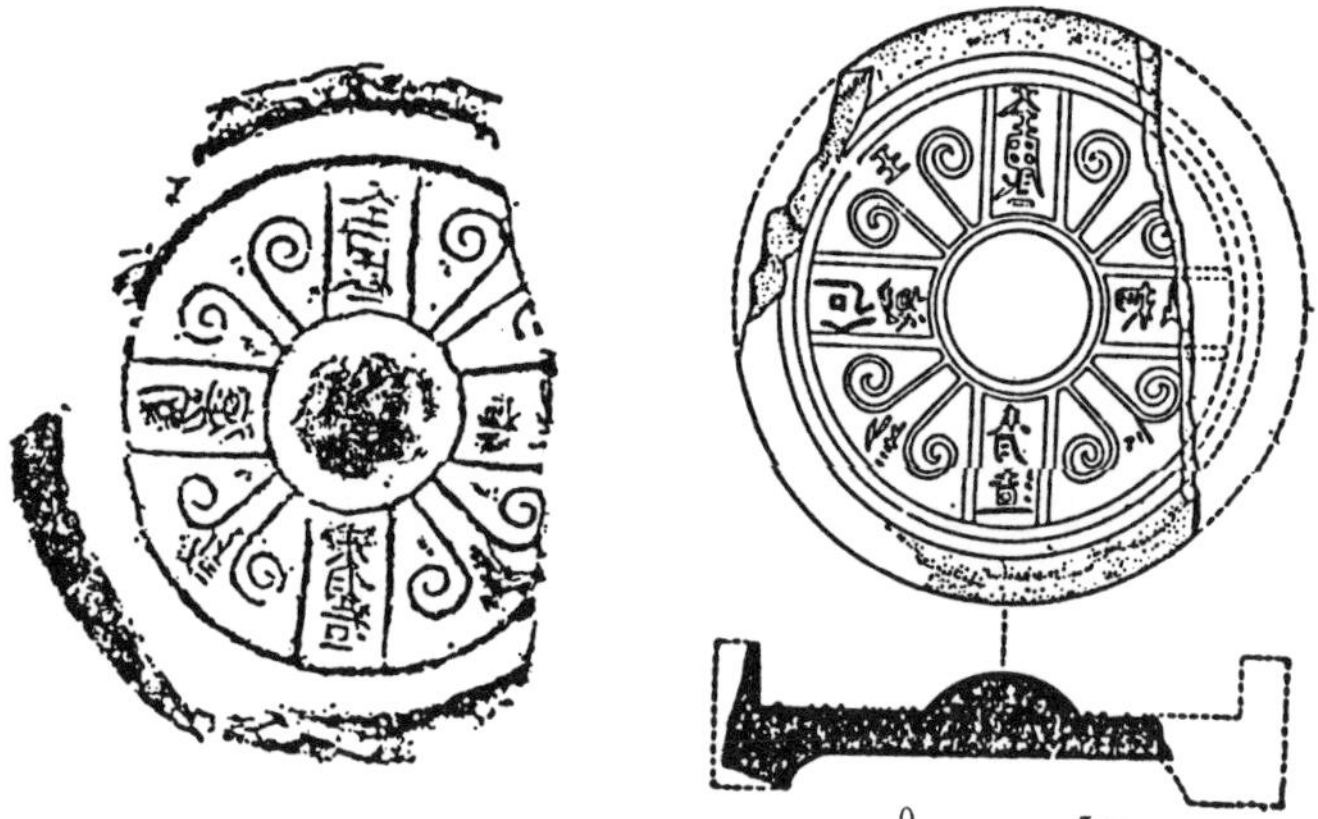

中国・遼陽三道壕7号墓出土の瓦。「太康二年八月造」「□□徳向」「壬」などの文字がある

ら出土した「太康《たいこう》二年八月造」（二八一年）という西晋の年号をもつ瓦の系統にあり、漢の楽浪《らくろう》郡を経由して流入した中国系の瓦当文様とされている。

このように（A）の「太寧四年」は三二五年または三二六年と考えられ、（B）の瓦は「太寧四年」銘瓦との文様の比較から、二九七年あるいは三五七年と考えられる。よって、文様の類似する「十谷民造」銘の瓦も四世紀前半を中心とした時期を想定できる。

## 高句麗古墳における瓦の使用法

高句麗古墳の墳丘や周辺からは、しばしば瓦や磚が発見、採集されることはふるくから知られている。戦前の報文を読むと、瓦や磚は積石塚だけでなく、封土墳からも発見されている。積石塚では将軍塚、太王陵、千秋塚、最近では長川二号墓、上活龍M五号墓などから発見され、太王陵からはその名のごとく「願太王陵安如山固如岳」という有銘磚が出土したことで名高い。封土墳では西崗第一号墓や漢王墓で瓦が発見されたという。

高句麗古墳において、瓦はどのように使われたか、また、古墳に瓦を使用することの意義を検討してみたい。

まず、高句麗古墳における瓦、磚の使用法については、北方民族には「塚上作屋」（『三国志』魏書《ぎしよ》勿吉《もつきち》伝）という習俗があり、高句麗も同様に古墳の上に建物が建てられていたという見解や広開土王碑文にみえる「守墓人烟戸」つまり、墓守りの集団と関連する付属建築物という考え方もあった。また、将軍塚の墳頂には孔列があり、ここに建物がたてられていたとも考えられていた。しかしながら、近年では、孔の直径が建物の柱穴としては小さすぎることなどから、建物の柱穴ではなく、柵状の鉄製品が発見されていることから、将軍塚の墳頂には柵状の施設があったのではないかという見解が有力である。その他に、将軍塚などの石積み、墳頂部の土盛、柵状施設などとインド・サーンチーなどのストゥーパとの外形的な類似から、仏塔の要素があるという見解（斎藤忠「高句麗・百済の仏教文化に関する二・三の考察」『日本仏教史学』一六、一九八一年）などが出されている。

また、戦前の例では、漢王墓《かんおうぼ》（平安南道江東郡《カンドン》）についての関野貞《せきのただし》の報告の中に「墳の外面は今草を以て覆《おお》はれたり。試みに一尺掘れば、全部平瓦《ひら》丸瓦巴瓦《ともえ》の破片を並べ葺きたるを発見すべし。蓋《けだ》し雨水の内部に浸透するを防ぐの目的に出でし者なるべし」とあり、軒平瓦と平瓦が墳丘に葺かれた状態で発見された例がある。また、太王陵などの磚については、その多くが長辺の両端部を切りとられ台形をしている。この形から関野は切取られた面どうしを合せて積み重ね、熨斗瓦《のしがわら》のように軒瓦の後部をおさえたものと考えた。しかし、浜田耕策氏は、千秋塚や太王陵からは磚が発見されているが、おなじように軒丸瓦が出土している古墳でも将軍塚からは磚の発見のないことを、この推測の問題点となると指摘している（「高句麗の故都集安出土の有銘磚」、佐伯有清編『日本古代中世史論考』吉川弘文館、一九八七年）。

日本国内にある高句麗古墳出土と伝えられる瓦を詳細に観察した谷豊信氏も、これらの瓦の多くに

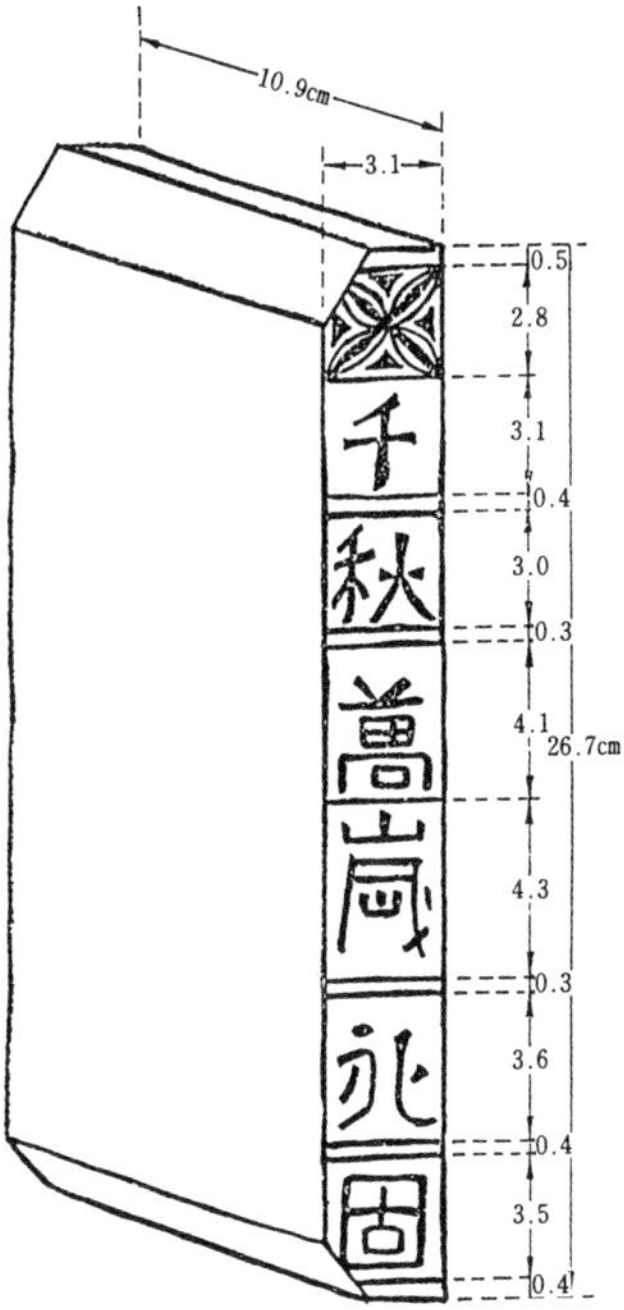


千秋塚出土磚
（東京・目黒区守屋教育会館蔵）

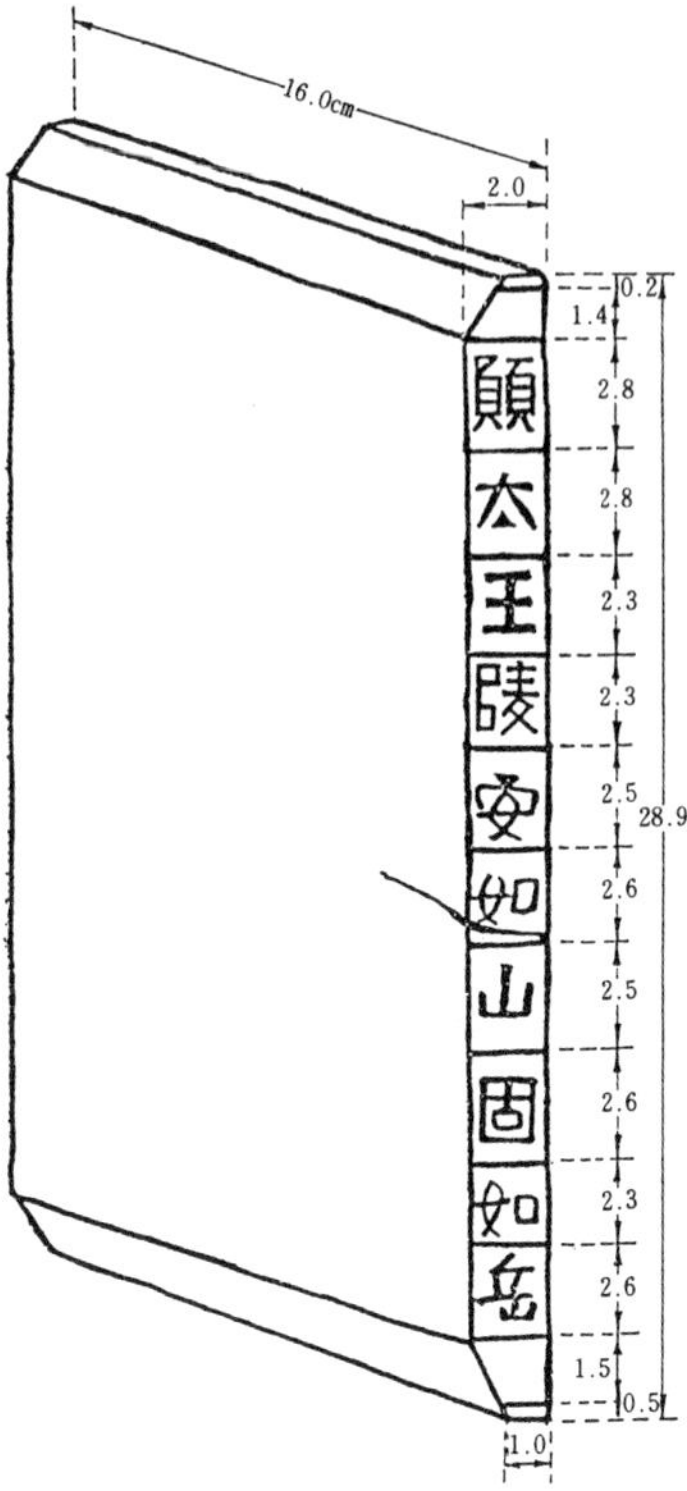


太王陵出土磚
（東京国立博物館蔵、30603）

漆喰《しっくい》が付着していることから、古墳に直接葺かれていたのではないかと推定している（「四、五世紀の高句麗の瓦に関する若干の考察――墳墓発見の瓦を中心として――」『東洋文化研究所紀要』第一〇八冊、一九八九年）。

具体的にどのように瓦を葺いたかは判然としないにしろ、現在の段階として、瓦は墳丘に直接葺かれていたと考えてよかろう。このようにみると、資料（B）も発見された

出土瓦の諸形式

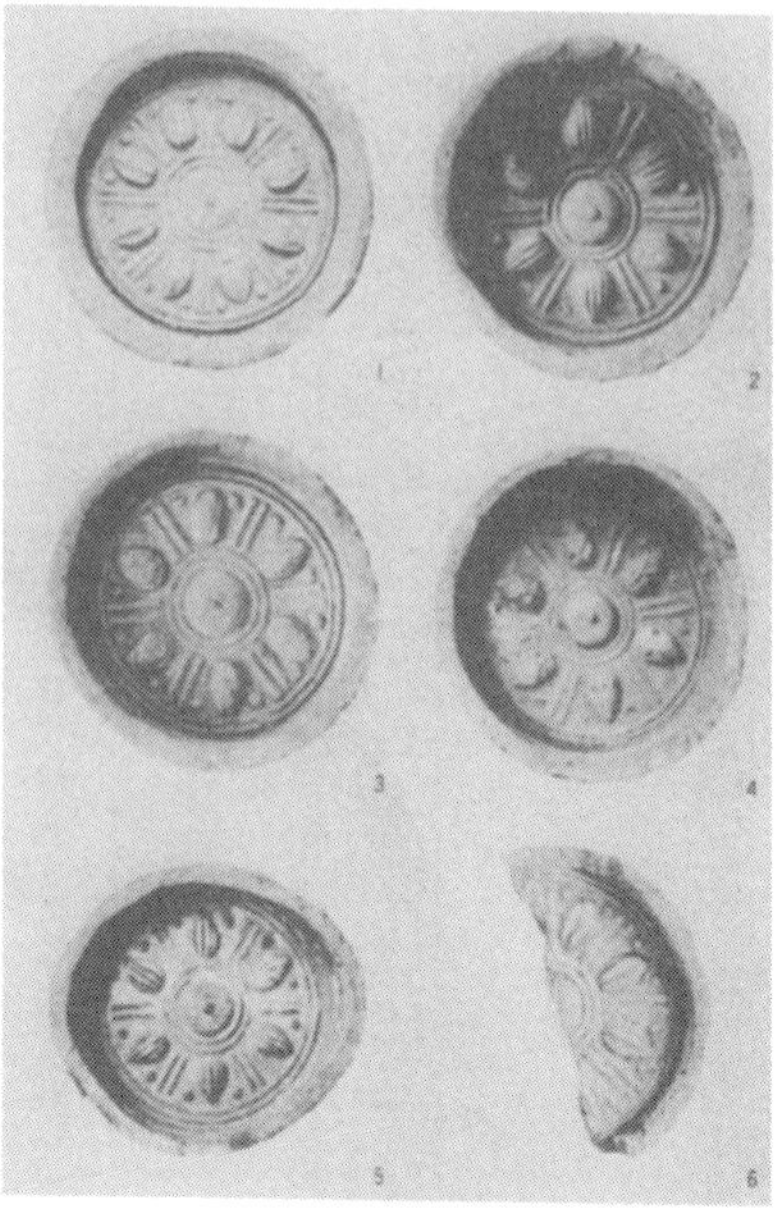

1将軍冢　2・3千秋塚　4～6太王陵

1・3太王陵　2集安購入品　4伝将軍塚

| | | | 将軍塚 | 千秋塚 | 太王陵 | 「大石塚」 | 臨江塚 |
|---|---|---|---|---|---|---|---|
| 軒丸瓦・丸瓦 | 瓦当 | | 将軍塚型… | 千秋塚A型…<br>…千秋塚B型… | 太王陵A型<br>…太王陵B型<br>…太王陵C型<br>太王陵D型<br>太王陵E型 | | |
| | 凸面 | | 無紋 | 無紋 | 無紋 | 縄蓆・格子目紋<br>無紋 | 無紋 |
| | 玉縁付 | | | ○? | ○ | ○ | ○ |
| | 玉縁の削り | | | 有? | 有 | 有 | 無 |
| 平瓦 | 凸面 | | 無紋 | 縄蓆紋<br>無紋 | 縄蓆紋<br>無紋 | 縄蓆紋<br>無紋 | 縄蓆紋<br>・ |
| | 連続圧痕のあるもの | 凸面 | 無紋 | 無紋 | 無紋 | 無紋 | 無紋 |
| | | 圧痕の形状 | 指頭 | 指頭 | コイル状<br>指頭 | コイル状 | コイル状 |
| | 隅の削り | | 直線状 | | 弧状<br>直線状 | 弧状 | |
| | 熨斗瓦状平瓦 | | ○ | ○? | ○ | | |
| 平行沈線の瓦 | | | | ○ | ○ | | |
| ヘラ書き記号・文字 | | | ○ | | ○ | ○? | |
| 石灰の付着 | | | ○ | ○ | ○ | ○ | ○ |

注　下線は多数を占める型式。…は型式が類似することを示す。○は存在することを示す。

吉林省集安県一帯の積石塚出土瓦の型式一覧表（谷豊信1989作成）

古墳である禹山墓区M三三一九号墓に葺かれていたものと考えられ、時期も文様も近似する「十谷民造」銘の瓦も墳墓に葺かれていた可能性が高い。

## 高句麗の守墓制

ここまで述べてきたことから、高句麗王の陵墓を守護する人々の課せられた労役の内容と時期についての具体像をえがくことができる。

広開土王碑文には「祖王・先王、但《た》だ教《きょう》して遠・近の旧民を取り、墓を守りて洒掃《せいそう》せしめしのみ」とあるように、「谷民」をも含めた「旧民」からなる「守墓人」による王墓の守護は広開土王や長寿王の祖先の時代からおこなわれていたことが知られる。そして、高句麗古墳から発見される瓦については、古墳の墳丘に直接葺かれていたと推定される。

そして、これらを四世紀中頃以前のものと考えられる「十谷民造」銘の瓦の示す内容と対照すると、瓦を通じて、高句麗の王陵に対する守墓の内容が説明できる。すなわち、広開土王碑文にみられる「谷民」支配はおそくとも四世紀前半には、古墳に葺く瓦の貢納、あるいは強制力による瓦の焼造《しょうぞう》という形で展開していたことが考古資料から想定できるのである。また、広開土王碑文にみられる「守墓人烟戸」が行う具体的な王墓を守る行為は「墓を守りて洒掃《せいそう》せしめしのみ」とか「……洒掃に備え令めよ」などにみられるような「洒掃」、つまり王墓を美しく保つことが謳われている。この「洒掃」は、現代的に解釈すると「清掃」「掃除」ということになるが、「洒掃」には、それ以外にも瓦など、王墓の外観に関わる資材の調達や施設の整備、維持、管理も含まれていたのではないかと考えられる。

瓦や磚が採集された王陵級の古墳としては集安では千秋塚、太王陵、将軍塚などが知られるが、正確な出土位置が知られているものはない。日本国内に存する高句麗王陵の採集瓦を検討したものとしてはさきほどの谷豊信氏の考察の他に田村晃一氏の論考がある（「高句麗の積石塚の年代と被葬者をめぐる問題について」『青山史学』第八号、一九八四年）。両氏は瓦の詳細な観察から王陵の先後関係を論じ、その細部には見解の相違があるが、両者に共通している論点は、一つの王陵に複数の型式の瓦が葺かれている例があることである。谷氏によると将軍塚では一つの型式の瓦しか発見されていないが、千秋塚では二つの型式、太王陵では五つの異なる型式の瓦当が発見されているという。谷氏はこの現象について、田村氏の考えを受けつぎ、瓦の型式の違いを製作時期の違いとみて、複数の瓦当が存在するのは補修や改修があったことを示しているとみている。このような考え方を、「谷民」による瓦の焼造を高句麗王陵の維持・管理行為の一つであるとしたさきの考察と合わせて考えてみると、高句麗王陵に対する守墓のさらに具体的な内容が浮かび上がってくる。すなわち、広開土王碑文にみられる「洒掃」の内容はたんなる「清掃」「掃除」にとどまらず、高句麗王陵の守墓人烟戸による具体的な守墓の作業の実態は「十谷民造」銘の瓦にみられるように、「谷民」として掌握された高句麗の民衆を「谷」を単位として組織し、瓦を焼造または貢納させ、その瓦によって王陵の補修・改修を行っていたことが銘文資料、瓦の型式などの総合的検討から導き出されるのである。

## 王陵造営・守護の意味

高句麗は一世紀頃から六六八年に唐・新羅の連合軍によって滅ぼされるまで、一貫して東アジアの強国であり、国際情勢の渦中にあった。そのような高句麗の強い勢力の拡張、維持のからくりの一つとして、これまでのべてきたような王陵に対する守墓行為、すなわち、維持、管理のための「城」や「谷」を単位とした人民の徴発があったことが考えられる。日本の古代史だけをみていると、天皇陵を対象としていても、墓守りというと消極的な活動のイメージが強く、とても対外的な軍事的侵攻や内政としての領民統治とは関係がないと考えられがちであろう。

しかし、たとえば中国の例をみても、皇帝陵の築造やその維持、管理行為には政治的な側面がみられる。その端的な例が、前漢代の「陵邑《りょうゆう》」である。前漢の皇帝陵は規模の面では標準的なもので、一辺が一六〇<sub></sub>メートル、高さ二七メートル前後の截頭方錐形《せっとうほうすいけい》(方錐形の頭部を切った形)で、長安(現在の陝西省西安《シーアン》)の都の北、渭水《いすい》(現在の渭河《ウェイホー》)の北岸に東西約三五キロの範囲で皇后陵、陪葬墓とともにならんでいる。

しかし、これらの皇帝陵はたんに皇帝を埋葬し、祭祀をするための施設ではない。陵墓周辺には地方の豪族・農民を移住させて、人工的な都市を形成させたのである。これが「陵邑」で、長安の人口が二五万人であるのに対し、初代高祖の長陵の陵邑が一八万人、五代武帝の茂陵で二八万人という巨大な人口を擁する都市であったといわれている。陵邑の役割としては皇帝陵が築かれている渭水の北岸の段丘を開発するためのセンター的なものであったとされる。国家の功臣に宅地と墓(皇帝陵の陪葬墓)とを与え陵邑には地方の豪族や富豪、高級官人などが配されたが、これらは一面では地方の豪族や富豪を強制的に移住させることにより、地方の有力者の同族的紐帯を引き裂く、つまり、地方の政治・軍事力や経済力を分断、分散させる効果があったといわれている。このように中国や高句麗の皇帝陵、王陵には皇帝や王の埋葬、祭祀という基本的な役割の他に政治的な機能が付加されていたのである。

日本の場合、律令制で天皇・皇族の陵墓を守ることを職業としたものとして陵戸がある。陵戸についてはもっとも良民にちかいが、賤民のなかに入れられていることなど、身分制からの検討が主となっている。さかのぼって、古墳時代、とくに古墳時代中期に巨大な墳丘をもつ古墳が築かれることについては、ふるい通説では「大王権力の視覚的な表現」というような解釈がされていた。つまり、「ヤマト政権」なり、「大和王権」なりの大王が自分の力を誇示するために、巨大な墳丘を築いたという見方であった。しかし、前漢代の陵邑の制度や高句麗王陵の守墓制やその基本となる領域支配という、王陵を起点とした内外の政治・軍事機構を垣間見たうえでは、そのような単純で、五世紀という時代を反映しない議論で良いのだろうかという疑問がわいてくるのは当然である。

古墳の築造、あるいは守墓という行為のなかにはある規模の人間の集団の体系化ということが当然考えられる。これを描写したものとして、時代は七世紀代に下がるが、『日本書紀』天武元年夏五月是月条の朴井《えのい》連《むらじ》雄君《おきみ》の大海人皇子《おおしあまのみこ》への奏言に、

「私が私用で一人美濃に行きました。時に近江朝では、美濃・尾張両国の国司に仰せ言をして、『天智天皇の山陵を造るために、あらかじめ人夫を指定しておけ』と命じておりました。ところがそれぞれに武器をもたせてあります。私の思いますのに、山陵をつくるのではありますまい。これは必ず変事があるでしょう。もし速やかに避けられないと、きっとあぶないことがあるでしょう」

と言ったという記述を思い起こす。この奏言の真偽は別として、人を徴発する名目として古墳築造が

もちだされているところが興味ぶかい。この記事の時代にはすでに寺院や宮都造営のために多くの人間が徴発されることがあったであろうが、古墳時代中期に大量の人員を集中して徴発する事業としては古墳築造や治水工事などが考えられる。そして、古墳築造に徴発された人々は、さきの朴井連雄君の言葉にあるように「それぞれに武器をもたせる」ことによって、体系的な暴力装置へと容易に変化するのである。

中期古墳の陪墳には、武器・武具や鉄素材などの鉄器を大量埋納する例があることもよくしられている。有名な例をあげると、誉田御廟山《こんだごびょうやま》古墳（伝応神天皇陵古墳）の陪墳とされるアリ山古墳（大阪府羽曳野《はびきの》市）の北側内部施設には人体埋葬の痕跡がなく、鉄刀七七、鉄鏃一五四二、鉄斧一三四、鉄刀子一五一、鉄鑿九〇をはじめとした大量の鉄器が集中埋納されていた。

私は日本の古墳中期の大形古墳において、築造の結果としての示威的効果もさることながら、その築造の過程にともなう膨大な数の人の体系化と鉄器の集中に、より大きな目的があったと考えている。古墳築造に徴発された体系化された人間の集団は、武器をもつことによって兵士にも転化し、生産力の基盤となる大規模な土木工事の労働力ともなる。実際に古墳時代中期の大形古墳の築造が自然地形の改変をともなう水利・灌漑などの大規模開発と密接な関係をもつという視点もある。いずれにしろ、五世紀当時の東アジアの国際情勢に対応し、体系的な戦闘力や労働力に転化する可能性のある人間集団を常置していたということに意義をもとめたいと思う。その意味で高句麗で行われていた王陵を維持する労働力の徴発という、王陵を媒介とした領域支配とは異なる形態かもしれないが、日本でも倭王権の中枢部の大規模な古墳を典型として、その築造を核とする人民の徴発があり、それは当時の東アジアの国際情勢と相関作用をもつという視点をもちたいと思うのである。すくなくとも、東アジアの諸国、諸地域が軍事的な緊張関係にあった五世紀代においては、大規模な古墳の築造やその守墓は、対外政策やそれと関連する領域支配などの内治との関連で理解すべき問題であると考えている。

# 本文掲載図版出典一覧（収録順）

| 図版 | 内容 | 出典 |
|---|---|---|
| 鷺ノ湯病院跡横穴 | 太環式耳飾り | 『東北大学文学部考古学資料室図録』No.2　東北大学文学部　一九八二 |
| 鷺ノ湯病院跡横穴 | 立飾り | 『東北大学文学部考古学資料室図録』No.2　東北大学文学部　一九八二 |
| 太環式耳飾り | 麻線溝一号墳 | 吉林省博物館・集安考古隊「吉林麻線溝壁画墓」『考古』一九六四―一〇　中国 |
| | 陵洞出土品 | 朴永福・キムソンミョン「中部地域発見の高句麗系耳飾り」『昌山金正基博士華甲記念論叢』韓国　一九九〇 |
| | 会竹里出土品 | 朴永福・キムソンミョン「中部地域発見の高句麗系耳飾り」『昌山金正基博士華甲記念論叢』韓国　一九九〇 |
| | 上鳳里出土品 | 朴永福・キムソンミョン「中部地域発見の高句麗系耳飾り」『昌山金正基博士華甲記念論叢』韓国　一九九〇 |
| | 皇南大塚北墳 | 文化財管理局・文化財研究所『皇南大塚Ⅰ（北墳）発掘 |

| | | |
|---|---|---|
| | | 調査報告書』韓国　一九八五 |
| 池山洞32号墳 | 墳丘と石室 | 『高霊池山洞古墳群』啓明大学校博物館　韓国　一九八一 |
| 韓国出土の甲冑類 | 福泉洞一〇・一一号墳 | 釜山大学校博物館『東莱福泉洞古墳群Ⅰ』韓国　一九八三 |
| | 礼安里一五〇号墳 | 鄭澄元・申敬澈著　定森秀夫訳「古代韓日甲冑断想」『古代文化』三八―一　一九八六 |
| | 玉田八号墳 | 慶尚大学校博物館『陜川玉田古墳群Ⅰ　木槨墓』韓国　一九八七 |
| | 上栢里古墳群 | 金東鎬『咸陽上栢里古墳群発掘調査報告』韓国　一九七二 |
| | 池山洞三二号墳 | 啓明大学校博物館『高霊池山洞古墳群』韓国　一九八一 |
| 中国東北地方の馬具ほか | 本渓晋墓 | 遼寧省博物館「遼寧本渓晋墓」『考古』一九八四―八　中国 |
| 高句麗の馬具 | 万宝汀七八号墳 | 吉林省博物館文物工作隊「吉林集安的両座高句麗墓」『考古』一九七七―二　中国 |
| | 禹山下四一号墳 | 吉林省博物館文物工作隊「吉林集安的両座高句麗墓」『考古』一九七七―二　中国 |

| | | |
|---|---|---|
| 蒙古鉢形冑 | 五条猫塚古墳 | 奈良県教育委員会『五条猫塚古墳』一九六二 |
| 鉄鋌 | 日本・韓国 | 東潮「鉄鋌の基礎的考察」『橿原考古学研究所紀要　考古学論攷』第十二冊　一九八七より作成 |
| 斧の形をした鉄素材 | 花聳二号墳 | 大沢正己・山本信夫「鉄鋌の新例に関する検討」『考古学雑誌』六二―四　一九七七 |
| | 大坪里遺跡 | 宋桂玄「慶南鎮北大坪里遺蹟採集鉄器類」『伽耶通信』一〇　韓国　一九八四 |
| | 昌原三東洞石棺墓三号 | 安春培『昌原三東洞甕棺墓』釜山女子大学校博物館　韓国　一九八五 |
| 布銭の形成過程 | | 蔡運章・余扶危「空首布初探」中国銭布学会編『中国銭布論文集』中国　一九八五 |
| 茶戸里遺跡 | 鉄斧 | 李健茂ほか「義昌茶戸里遺蹟発掘進展報告」『考古学誌』第一輯　韓国考古美術研究所　韓国　一九八九 |
| 茶戸里遺跡 | 鏡 | 李健茂ほか「義昌茶戸里遺蹟発掘進展報告」『考古学誌』第一輯　韓国考古美術研究所　韓国　一九八九 |
| 半月形首飾り | 瀋陽鄭家窪子 | 西谷正「朝鮮先史時代の勾玉」（『森貞次郎博士古稀記念古文化論集』一九八二）所載図より、原典は「瀋陽鄭家窪子的両座青銅時代墓葬」『考古学報』一九七五―一 |

勾玉の変遷　朝鮮半島出土　中国
西谷正「朝鮮先史時代の勾玉」（『森貞次郎博士古稀記念古文化論集』一九八一）所載の図より作成

勾玉の蛍光X線分析　日本　藁科哲男「ヒスイの原産地を探る」森浩一編『古代翡翠文化の謎』新人物往来社　一九八八

勾玉の蛍光X線分析　韓国　崔恩珠「韓國曲玉の研究」『崇実史學』第四輯　韓国　一九八六

日本の硬玉産出地　地図　藁科哲男「ヒスイ製玉類の原材料の産地」森浩一編『古代王権と玉の謎』新人物往来社　一九九一

老圃洞三号墳　水晶製勾玉・切子玉　釜山直轄市博物館『釜山老圃洞古墳』韓国　一九八五

翡翠勾玉分布図　朝鮮半島出土　崔恩珠「韓國曲玉の研究」『崇実史學』第四輯　韓国　一九八六をもとに作成

天馬塚　新羅の「出」字形冠　文化財管理局『天馬塚』一九七五　韓国（日本語版　学生社　一九八二）

天馬塚　新羅の「出」字形冠展開図　文化財管理局『天馬塚』一九七五　韓国（日本語版　学生社　一九八二）

昌寧校洞　伽耶の「出」字形冠展開図　穴沢咊光・馬目順一「昌寧校洞古墳群」『考古学雑誌』六〇―四　一九七五

五

池山洞四四号墳六号石槨　紡錘車出土位置　『大伽耶古墳発掘調査報告書』高霊郡　韓国　一九七九

皇南大塚北墳　首飾り出土状況　文化財管理局・文化財研究所『皇南大塚Ⅰ（北墳）発掘調査報告書』韓国　一九八五

皇南大塚北墳　紡錘車形石製品を使った首飾り　文化財管理局・文化財研究所『皇南大塚Ⅰ（北墳）発掘調査報告書』韓国　一九八五

皇南大塚北墳　紡錘車形石製品　文化財管理局・文化財研究所『皇南大塚Ⅰ（北墳）発掘調査報告書』韓国　一九八五

銀鈴塚　紡錘車　金載元・金元龍『壺杅塚と銀鈴塚』（國立博物館古蹟調査報告一）韓国　一九四八

池の上墳墓群　紡錘車出土状況　甘木市教育委員会『池の上墳墓群　甘木市文化財調査報告　第五集』一九七九

藤ノ木古墳　復元された冠　橿原考古学研究所『「藤ノ木古墳とその時代」展』（展示図録）ＮＨＫサービスセンター　一九八九

藤ノ木古墳　冠の展開図　朝日新聞社・古代騎馬文化研究会『国際シンポジウム藤ノ木古墳の謎』朝日新聞社　一九八九

ニムルド　レリーフの樹木と人物　東京大学イラク・イラン遺跡調査団『オリエントの遺跡』一九六五

| | | |
|---|---|---|
| イシク・クルガン | 金製飾板付き帽子 | K. A. Akishev: ISSYK MOUND. The Art of Saka in Kazakhstan: Iskusstvo Publishers. Moscow 1978 |
| ティリヤ・テペ六号墓 | 金冠の立飾り | V・I・サリアニディ著　加藤九祚訳『シルクロードの黄金遺宝』岩波書店　一九八八 |
| 斉（中国戦国時代） | 半瓦当 | 関野雄『中国考古学研究』東京大学出版会　一九五六 |
| 北票県房身村二号墓 | 金製冠飾り | 遼寧省博物館『遼寧省博物館』図録　中国 |
| 西官営子一号墓 | 金製冠飾り | 遼寧省博物館『遼寧省博物館』図録　中国 |
| 達爾罕茂明安連合旗西河子公社出土 | 金製飾り金具 | 『中国内蒙古北方騎馬民族文物展』（展示図録）日本経済新聞社　一九八三　および　展覧会絵ハガキ |
| 阿魯柴登 | 金製冠飾り | 田広金・郭素新「内蒙古阿魯柴登発現的匈奴遺物」『考古』一九八〇—四　中国 |
| 瑞鳳塚 | 金銅冠 | 黄泟根『韓国装身具研究』一志社　韓国　一九七六（原図は秦弘燮） |
| 潘南面新村里九号墳乙棺 | 金銅冠写真 | 國立光州博物館『羅州潘南面古墳群総合調査報告書』韓国　一九八八 |
| 潘南面新村里九号墳乙棺 | 金銅冠展開図 | 穴沢咊光・馬目順一「羅州潘南面古墳群」『古代学研究』七〇　一九七三（原図は梅原末治） |
| 角抵塚 | 壁画の樹木図 | 池内宏・梅原末治『通溝』巻上　日満文化協会　一九四 |

| | | |
|---|---|---|
| 徳興里壁画古墳 | 壁画の樹木図 | ○朝鮮民主主義人民共和国社会科学院・朝鮮画報社編『徳興里高句麗壁画古墳』講談社　一九八六 |
| 小倉コレクション | 金銅冠 | 早乙女雅博「新羅・伽耶の冠―小倉コレクションの研究―」『Museum』三七二、一九八二―三 |
| 藤ノ木古墳 | 「玉かずら」復元図 | 橿原考古学研究所編『「藤ノ木古墳とその時代」展』NHKサービスセンター　一九八九 |
| 達西内唐洞五五号墳 | 「玉かずら」出土状況 | 小泉顕夫・野守健『慶尚北道達城郡達西面古墳発掘調査報告』（大正一二年古蹟調査報告一）　一九三一 |
| 藤ノ木古墳 | 石棺 | 橿原考古学研究所編『斑鳩　藤ノ木古墳第一次調査報告書』一九九〇 |
| 益山双陵 | 木棺 | 有光教一「扶余陵山里百済王陵・益山双陵」『橿原考古学研究所論集　第四』一九七九（原図は梅原末治） |
| 洛陽 | 北魏石棺 | 黄明蘭編著『洛陽北魏世俗石刻線画集』中国　一九八七 |
| 北魏・画像石棺 | 六角繋文 | 黄明蘭編著『洛陽北魏世俗石刻線画集』中国　一九八七 |
| 北魏・画像石棺 | 鬼文 | 黄明蘭編著『洛陽北魏世俗石刻線画集』中国　一九八七 |
| 藤ノ木古墳鞍金具 | 鬼文 | 橿原考古学研究所編『斑鳩　藤ノ木古墳第一次調査報告書』一九九〇 |

| | | |
|---|---|---|
| 藤ノ木古墳鞍金具 | 六角繋文 | 橿原考古学研究所編『斑鳩　藤ノ木古墳第一次調査報告書』一九九〇 |
| 集安県出土 | 有銘瓦 | 林至徳・耿鉄華著　緒方泉訳「集安出土の高句麗瓦当とその年代」『古代文化』四〇―三　一九八八をもとに作成 |
| 三道壕七号墳 | 有銘瓦 | 王増新「遼陽三道壕発現的晋代墓葬」『文物参考資料』一九五五―一一　中国 |
| 太王陵など | 有銘磚 | 関野貞「高句麗の故都集安出土の有銘磚」『日本古代中世史研究』吉川弘文館　一九八七 |
| 高句麗 | 瓦の諸形式 | 谷豊信「四、五世紀の高句麗の瓦に関する若干の考察」『東洋文化研究所紀要』一〇八　一九八九 |
| 高句麗 | 瓦の諸形式（表） | 谷豊信「四、五世紀の高句麗の瓦に関する若干の考察」『東洋文化研究所紀要』一〇八　一九八九 |

# あとがき

昨今、アジアの中での日本という視角が問い直されることがおおい。世界の各国、各地の歴史、文化を比較することによって、国や地域の特性が明らかになるのは自明のことである。我々日本人の姿を歴史的な皮膚感覚で感じさせるのは、やはりアジアの諸地域、とくに東アジアの地域を訪れた時に、目にし、耳で聞いたことによる場合が圧倒的ではないだろうか。それは、私たち日本人にとって、生活のレベルでの親しみやすさと言いかえられる。また、これは東アジアに住む人々の文化やさらにはそれを生んだ歴史的関係に根ざすものであることはいうまでもない。我々は、良くも悪くも中国、朝鮮半島の人々と様々な形で、歴史の場面を共有している。そして、そのあり方は、交錯しあい、からみあった色とりどりの絹糸のように美しくもあるが複雑きわまりない総体の歴史を織りなしている。このからみあった糸のもつれをときほぐそうとする姿勢が、現代のアジアに生きる人々相互の理解や協力の基本となると考える。そのためには我々日本人は、自分たちの歴史を、中国や朝鮮半島などに暮らす人々の目で見直す必要がある。また、日本列島に視点をもつことは、歴史の転換点を点検するという観点から資料のすくない古代史の研究には有効な方法であり、歴史の先端である現代に生きる我々を、歴史や世界のなかで正しく位置づけようとする際の起点となる。

本書の問題意識の持ち方は、主にこのような点から出発している。その面ではこれまでの考古学資料の扱い方や概説とは異なった見方ができたのではないかと思っている。しかし、その評価は本書を読まれた方々にゆだねられることになる。

日本の古代史とともに流れてきた飛鳥川は万葉集には「淵瀬《ふちせ》常《つね》ならむ」川と詠まれている。私が勉強している東アジア史を、これにならって形容するならば淵瀬常ならむ大河と言えるだろう。そして、私自身はその大河を瀬の部分や飛び石をたよりに渡ろうとする小さな人影にたとえられようか。流れは時に強く、対岸は遠い。本書をつぎの一歩を踏み出すための小さな一歩としたい。

# 〔補論〕 古墳時代研究における東アジア的視点の展開

## 一　復刊の意味と補論の目的

初版を執筆した一九九二年の時点では、朝鮮半島および中国の考古資料は現在とは比較にならないほどに質量ともに少なく、そのような状況での予察や見通しを示した。刊行から三十年近くが経過し、その間の日本および朝鮮半島・中国における遺跡や古墳の発掘成果は膨大であり、瞠目すべき多くの成果をもたらしている。いっぽうでは、その結果をうけても、なお初版で示した個別の予察は大幅な変更を行う状況にはいたっておらず、また、藤ノ木古墳出土の冠に関する解釈などは論証や確定は難しいにしろ、図像学的な考え方としては方法も含めて参考となる部分もあろう。このような見地に立ち、研究史のなかで視点や考察の過程を提示することの意味も考慮し、初版の内容を変えずに復刊する運びとなった。

その後、筆者の研究課題も、日本・朝鮮半島・中国の文物交流（参考文献1、以下も同じ）から、壁画の題材や内容による東アジア文化史の考察（2）、さらには東アジアの出土文字資料の検討による宗教・信仰・思想の相関（3）、また近年では東アジアの考古資料から読み解く魏志倭人伝（一部の論文は国立情報学研究所学術情報データベースCiNii等で全文閲覧可能）へと変化してきた。加えて、別に日本の古代文化を東アジアのなかで相対化することも試み（4）、また考古学研究における現地、現状での思考の方法と重要性（5）や史料・文献などとの相関的な検討（6）も行ってきた。また、これらを含めた考古学の方法や実践について初学者に説いた編著も刊行した（7）。

このような論著を執筆した背景には、初版で示した考古資料による東アジア文化史研究という視点が通底しており、筆者は一貫して、このような研究課題を追究している。その理由は同時代的な資料である遺物や遺跡などがもつ属性が、政治や社会などの抽象的な対象よりも、衣食住を基本としてそこから派生した風俗や文化の究明に適していることによる。

いっぽう、東アジアの考古資料を用いた研究は外国語による研究成果の参照や考古学情報の知悉および文献史学などの隣接諸学との相対化が必須であることなどの方法的な難易度から、他の分野に比して、その後必ずしも多くの成果が提示されているとはいいがたい。しかしながら、初版刊行後の考古資料の動向を示すことは、東アジア考古学の概説書を著すのに等しい。そのため許された紙幅によって、筆者の研究の発露であり、出発点である本書と関連し、その後、展開した筆者の研究内容を摘要することにより補論としたい。

## 二　古墳装飾・壁画にみる東アジア的様相

本書では考古資料の用途や機能を推定するための同時代的根拠として用いた古墳内部の壁画や装飾に関して、その後、いくつかの研究を提示した。そのうち、かつて天草の小島嶼で出土した古墳の石材に彫刻された大刀は、同型の大小の刀が重ねて表現されており、この種の遺物は朝鮮半島の新羅やその影響を受けた加耶など古墳から出土することがわかっている。大王級とされる大型の古墳が多数存在する大和や河内ではなく、このような特徴をもつ図像が天草の小島嶼にみられることは、広義の有明海沿岸地域と朝鮮半島の交渉が想定されるのであり、古墳時代の地域勢力の対外交渉の実態が知られた（1）。

地域における図像表現は、この他にも『古事記』『筑紫国風土記』逸文で筑（竺）紫君（『日本書紀』では筑紫国造）とされた磐（石）井の墓と推定される岩戸山古墳の周囲に立てられていたとみられる石人と呼ばれる石製人物像のなかに、朝鮮半島の特徴をもつ冑を被った人物表現があり、筑紫君などと呼ばれた六世紀前半頃の地方勢力と朝鮮半島との交渉を物語る遺物である（1）。

渡来人と推定されている人物埴輪の衣服と類似することから、九州の装飾古墳のなかには掌が隠れるほど長い袖の大陸系とみられる衣服を着け、渡来人と推定される人物が描かれていることを指摘し、渡来人とその文化の地域的様相を論じた（2）。また、古墳築造の最末期に属する壁画古墳である高松塚古墳とキトラ古墳の図像表現要素に関して、雲気文や獣首人身像などの系統の推定を含め東アジア的に位置づけた（2）。

## 三　東アジアにおける出土遺物の相対的検討

本書では日本の須恵器と韓国の陶質土器の技術系譜の関係性についてふれたが、このような研究は日韓における窯址の発掘調査によっていっそう詳細に論じられるにいたっている。須恵器以外の陶磁器に関しては、朝鮮半島で中国製青磁などが出土する古墳の例が増加しており、その一端について言及した（1）。その後、韓国の三国時代の古墳から中国製の陶磁器の出土数が増加し、古墳の年代決定の指標ともなっている。いっぽうで、大型の古墳が集中する近畿地方をはじめとして、日本の古墳から中国製陶磁器が出土することはきわめてまれであり、この点において朝鮮三国時代の古墳の様相とは大きな違いとなっている。そのなかで、発掘調査を経た遺物として、壱岐・双六古墳から中国北斉代の二彩陶器が出土している。この遺物とともに精緻な装飾が施された馬具類や大刀とともに統一新羅土器が出土しており、二彩陶器が中国北朝から直接もたらされたか、統一新羅土器の伴出からいったん朝鮮半島に将来され、その後、二次的に日本列島にもたらされたかについては今後の課題も残る。

渡来人集団の女性が糸を紡ぐのに用いたことを証した陶製紡錘車は、その後、日本列島における渡来系集団の墓や遺跡を推定する際の基準となる遺物として（1）、考古資料を用いた渡来人やその集団の研究に用いられている。渡来系集団の遺物や遺構に関しては、個々の資料に対して、朝鮮半島出土遺物との類似が検討された段階から、これらを媒介とした集団移住の実態や遺物組成による集団の形成過程や属性の検討へと研究が展開している。その例として紡錘車と同じく生活に用いられた実用品の研究も進んでおり、たとえば大阪府と奈良県を分ける生駒山西麓の低地遺跡では食物を蒸すための甑を主体とした土器の特徴から、朝鮮半島南部からの渡来集団が想定されている。

また、朝鮮半島の土器がまとまって出土することによって遺跡の属性が知られた例としては、福岡市西新町遺跡がある。砂丘上に営まれた三・四世紀頃の集落遺跡で、カマドやオンドル状遺構などの朝鮮半島由来の屋内施設があるものを含め、竪穴住居から陶製紡錘車や多数の朝鮮半島系土器が出土しており、これらの遺物から加耶・百済・全羅南道地域から渡来した人々の存在が推定されている。このように近年の考古資料から古墳時代の人の移住や物の移動の様相が明らかになってきた。

## 四　出土文字資料にみる仏教の始原的様相と相関性

本書では高句麗古墳壁画の墨書傍題や広開土王碑文などの文字を有する考古資料に関しても言及したが、その後、これらを含む高句麗の考古資料や壁画に関する論考をまとめた（1、2）。

かつて石製品や金属に文字が記された資料は金石文とされたが、これらには発掘調査によらない伝世品も多く、出土した遺構や出土状況、伴出遺物などの空間的、時間的知見を得るための考古学情報を欠くことに資料的問題が残る。いっぽう、材質を問わず、発掘調査によって得られた文字を有する遺物は出土文字資料と呼ばれ、出土遺跡・状況や伴出遺物などの考古学情報が備わっている。また、韓国では文字を有する多くの重要な遺物が知られ、とくに木簡は日韓の共同研究が進展している。

日本への仏教伝来に関して、とくに重要な出土文字資料として朝鮮三国時代の寺院址から出土した塔にともなう舎利容器などがある。百済の都であった扶余の王興寺址や百済の重要地であった益山の弥勒寺址などから出土した舎利を埋納するのに用いられた石製・金属製容器には、舎利埋納や起塔の経緯に関して、紀年とともに百済の王や王族の関与が記されており、六・七世紀の百済王室の仏教信仰が知られた。また、これらの寺院の塔址からは武器・馬具・冠・玉類などの遺物が出土している。日本列島で最初期の寺院である飛鳥寺の塔址出土遺物に対し、従来は古墳出土品との類似がいわれ、古墳から寺院への過渡的様相の根拠とされてきた。これに対し、『日本書紀』では百済から仏典や僧、瓦工人などが将来されたと記される飛鳥寺の創建譚に関して、百済王室関連寺院で舎利に関する同様の遺物が発見されたことにより、考古資料によって、飛鳥寺造営に関する百済の影響が証されることとなった（3）。あわせて、弥勒寺西塔址では百済貴族が布施したことを示す刻銘のある金鋌などが出土していることから、百済王室寺院と飛鳥寺の塔址出土舎利関係遺物の類似が、単に遺物の種類の次元だけではなく、布施という仏教行為そのものに関わる同一性に起因することが明らかになった（8）。このように日本における仏教流入期の様相が百済王室関連寺院の出土遺物によって明らかになってきた。

## 五　その他の考古資料と研究の展開―さらなる興味・関心のために

本書と関連したその他の考古資料について、一般に入手や閲覧の容易な最近の出版物に紹介されている事項を中心として、近年の知見や研究を略説し、内容のいっそうの理解に資したい。

朝鮮半島出土の倭系遺物については、日本の縄文・弥生・古墳時代と類似する遺物が韓国で出土することは、一部については戦前から示唆されていたが、とくに一九九〇年代頃から韓国での発掘調査件数の増加とともに資料が増加した。具体的な遺物としては土師器・須恵器などの土器類をはじめとして、古墳時代の固有の遺物とされてきた筒型銅器や子持勾玉なども朝鮮半島南部での出土が知られている。

いっぽう、日本列島において、韓式土器・朝鮮半島系土器などとされる土器をはじめとし、建物の屋内暖房施設であるオンドル状遺構や大壁建物その他の朝鮮半島系遺物・遺構の出土が相次ぎ、それらを遺した集団の属性の研究に資することとなった。そのうち、大壁建物とは縄文時代以来みられる竪穴式住居などとは異なり、周囲に溝を掘り、そのなかに柱を立てて、これらを壁のなかに埋め込んだ構造をもち、時期的にさかのぼる事例が朝鮮半島南部で知られていることから、渡来系集団と関連する建物構造とみられている。

ヒスイ（硬玉）については、初版執筆当時の資料状況が大きく変化し、とくに伽耶（加耶）地域で出土数が増大し、日韓の研究者の協力と研究によって、集成的検討が行われつつある。新たな研究の成果をみる日は近いが、現状でも朝鮮半島でヒスイ産出地は発見されていないという状況は初版刊行時と変わっておらず、ヒスイをめぐる基本的な史的環境に変化はない。

いっぽうでは一九八〇年代以降、韓国の南西部で従来は日本列島独自の墳形とされた前方後円墳が十数基みつかっており、出土遺物として円筒埴輪や形象埴輪の破片なども発見されており、古墳時代における日韓の交渉の具体相を示している。近年では韓国の前方後円墳が分布する地域では、埴輪の破片が出土する集落遺跡が発見されている。他にも、埋葬施設や副葬品に日本の古墳の影響がみられることから倭系とされる古墳などが知られている。さらに韓国南海岸の遺跡では日本列島に自生するクスノキ・スギなどの材が用いられた船の部材が出土した遺跡があり、日本列島で製作された可能性がある。また、韓国南西部では地元の土器とともに日本列島、百済、加耶などの土器が出土する遺跡があり、日韓の地域間交流のありさまが徐々に明らかになりつつある。

二〇一二年には広開土王碑とは別に高句麗の文字資料として、高句麗の王都であった集安（吉林省集安市）で新たな碑が発見された。その後、中国で報告書が刊行され、日本でもその内容が紹介されている。碑文の内容は広開土王碑と関連する語句や内容が多く、時期的にも近いと推定され、集安高句麗碑として国際的に関心が集まり、高句麗を媒介とした東アジア史研究が進展している。

以上、補論という紙幅から、本書で取り上げた古墳時代の日本列島と朝鮮半島の考古資料から推定される関係や交流、交渉に限定して、その後の研究動向の一端にふれた。関連する内容に関して、筆者は本書のほかにも若干ふれたことがあり、日本出土の朝鮮半島系遺物や朝鮮半島出土の倭系遺物および日本古代の渡来人（1、4）や、韓国の前方後円墳（4、7）を含めた東アジアの地域文化（5、6）などに関しては、各々の著作を参照していただければ幸いである。これらの事項に関して、さらなる興味関心を持たれた向きには、ここで取り上げた語句で公共図書館や国立情報学研究所データベースおよび書籍流通のサイトを検索すると、近年刊行された一般書や博物館などの図録類が検索できる。当該分野は日本考古学・古代史などの著作や刊行物に比して、研究者数が少ないため、刊行物としての数は多くはないが、優れた論著が多い（9）。補論に関わるその他の内容に関しては、一般書に限らず、日本語で書かれた著作が少なく、その場合は専門的にはなるが、文末にあげた筆者の著作およびそこに掲げた引用参考文献・図書を参照されたい。

今回の復刊に際し、その後の筆者の研究の展開および関連する東アジアの考古学成果をあわせて略述した。筆者のその後の著作では、ここに提示した以外の多くの課題にも言及しているが、関連する研究の展開をあげ、本書の相対的な位置づけを示すことによって復刊の意味を明らかにすることに努めた。

初版刊行時の東アジア考古学の情報量の少なさに起因する個別資料自体の重要度の現状との違いもあいまって、本書は現時点での一般書としては煩瑣な遺跡の説明など晦渋な面もあることは否めない。

それにも関わらず、ここまでお付き合いいただけたのは、ひとえに読者の皆さんの考古学や古代史に対する関心とその背景にある豊かな教養に負うものと感謝したい。また、三十年前の駆け出し研究者の全力投球に再び温かな目を注いでいただいた吉川弘文館に謝意を表したい。

参考文献

1門田誠一『古代東アジア地域相の考古学的研究』学生社、二〇〇六年
2門田誠一『高句麗壁画古墳と東アジア』思文閣出版、二〇一一年
3門田誠一『東アジア古代金石文研究』法藏館、二〇一六年
4門田誠一『海でむすばれた人々—古代東アジアの歴史とくらし』同朋舎出版、一九九三年初刊、二〇〇一年昭和堂より増補改訂再版
5門田誠一『旅する考古学—遺跡で考えた地域文化』昭和堂、二〇〇四年
6門田誠一『文学のなかの考古学』思文閣出版、二〇〇八年
7松藤和人・門田誠一編『よくわかる考古学』ミネルヴァ書房、二〇一〇年
8門田誠一「仏教伝来期の経典とその系譜—出土文字資料による検討—」白石太一郎先生傘寿記念論文集編集委員会編『古墳と国家形成期の諸問題』山川出版社、二〇一九年
9　近年（二〇一〇年以降）の考古学分野からの主な出版物は下記参照。
井上主税『朝鮮半島の倭系遺物からみた日朝関係』学生社、二〇一四年

耕木美行「集安高句麗碑の発見とその意義—『集安高句麗碑』の刊行に寄せて」『東アジア金石文と日本古代史』汲古書院、二〇一八年
大阪府立狭山池博物館編『河内の開発と渡来人・蔀屋北遺跡の世界：狭山池築造一四〇〇年』大阪府立狭山池博物館、二〇一六年
大阪府立近つ飛鳥博物館編『発掘された馬と渡来人』大阪府立近つ飛鳥博物館、二〇一五年
大阪歴史博物館編『渡来人いずこより』大阪歴史博物館、二〇一七年
高田貫太『古墳時代の日朝関係：新羅・百済・大加耶と倭の交渉史』吉川弘文館、二〇一四年
高田貫太『海の向こうから見た倭国』講談社、二〇一七年
高田貫太『「異形」の古墳：朝鮮半島の前方後円墳』KADOKAWA、二〇一九年
土生田純之・亀田修一編「特集古墳時代・渡来人の考古学」『季刊考古学』一三七、二〇一六年
山本孝文『古代韓半島と倭国』中央公論新社、二〇一八年

本書の原本は、一九九二年に新人物往来社より刊行されました。

著者略歴
一九五九年　大阪府貝塚市に生まれる
一九八四年　同志社大学大学院文学研究科修士課
　程修了
学校法人同志社埋蔵文化財委員会調査主任、佛教
大学講師、助教授を経て、
現　在　佛教大学歴史学部歴史文化学科教授
〔主要著書〕
『古代東アジア地域相の考古学的研究』（学生社、
二〇〇六年）、『高句麗壁画古墳と東アジア』（思文閣
出版、二〇一一年）、『東アジア古代金石文研究』（法
藏館、二〇一六年）

読みなおす日本史

海からみた日本の古代

二〇二〇年（令和二）十月一日　第一刷発行

著　者　門《もん》田《た》誠《せい》一《いち》

発行者　吉川道郎

発行所　株式会社　吉川弘文館
郵便番号一一三―〇〇三三
東京都文京区本郷七丁目二番八号
電話〇三―三八一三―九一五一〈代表〉
振替口座〇〇一〇〇―五―二四四
http://www.yoshikawa-k.co.jp/
組版＝株式会社キャップス
印刷＝藤原印刷株式会社
製本＝ナショナル製本協同組合
装幀＝渡邊雄哉


ISBN978-4-642-07129-1

# 刊行のことば

現代社会では、膨大な数の新刊図書が日々書店に並んでいます。昨今の電子書籍を含めますと、一人の読者が書名すら目にすることができないほどとなっています。ましてや、数年以前に刊行された本は書店の店頭に並ぶことも少なく、良書でありながらめぐり会うことのできない例は、日常的なことになっています。

人文書、とりわけ小社が専門とする歴史書におきましても、広く学界共通の財産として参照されるべきものとなっているにもかかわらず、その多くが現在では市場に出回らず入手、講読に時間と手間がかかるようになってしまっています。歴史の面白さを伝える図書を、読者の手元に届けることができないことは、歴史書出版の一翼を担う小社としても遺憾とするところです。

そこで、良書の発掘を通して、読者と図書をめぐる豊かな関係に寄与すべく、シリーズ「読みなおす日本史」を刊行いたします。本シリーズは、既刊の日本史関係書のなかから、研究の進展に今も寄与し続けているとともに、現在も広く読者に訴える力を有している良書を精選し順次定期的に刊行するものです。これらの知の文化遺産が、ゆるぎない視点からことの本質を説き続ける、確かな水先案内として迎えられることを切に願ってやみません。

二〇一二年四月

吉川弘文館